国家社科基金
GUOJIA SHEKE JIJIN HOUQI ZIZHU XIANGMU
后期资助项目

大陆法系所有权模式历史变迁研究

A Study on the Historical Changes of Ownership Patterns in Civil Law System

陈晓敏 著

中国社会科学出版社

图书在版编目(CIP)数据

大陆法系所有权模式历史变迁研究／陈晓敏著. —北京：中国社会科学出版社，2016.11

ISBN 978 - 7 - 5161 - 9447 - 8

Ⅰ.①大… Ⅱ.①陈… Ⅲ.①大陆法系 - 所有权 - 模式 - 法制史 - 研究 Ⅳ.①D913.204

中国版本图书馆 CIP 数据核字(2016)第 290472 号

出 版 人	赵剑英
责任编辑	梁剑琴
责任校对	周 昊
责任印制	李寡寡

出 版	中国社会科学出版社
社 址	北京鼓楼西大街甲 158 号
邮 编	100720
网 址	http://www.csspw.cn
发 行 部	010 - 84083685
门 市 部	010 - 84029450
经 销	新华书店及其他书店

印刷装订	北京市兴怀印刷厂
版 次	2016 年 11 月第 1 版
印 次	2016 年 11 月第 1 次印刷

开 本	710×1000 1/16
印 张	12
插 页	2
字 数	211 千字
定 价	45.00 元

凡购买中国社会科学出版社图书，如有质量问题请与本社营销中心联系调换
电话：010 - 84083683

国家社科基金后期资助项目
出版说明

后期资助项目是国家社科基金设立的一类重要项目，旨在鼓励广大社科研究者潜心治学，支持基础研究多出优秀成果。它是经过严格评审，从接近完成的科研成果中遴选立项的。为扩大后期资助项目的影响，更好地推动学术发展，促进成果转化，全国哲学社会科学规划办公室按照"统一设计、统一标识、统一版式、形成系列"的总体要求，组织出版国家社科基金后期资助项目成果。

全国哲学社会科学规划办公室

目　　录

绪论：所有权的危机？ ………………………………………………… （1）

第一章　大陆法系前现代的所有权与归属模式：多元格局与多重
　　　　视角 ………………………………………………………… （6）

　第一节　罗马法财产归属模式的多元格局与多重视角 ………… （6）
　　一　奎里蒂所有权：绝对的一元所有权 ……………………… （7）
　　二　裁判官法所有权：与市民法并立的双重所有权 ………… （15）
　　三　以土地为中心的多元财产归属形式 ……………………… （16）
　　四　优士丁尼的改革及向一元所有权的回归 ………………… （22）
　第二节　中世纪的分割所有权 ………………………………… （23）
　　一　对优士丁尼改革的再解读：用益所有权概念的产生 …… （24）
　　二　用益所有权的内涵：以用益为特征的所有权 …………… （29）
　　三　从准所有权到用益所有权：所有权及类似权利的体系
　　　　建构 ………………………………………………………… （31）
　第三节　前现代所有权制度变迁中的两种视角：从人到物与从
　　　　物到人 ……………………………………………………… （32）
　　一　从人的视角与从物的视角出发形成的所有权 …………… （32）
　　二　不同视角对所有权以及物权制度建构的影响 …………… （34）
　　三　人与物：两种视角的优劣互见 …………………………… （35）

第二章　大陆法系现代所有权模式的形成：主体视角的确立 ……… （38）
　第一节　所有权作为主观权利的理论学说 …………………… （38）

一　洛克的政治学说：私人财产所有权的正当性 …………（39）

二　多马的理论：所有权与占有的模糊区分 ……………（40）

三　波蒂埃的理论：现代所有权概念的产生 ……………（42）

第二节　现代所有权模式在民法典中的确立 ……………（43）

一　法国模式 ………………………………………………（44）

二　德国模式 ………………………………………………（48）

三　所有权主体视角建构的完成：潘德克顿法学理论的成果……（49）

第三节　现代所有权模式确立对物权体系的影响 …………（52）

一　他物权类型的产生：对所有权体系的突破 …………（53）

二　所有权与他物权二元体系的确立 ……………………（55）

第四节　现代所有权模式确立的意义与局限 ……………（59）

一　现代所有权的主体性 …………………………………（59）

二　主体模式的意义与局限 ………………………………（64）

第三章　现代所有权模式的理论原型：主体视角的再审查 …………（68）

第一节　公共所有权的艰难确立 …………………………（71）

一　公共所有权的确立 ……………………………………（72）

二　公共所有权的法律属性 ………………………………（78）

第二节　集体所有权的私法排除 …………………………（82）

一　集体所有权的历史总结：从多元形态到私法排除 …………（82）

二　集体所有权的内涵：另一种归属模式 ………………（85）

三　集体所有权的法律建构：日耳曼法与罗马法路径 …………（89）

第三节　其他具有多个主体的所有权形式的解释归并 …………（92）

一　共有 ……………………………………………………（93）

二　信托所有权 ……………………………………………（96）

三　分时度假所有权 ………………………………………（98）

第四章　所有权模式的当代发展：物的视角重新引入 …………（100）

第一节　所有权观念从近代到现代的转变 ……………（100）

一　从静态归属到动态利用 ·································· （100）

二　从绝对的主观权利到所有权作为社会功能之载体 ········· （102）

第二节　财产类型的扩展对所有权制度形成挑战 ·············· （104）

一　"物必有体"——现代所有权的客体特征 ··············· （104）

二　与"物必有体"相适应的现代所有权之封闭结构 ········· （107）

三　当代财产类型的丰富与所有权排他性的缓和 ············· （110）

第三节　所有权的社会功能与物的视角转向 ·················· （114）

一　所有权社会化的价值考量：所有权是一项基本权利吗？ ··· （116）

二　所有权社会化的技术分析：一元抑或多元的所有权制度？ ··· （134）

第五章　大陆法系现代所有权模式下我国物权法所有权类型的新

诠释 ·· （141）

第一节　国家所有权 ·································· （142）

一　国家所有权中隐含的物的视角 ··············· （142）

二　大陆法系国家对公共所有权规范的两种典型模式 ········· （143）

三　我国《物权法》中国家所有权规范评析 ················· （147）

第二节　集体所有权 ·································· （150）

一　我国坚持集体所有权制度的必要性 ··············· （150）

二　《物权法》确立的"成员集体所有"制度 ················· （152）

三　集体所有权的功能性对成员权利的限制 ················· （154）

第三节　私人所有权 ·································· （156）

一　我国私人所有权法律规范的立法演进 ················· （156）

二　客体视角转向趋势下的我国私人所有权保障 ············· （159）

结论 ·· （162）

参考文献 ·· （168）

后记 ·· （179）

绪论：所有权的危机？

　　所有权制度是将客体归依于特定主体，使其处于后者的完全支配之下的最典型的财产归属形式。① 在现代大陆法系国家中，所有权作为一种对物最完全的支配权，构成了整个财产法制度的核心，物权体系和债权体系都可以说是围绕它展开的。不仅如此，在近代私权体系确立的过程中，甚至人身权在很长一段时期内也是被置于所有权概念之下被讨论的。② 正是基于所有权制度在法律体系中的这种重要性，孟德斯鸠就曾直接宣称，法律的精神就是所有权。③

　　1804 年法国民法典确立的现代所有权模式是大陆法系所有权制度的经典模型。伴随社会经济的发展变革，这一经典所有权模式经历了相当的发展：一方面，它开始被不断扩展适用于新的财产类型。无论是在大陆法系还是英美法系国家，通过所有权的概念涵盖"合法的经济利益以及经济期待的整个领域"都几乎已经成为通行的趋势。④ 另一方面，所有权也在不断地受到来自各方面，尤其是公法规范的限制。借由宪法管道引入的"所有权负义务"原则被普遍确认。宪法所有权与民法所有权的关系也成

---

① "所有权"本身是一个含义广泛的术语。对所有权各个层面的理论探讨显然超出了笔者的能力限度，也非本书之初衷。基于本书的研究目的，在没有特别限定的情形下，它主要是指作为一种典型的归属形式的法律概念和制度。

② 最初是康德将人格、他人的履行以及外在于主体的物都作为理性占有的客体，从而将包括人身权利在内的所有主观权利都统一在占有名下。之后，潘德克吞法学家受其理论影响，遵循这一思路进行法律构建和体系化工作。尽管他们在人本身能否成为权利客体，即主体能否支配和处分其本身这一问题上不乏歧见，如萨维尼认为如果赋予主体对其自身的权利，就赋予了他自杀的权利，这显然是不合理的，因此，人本身不能作为权利客体。但人身权理论在确立过程中，一直是被置于所有权理论的框架之下被分析和讨论的。参见 O. T. Scozzafava, *I beni e le forme giuridiche di appartenenza*, Giuffrè, 1982, p. 294.

③ 张俊浩主编：《民法学原理》，中国政法大学出版社 1997 年版，第 360 页。

④ ［德］罗尔夫·克尼佩尔：《法律与历史——论〈德国民法典的形成与变迁〉》，朱岩译，法律出版社 2003 年版，第 271 页。

为法学理论关注的重点。公法义务的增长使得所有权的权利内容被大幅度压缩，完全自由的、绝对的、无限制的所有权已经不复存在。所有权同时经历着扩张与限缩两个方向的发展。而这两个相反相成的进程如今都开始引发统一的所有权体系趋向解体的危机。

早在 20 世纪二三十年代，大陆法系国家就有学者提出具有共同结构特征和权利内容的统一的所有权制度已不复存在，它已经分化成各种具体的所有权类型的观点。此种主张在法学理论界引起了广泛的讨论，应和者亦不在少数。其中，意大利法学家普亚蒂（S. Pugliatti）就是持此种主张的代表学者。他依据利益作为判断制度存在与否的标准，[①] 否定了统一的所有权制度的存在，并明确指出了所有权制度范畴内部已然存在的分化现象：

第一，从主体角度来看，以罗马法所有权为原型的大陆法系所有权模式一方面在内部与共有并行，另一方面在外部与各种集体或者团体所有的财产归属形式分而治之。

第二，从客体角度来看，在所有权规范的主要社会财富方面，尤其是不动产以及价值重大的动产部分，公法对私法领域的干涉或者入侵越来越明显与频繁，导致客体类型不同的所有权在权利内容和边界上各不相同，形成了不同的所有权类型。

第三，在所有权制度的重心从保护私人的消费品转向对生产性财产的调整规范时，所有权的动态层面超越其作为静态财产归属的层面，获得了显著的优越性，其与劳动、企业以及合同的联系与互动关系被突出强调。换言之，在现代社会中，所有权的功能不再限于静态的财产归属，也参与到动态的物的利用过程中，呈现出更加开放的姿态，但是这种功能目的的扩张在提高社会资源的有效配置和利用的同时，也带来了加剧所有权自身结构体系消解的危险。[②]

这些因素从各个不同层面对所有权的主客体产生影响，从而产生了许多具体的、特殊的所有权规范和形态。所有权的法律规范体系呈现出

---

① 普亚蒂认为，判断一个统一的制度是否存在，不仅要看它是否具有自己统一的制度结构，还要看其所要保护的利益。因为任何制度的存在都与立法者所意欲保护的利益相联系，而制度结构本身是中性的，它所保护的利益并非必然始终是同一的。因此，利益成为判断制度是否存在的标准之一。参见 Salvatore Pugliatti, *La proprietà e le proprietà*, in Idem, *La proprietà nel nuovo diritto*, Giuffrè, 1964, p. 298.

② Salvatore Pugliatti, *La proprietà e le proprietà*, in Idem, *La proprietà nel nuovo diritto*, Giuffrè, 1964, p. 298.

多元化的利益，它们与多元化的社会目标类型相联系，从而与不同的所有权形式相对应。① 因应这些变化，普亚蒂提出了他的疑问：所有权究竟是一个具有不同面向的统一制度，还是人们仅仅是打着法律传统的幌子，将一些多少具有相似性，却是自成一体的制度类型都聚拢在所有权制度名下？

普亚蒂尽管不是第一个提出多元所有权的理论的学者，但他对这一问题的深入思考与精辟论述，在大陆法系国家引起了广泛的回响，并在 20 世纪 30 年代引领了一股所有权分化理论的思潮。直至今天，在任何论述大陆法系所有权制度的法学著作中，对以普亚蒂为代表的所有权分化理论的评介都成为其中不可绕开的一个重要部分。无独有偶，在英美法系国家，继 20 世纪 70 年代，以吉尔莫、麦克内尔、阿蒂亚为首的"后古典派"法学宣告契约死亡之后，80 年代美国法学家托马斯·C. 格雷也提出"财产的解体"这一论断。② 尽管他是在英美法的语境下使用财产的解体（the disintegration of property）这一术语，但他实际上指的是传统以有体物为中心的财产权利的解体。他认为，伴随着市场经济的高度发展与成熟，财产类型及其利用形式的多样性使得所有权日益分解为各种形式的权利束。"不再拥有包括简单的物品所有权和一般被称作财产权的各种各样的法律权利在内的统一的财产权概念。"③ 这样，格雷就从另一个角度提出了所有权的解体理论。

依据格雷的分析，所有权在财产归属权利中的中心地位被权利束概念所取代。这一方面是因为，个人主义的所有权模式在 18 世纪被赋予的反对封建制度、作为自由平等象征的重要意义丧失，无须再固守完整的所有权模式；另一方面是传统的以有体物，尤其是不动产为调整对象，且以静态调整为主的所有权制度并没有为现代财产的新形式或者利用提供适当的法技术调整工具。而财产的泛动产化和价值化使得所有权开始逐渐脱离与物的紧密联系，人们更加关注物上的每一主体所享有的权利内容，以至于物本身反倒可以被忽略。而且，格雷认为，这种所有权要素的分解与重新组合，产生新的权利结构是市场经济运作的必然结果。这样，所有权无论

---

① Salvatore Pugliatti, *La proprietà e le proprietà*, in Idem, *La proprietà nel nuovo diritto*, Giuffrè, 1964, p. 300.

② ［美］托马斯·C. 格雷：《论财产权的解体》，高新军译，《经济社会体制比较》1994 年第 5 期。

③ 同上。

在政治还是法律领域中都不再是一个重要范畴，因此，不应当固守物的所有权的概念。用权利束概念替代物的所有权概念能够更好地解释和规范多元化的财产及其利用形式。

无论是大陆法系学者关于一元所有权与多元所有权的广泛讨论，还是英美法系学者在与大陆法系传统所有权相似的领域，即围绕以有体物为中心的财产权利展开的研究，并以惊悚的姿态宣称财产的解体或者死亡，都表明传统所有权模式在现代社会发展中遭遇了瓶颈。在整个社会发展呈现出日趋多元和动态的趋势时，近代民法所确立的一元所有权体系是否仍然能够维持？或者它是否能够仅仅通过制度框架内的修正就可以适应新的经济社会需求？

要确定统一的所有权制度是否存在，就需要首先辨别所有权制度自身的特征是否仍然得以维持。然而，任何法律制度都不是抽象存在的。其中，所有权制度与社会经济结构和状况的联系尤其紧密，受到社会政治经济结构特征的深刻影响，必须将其重置于具体的历史语境中进行还原，才能准确地描述其面貌和特征。

因此，本书的研究主要采用历史方法和比较方法，将所有权置于更广阔的时空领域进行考察与分析，以使它在现行法中被遮蔽的功能和局限得以彰显，从而更有利于判定其在当代法中的角色定位以及发展方向。所有权是一个典型的应当从体系历史的角度认识的私法制度。它体现着在漫长的历史中被延续的传统，以及共同的传统在各个国家的法律体系中被调整和发展，然后又借由这种法律的发展脉络被解释。本书是对所有权具体概念和制度的考察，而概念的考察和术语的定义必须主要根据在某一法律体系中为这些概念所涵盖的事实的研究。在这一研究中，历史方法可以提供有效的帮助，因为那些在任一既定体系中实际调整这些术语所指示的全部关系的规则，必定有一些与此有关的不规则的或明显武断的东西，有一些纯粹理性想象不到的东西。①

此外，本书对比较方法的运用，不限于大陆法系不同国家的所有权类型和财产归属形式的横向比较，也涉及对不同历史时代存续的各种所有权和财产归属模式的比较考察。这种比较也不限于制度层面的分析，而是借助历史方法的研究，试图寻找其差异的背后所蕴藏的更深刻的法律思想和文化因素。当然，受资料限制，本书对大陆法系所有权模式的研究重点针

---

① ［英］詹姆斯·布赖斯：《法学的方法》，杨贝译，载郑永流主编《法哲学与法社会学论丛》（六），中国政法大学出版社 2003 年版。

对几个典型国家的制度考察展开，对于其他国家所有权制度主要是在某个具体问题点上的分析，没有对所有权制度的发展流脉做国别考察，这在一定程度上削弱了本书对这一主题研究的完整性，有待在今后的研究中进一步深入和补充。

第一章　大陆法系前现代的所有权与归属模式：多元格局与多重视角

　　面对现代所有权模式在当代遭遇的挑战，我们不妨首先退回到近代私法之前，考察大陆法系现代所有权确立之前的历史时代存在的各种所有权和财产归属形式，这将有助于我们对现代所有权制度的内在规定性和边界形成更加清晰的认识。盖尤斯在评述十二表法时曾经阐述了事物起源的重要意义：起源是产生并预示其他部分的部分。[①] 回溯大陆法系所有权制度之发端，尤其是罗马法上的多元财产归属形式，如奎里蒂法所有权、善意拥有、公地占有、行省土地所有权等，以及中世纪的分割所有权形式，探寻在现代所有权模式一统天下之前的财产归属格局，考察其所有权与财产归属形式，对于我们跳脱出近代以来所有权的一元体系框架，重新思考所有权与财产归属形式将不无裨益。

第一节　罗马法财产归属模式的多元格局与多重视角

　　现代法学家在谈到大陆法系所有权制度时，总是会提到其来源于罗马法模式，是在罗马法的绝对所有权模式基础上产生和形成的。但罗马法所有权本身并不是一个严格的学术概念。因为从公元前754年建城至公元6世纪优士丁尼民法大全的编纂，罗马法前后历经近14个世纪。其间，所

[①] D.1, 2, 1. 盖尤斯：《论十二表法》第1编："在准备对早先的法律做解释时，我认为首先必须回顾罗马城的起源。这并非因为我爱进行啰唆的评论，而是因为我注意到在所有事物中，体现出其所有部分的事物才是全面的。当然，初始是一切事物的最首要的部分。"译文引自黄风译：《正义与法（民法大全选译）》，中国政法大学出版社1992年版，第42页。关于事物起源的重要性，另参见 S. Schipani, *La codificazione giustinianea del diritto romano commune*, Torino, 1999, p. 83。

有权并不是始终以同一面貌呈现的。而且，在罗马的法律实践中，法律的发展并不是从简单有限的形式向更加先进和复杂的形式的过渡。至少对于晚期的法律科学而言，学者通过分析、提炼和抽象，对彼此不一致和异质的现实进行统一和分类，可以发现其历史起源不完全是这样。① 在罗马存续的不同时代，除了绝对所有权模式之外，也存在许多其他的财产归属形式，包括分割所有权等。也正因为如此，中世纪注释法学派和近代学者才可能同样都以罗马法为据，却能各取所需，形成迥异的所有权制度。因此，可以认为，罗马法构成了其后历史时代各种所有权制度的源头。

概览罗马法各个历史时期存续的所有权和财产归属形式，它们总体上可以纳入两大类别：第一，从人的视角出发形成的所有权形式，即所有权体现为人对物的支配。这类所有权的典型形式是奎里蒂法所有权。第二，从物的视角出发形成的所有权形式，即所有权关注的是对物的利用，体现为物上各种权能内容的总体。这类所有权的代表是行省所有权，以及更广义的赋税田的承租人、公共牧地的所有权人所享有的权利。

一　奎里蒂所有权：绝对的一元所有权

奎里蒂所有权（dominio ex iure Quiritum），即市民法所有权，是罗马法中最典型的所有权形式。罗马文献中并未对所有权进行明确的或直接的定义。盖尤斯在《法学阶梯》（G. 2，41）中把奎里蒂法所有权视为是"对物的完全权利"。在这样一种所有权制度框架下，家父对物享有完全的、排他的绝对权。因此，奎里蒂法所有权构成了最典型的一元所有权，同一物上只能有一个所有权人存在。②

（一）权利概念的萌芽：从 meum esse 到 dominium

在指称所有权关系的专门法律术语出现之前的好几个世纪，罗马人就已经有一些关于这种人对物直接所有关系的表述（meum esse，erus，dominus 等），表明其已经存在基本的所有权观念。通常认为，相对于权利观念，罗马法学家更倾向于具体形象的思维，将人与物之间存在的直接的法律联系更直观地反映为物本身，将所有权与物等同。最典型地体现了罗马法学家这种思维的就是关于有体物和无体物的划分。盖尤斯将所有权之外

---

① L. Capogrossi Colognesi, *Dominium e possessio nell'italia romana*, in *La proprietà e le proprietà*, a caura di Ennio cortese, Milano, 1988, p. 144.

② 本章中涉及的"一元所有权"，如无特别说明，均是在所有权法律模式的意义上使用的，即指所有权主体的一元性，同一物上只能有一个所有权人存在。

的财产权，包括地役权、债权、继承权等都纳入了无体物范畴，有体物仅作为所有权的客体，这事实上是以物涵盖了整个财产权体系。但是，依据罗马法学者普列塞（Pugliese）的观点，即使在法律观念还相当原始的阶段，也应当认为罗马人已经认识到在人与物之间存在一种直接的法律联系，而不是将其包含在物中，否则就不可能会将其法律主体界定为所有权人。因为这一界定所隐含的前提是在主体与物之间存在一个具有法律意义的关系。① 另一位意大利的罗马法学者柯洛涅斯（L. Capogrossi Colognesi）也认为，在这一时期，尽管抽象的所有权概念在罗马人的法律思维中尚未获得明确的表达，但它事实上已经在共和国时期的法学家作品和法律制度中实际运转了。②

罗马法最初的法律文献在表达财产归属时，没有使用专门术语来指称人对物的权利，而是直接体现在物上。因此，这种财产归属是采用确认某物是某人的这样一种形式，显然体现的是人与物的一种直接关系。这种具体的概念最初产生于对物的誓金之诉的原告所说的话，即原告宣称"物是我的"（meum esse）。这一术语在十二表法中也可以找到。到了第二阶段，在具体概念之外，法学家作品中才出现了作为家父对物的权利，用来表示财产归属抽象概念的术语 dominium。erus（所有主，特别指在安奎利亚法中用来指其物受到损害并有权行使有关诉权的事主）指所有权。而在物的返还之诉（rei vindicatio）程式中，原告通过宣称"这是我的物"请求所有权保护，如同对物的誓金法律之诉一样。③ 在这两种形式，即"物是我的"（meum esse，突出的是与物的具体关系）与"所有权"（dominium，突出物上的权利）的基础上，如同奎里蒂法在这两种情形中所反映出来的，存在和确认了一种主观权利。两种法律形式的区别在于，前者将物的实体作为主观权利的客体，后者在权利中识别主观权利的客体。于是，在这一丰富和复杂的历史图景中，所有权观念开始形成：在这种法律形式中，物不再能找到直接的反映，而成为属于某人的对物不受限制的享有和处分权利的客体。

---

① G. Pugliese, *Diritti reali*, voce in *ED*, XII, Milano, 1964, p. 239.

② L. Capogrossi colognesi, *Proprietà e "iura praediorum" nell'età repubblicana*, Milano, 1969, p. 499.

③ 这种建构与家父对物和人的权利（mancipium）的并存并不矛盾。这种连带的权利作为早期家族集体所有的残余，是一种最古老的概念，其凸显的是权利而非物，指群体对公共物的权利，群体内部的任何成员都可宣称"该财产是他们的"。

所有权还体现在禁止他人干涉其所属物的权利上。在这一点上，所有权毫无疑问也经历了从具体的实体概念到物上权利的抽象概念的历史发展。在第一阶段，第三人的不干涉义务源自实体的财产归属，即物是我的，任何人不能触碰。到第二阶段，第三人同样的义务就开始被建立在更精致的概念基础上，被认为是源于所有权禁止任何干涉的权利。被罗马法学家所确定的是，在所有权法律形式被确立的漫长过程中，甚至在其确立之后，所有权的实体化概念在诉讼领域仍然存在和被运用。这尤其体现在对物的誓金诉讼中，通过"依据奎里蒂法这是我的"（meum esse ex iure Quiritium）的这样一种表达来实现对完全的和受保障的财产归属方式的保护。①

（二）所有权概念的产生：与他物权的相互限定

在罗马法中，从法技术意义上被使用，以指称所有权这种财产归属关系的专门法律术语——dominium 出现得比较晚，在现存可考的资料中最早只能追溯至公元前 2 世纪左右的文献。

根据现代罗马法学家波扎（Bozza）的观点，dominium 这个词语的最初含义就是为了与地役权（ius praediorum）这个词相对照。他认为："这是合乎逻辑的，当地役权成为一种独立的权利时，所有权也进行了同样的建构。这是发生在同一时期，从权利塑造的功能上看，法学家感觉到必须从所有权人（dominus）中发掘出一种表示抽象所有权的权利。"②

这可以从共和晚期的法学家塞尔维·苏尔皮其·鲁服（Servius Sulpicius Rufus）③ 对 dominium 一词的使用中看出。

D. 8，3，30 保罗《阿尔芬鲁斯学说汇纂概要》第 4 卷
拥有两块土地的人出售其中之一时，将土地上的水源和水源边上十尺之地作为例外保留了。提出了这么一个问题，保留之地的所有权（dominium）仍属于他呢，还只是他可以进入该部分的土地？答复

---

① Feliciano Serrao, *Diritto private economia e società nella storia di Roma* 1, Napoli, 2006, p. 321.

② F・Bozza, *Usucapio*, Cfr, S. Solazzi, *Alfeno Varo e il termine 'dominumm'*, in *SDHI*, 18, 1952, p. 218.

③ 塞尔维・苏尔皮其・鲁服（Servius Sulpicius Rufus）曾任公元前 51 年的执政官，死于公元前 43 年；他是西塞罗的朋友，被西塞罗誉为具有把法学上升为科学的才能的人。他学识渊博，也精通哲学，他领导了一个实力雄厚的学派。彭彼尼曾提到他的十位弟子（autidores），其中最为杰的是奥菲蒂奥・那木萨（Aufidio Namusa）和阿尔芬. 瓦罗（Alfeno varo）。参见［意］格罗索《罗马法史》，黄风译，中国政法出版社 1994 年版，第 262 页。

说，如果保留是这样表达的"围着水源十尺之宽"，则认为出售人只拥有个人通行权。①

这是现存最古老展示 dominium 的所有权含义的法学拉丁文本的片段。②

在法学领域之外，最早在所有权意义上运用 dominium 的还有两个文本：一个来自西塞罗《论共和国》，另一个来自李维的《罗马史》。

> Cic.，rep.，1.27 "要是一个人能不把田地、房屋、牲畜和无数的金银视为财富，称之为财富，因为在他看来，这些东西给人的乐趣是微不足道的，它们的益处是微乎其微的，对它们的所有权（dominatus）是不可靠的，而且它们常常归那些最恶劣的人所有，那么这样的人该被认为是多么幸福啊！"
>
> Liv.，45.13.15 "他很高兴地享受着用益权，且所有权仍然保留在他（用益权人）那里。"

在这两个文本中，dominium 这个词都是与用益权相对应使用。而在法学家塞尔维的片段中，它则与通行地役权相对。所有权概念在其萌芽阶段与他物权相伴相生的现象似乎也揭示了二者之间隐含的一种联系。

由此可见，所有权术语的缓慢成形并不能完全归咎于罗马人在法律思维或者术语方面的某种具象或者实用主义的特征，因为通常人们都会倾向于用一种最直观和便捷的表述来指称某一财产的财产归属。而在罗马早期，所有权因其本身的基础地位和重要性，并不存在推动明晰其权利形象的具体动力。直至共和国末期，随着新的他物权类型逐渐从所有权中抽离出来，形成独立的权利类型，为了与这些新的物权类型在权利内涵和具体制度上进行区分和识别，才产生了对作为其母体和前提的所有权本身进行界定的必要。③

此外，作为现代所有权概念表达的另一术语 proprietas 与 dominium 差不多在同一时期出现，并且长期以来一直被并行使用。关于二者的差别或

---

① ［古罗马］《罗马法民法大全翻译系列·学说汇纂第 8 卷地役权》，陈汉译，［意］纪蔚民校，中国政法大学出版社 2009 年版，第 97 页。

② L. Capogrossi colognesi, *Proprietà e "iura praediorum" nell'età repubblicana*, Milano, 1969, p. 497.

③ Ibid., p. 491.

许可以通过对相应的罗马法文献的考察窥得一斑。与 dominium 范畴不同，proprietas 仅仅出现在盖尤斯的《法学阶梯》和优士丁尼安的《学说汇纂》中的某些卷里以及一些带有上下文的片断里。例如：

> 盖尤斯的《法学阶梯》中的片段，Gaio. II.33 "……一个人可以拥有用益权，而另一个人可以拥有用益物所有权（*proprietas*）"。
>
> 学说汇纂中的片段，D.7.1.6.1. "……用益权也可在关于遗产分割和公有财产分割的司法判决的基础上而设立，如果法官判决一人享有用益物所有权（*proprietas*），而另一个享有用益权的话"。

在这些片段中都可以清晰地看到一种用益物所有权—用益权（propietas-ususfructus）的对立结构，也即 proprietas 主要是相对于用益权而言的。因此就需要了解用益权在罗马法上的权利内容和特征。用益权是一种对物的广泛的利用权，包括对物的孳息的所有权，而且，"用益权人有权从物上收取孳息或者为着收取孳息的目的而将物交给他人，或者将其出租或者出售……"（D.7.1.12.2）。尽管依照彭波尼的观点，这种转让只能让渡给用益物的所有权人。而关于用益物所有权人的权利，法学家乌尔比安则写道："……拥有用益物所有权（propietas）的人，没有单独的利用权（ius utendi）。"也即，用益物所有权是一种在一定期间被剥夺了对物的使用和收益等的权利。在该期间内，所有权人对物不享有任何的实际支配能力，而仅仅为名义上的所有权人。因此，罗马法学家认为其是一种典型的裸体所有权。即 proprietas 主要用来指与用益权相对的裸体所有权或者说是空虚所有权。

（三）从政治伦理概念到财产权利

尽管所有权概念总是与经济内容相联系，体现在单个的具体经济活动中，但它最初作为一种法律制度类型被罗马人确定下来，却并非意在作为经济工具，实现对物的享用；而更主要是作为一种政治法律工具，以保障将某物附属于特定的主体。[1] 所有权被包含在家父所拥有的最广泛的权力中，用术语 mancipium 来表示。它体现为一种处在国家或者城邦权力以外的、在社会维度中具有政治性质的权力。[2] 罗马古典法并没有对所有权人

---

[1] G. G. Archi, *Il concetto di proprietà nei diritti del mondo antico*, in *Revue international des droits de l'antiquité*, s. III, t. VI（1959），p. 239.

[2] Francesco de Martino, *Individualismo e diritto romano privato*, Giappichelli, 1999, p. 21.

的权能在经济用途上做任何限制,① 也没有从经济属性的角度来对物进行考量,② 家父对属于他所有的物可以说享有无限的权能。

最初用于表达所有权的拉丁语术语 dominium 来源于 dominus（主人），这似乎也印证了它最初是从家父的权力中分化出来的。"罗马法学者一致认为，原初并不存在和所有权观念相对应的概念和法律状态，但毫无疑问，广泛的家庭权力中确实存在该概念的内容。"③ 早期家父对家庭内部全部的人和物都享有统一的支配权。家父的权力可从两个方面来衡量：一方面是对从属的物和人的权力，具有所有权的效力；另一方面是作为家内的统治者，家庭作为更广泛的国家组织中的一个图像，家父对家庭所享有的治权。④ 关于所有权与主权，以及私法与公法的这种关联，有学者还提到，古代法中作为所有权客体的土地的划界仪式与圈定城墙的宗教仪式的相似性,⑤ 似乎也可以佐证早期所有权观念的政治属性。

随着罗马社会的变化，古代家父统一的权力开始分崩离析，而与各种具体的客体相联系，反映这些客体自身的特征，然后再重新组成一个新的整体。因此，它区分出对于人的各种不同的权力，如对家子和奴隶的支配权、对妻子的夫权等，甚至还在各种物上区分出具有经济性质的权力。所有权原有的权力特征与物的经济属性相联系，就形成了新的法技术意义上的所有权概念 dominium，用来指物的经济意义上的归属。

因此，古典法所有权概念开始成形的时候，所有权理论表现出了一种新的特性。它所讨论的是一般性内容上的统治，即不是从构成内容的各种功能的整体这一角度进行定义，而是从在可能利用的范围内对于物的统治

---

① 这一点体现在：土地因相邻关系产生的负担被减至最小；规定了土地上的物附随于土地以及添附规则；土地免于承担任何税赋。最后这一项规则一直实行到戴克里先皇帝时期才被废止。

② 关于罗马时期物的概念和分类，我们可以从盖尤斯的一个片段中获得一些讯息。Gaio 2，1—3；12—14a. 这一片段对物进行了众多的划分，依据盖尤斯的分类。物可以被划分为：（1）属于我们的物/不属于我们的物；（2）神法物/人法物；（3）有体物/无体物；（4）要式物/略式物。尽管这一片段没有给出物的具体定义，但即使是粗略地看，也可以发现其关于物的观念具有两个基本的特征：第一，外延宽广，例如包括了神法物、无体物等；第二，经济性质并未包含在对物的考量中，即并不要求物必须具有满足人们需要的经济性质。

③ Torrent, Armando, *Manual de Derecho Privado Romano.* Zaragoza, 1995, pág. 247 y sig. 转引自 [阿根廷] Norberto Rinanldi:《奎里蒂法所有权（*dominio ex iure quiritum*）已经死亡》，徐涤宇译，2009 年 2 月，http：//www.romanlaw.cn/sub2 - 117. htm。

④ L. Capogrossi colognesi, *Proprietà e "iura praediorum" nell'età repubblicana*, Milano, 1969, p. 44.

⑤ E. Betti, *Istituzioni di diritto romano*, I, Padova, 1947, p. 37.

的一般性这个角度进行定义。这种可能的利用范围只能从消极的角度来限定，而不能从积极的方面进行定义；但这种一般性，强调的是经济内容，这体现了所有权概念内涵的扩展。① 然而，所有权最初作为一种主权性质的权力决定了其绝对性的特征。这种特征在它的内涵转向经济方面后也仍然在很大程度上被保留下来。

因此，奎里蒂所有权被认为是同时包含了财产经济内容和特征的评价以及支配的要素。② 后者作为一种历史的投影，是家父"统治"权力含义的延伸。这种特征在现代民法对所有权的定义中也能够看到，如将所有权定义为对物的"全面的、排他的支配权"。

（四）帝政后期奎里蒂所有权的衰落

及至公元 4 世纪，特别是戴克里先皇帝之后，帝政专制时期开始，帝国的危机不断加深，古典法制度逐渐瓦解。帝国重心向行省的转移，社会经济的衰退，以及法学家阶层的缺乏等使得古典法所确立的所有权制度的政治前提和理论支持都已经不复存在。奎里蒂所有权开始衰落。此前，整个帝政开明时期的土地制度都是建立在奎里蒂所有权基础之上。而等到戴克里先皇帝之后，法律文本更多地开始使用与占有相关，尤其是来源于行省实践的占有模式来表达土地的所有权关系。③

帝政后期奎里蒂所有权衰落或者被抛弃的原因，依据罗马法学家的分析，主要是源于两个方面：第一，行省土地上的权利始终是与绝对所有权观念不相容的。而当罗马扩张导致行省土地构成帝国版图的绝大部分、整个帝国几乎就是由行省土地组成时，这种差异就成了不可忽视的问题。第二，罗马帝国土地存在多种财产归属形式。尤其是由于对公地的混乱管理，导致在几个世纪以来，通过长期的租赁、赠与、出让等形式形成了多种土地权属关系。而这些权属关系并不总能与土地所有权明确区分开来，这不仅在土地的权利人之间造成混淆，同样也为法官的裁判带来困扰。④

此外，这一时期法学家阶层的缺乏也加剧了术语使用的混乱。在传统的土地用益物权领域，永佃权、用益权、永租权人被赋予或者事实上享有

---

① L. Capogrossi colognesi, *Proprietà e "iura praediorum" nell'età repubblicana*, Milano, 1969, p. 47.

② Giuseppe Grosso, *Schemi giuridici e società nella storia del diritto privato romano: dall'epoca arcaica alla giurisprudenza classica. Diritti reali e obbligazioni*, Torino, Giappichelli, 1970, p. 213.

③ L. S. Maruotti, *La tradizione romanistica nel diritto Europeo*, Ⅱ, *Dalla cirisi dello ius commune alle codificazioni moderne*, Giappichelli, 2003, p. 249.

④ Ibid.

越来越广泛的权能，导致用来描述该法律关系的术语非常规化，直至中世纪进一步发展至用所有权本身来界定这类法律关系。而对于社会发展带来的新的土地财产归属和利用形式，由于缺乏法学家的科学反思与系统整理，在法律层面上没有被特别界定，导致这些形式彼此之间以及与所有权之间的界限日益模糊。这也进一步冲淡了古典法所有权观念，最终导致了绝对、排他和统一的所有权概念的消逝。

帝政后期所有权与占有以及他物权之间的模糊化倾向同样也反映在司法实践中。法官不能再用准确的法律名称来一一界定众多的财产归属形式，而是通过列举所有人或占有人的权能来指称其权利。也即，在绝对所有权衰落之后，法官通过拆解古典法所有权人的权能，然后再在具体情形中将其重新组合，用来描述各种不同的财产归属形式。所有权与占有诉讼在古典法中的明确区分日益模糊。来自行省实践的新的财产归属形式对帝国的影响越来越大，与之相伴随的是新的诉讼工具也被引入到罗马法之中。

此外，日耳曼法中的财产归属模式及其诉讼工具也对帝国后期的所有权实践产生了显著的影响。公元 5 世纪左右，日耳曼人侵，并在原来罗马帝国的领土上建立起日耳曼帝国。西罗马进入法的庸俗化时期。这一进程一直持续到 12 世纪罗马法复兴时期为止。帝国晚期的土地制度也日益显著地受到日耳曼法传统以及希腊世界实践的影响。日耳曼人带来了一种新的所有权观念，从而很大程度上改变了罗马帝国时期形成的对公法与私法的明确区分。在这些新兴的日耳曼国家中，所有权更多的是被置于公法规范之下。最初，日耳曼部落中不动产所有权仅属于个人所隶属的政治共同体，个人只能对动产享有所有权。关于日耳曼的不动产所有权，塔西陀（Tacito）有一个片段对此做了描述：每个共同体逐年确定内部需要耕种的土地，然后将它划分为小块，依照社会地位和劳动力数量两个标准给予各个家庭进行耕种。[1] 在这些家族或者政治共同体中，土地只是在一定期间内被分配给家庭享用，因此，他们对土地也不存在共有关系。日耳曼法中的这种占有（Gewere）制度与罗马古典法的绝对所有权概念是两个在价值取向和法律构造上完全不同的制度模式。帝国后期，日耳曼法的渗入更进一步侵蚀了已经开始衰落的罗马法传统。

---

[1]　P. S. Leicht, *Storia del diritto italiano*, *il diritto private*, II, *Diritti reali e di successione*, Giuffrè, 1943, p. 8.

二　裁判官法所有权：与市民法并立的双重所有权

最早可能溯及公元前 1 世纪，罗马法上就出现了与奎里蒂所有权并行的另一种所有权形式：善意拥有（in bonis habere）。因此，帝政之初，罗马法上已经产生了双重所有权现象。

善意拥有是裁判官在要式物转让仅仅进行了交付的情形时，为保护物的受让人而设立的所有权形式。因为罗马法上区分了要式物与略式物，对于前者适用曼希帕蓄或者拟诉弃权方式转让，后者则只需要简单交付即可。因此，在要式物转让情形中，如果仅简单交付，而没有进行上述要式行为，则依照市民法的规定，物的所有权不发生转移。但到古典法后期，随着罗马的扩张以及随之而来的国际贸易的繁荣，罗马人之间采用的行为也同样适用于外邦人。与此同时，外邦人的加入也带来了对罗马法规则的改变，例如交易程序的简化。因此，伴随商品经济的蓬勃发展，交易双方仅仅通过交付转让物的情形越来越普遍，古典法中规定的要式交付不再被严格遵循。面对这种情形，裁判官就在返还所有物之诉的基础上类推适用并拟制出一个新的诉讼——普布里其安之诉（l'actio Publiciana），对物的受让人进行保护，以克服市民法的严格规定与实践发展之间的扦格。在要式物仅仅交付的情形下，转让人仍然是市民法所有权人，物的受让人没有取得市民法所有权，但裁判官赋予他普布里其安之诉，拟制其对物的占有已达到取得时效规定的期限，通过时效取得物的所有权，他可以对抗物的原所有权人和任意第三人。这样，它就成为受裁判官法保护的所有权，因此也被称为裁判官法所有权。从古典法早期的法律实践开始，它就几乎等同于真正的所有权。① 相反，物的原所有权人仍然对物享有奎里蒂法所有权，即依照市民法，他依然是物的名义上的所有权人，可以对抗除物的受让人以外的任何第三人。由此形成了裁判官法所有权与市民法所有权的对立。

---

① 盖尤斯提及了一个差别：从真正所有权人那里解放的奴隶成为罗马市民，从善意拥有人处解放则成为拉丁人。G.1，35：如果一名你所享用的奴隶根据罗马法是我的，你仅能把他变为拉丁人，只有我而不再是你可以将他再次解放，从而使他变为我的解放自由人。他也可以通过其他方式取得罗马人的权利。变为我的解放自由人……如果他是由既享用它又依罗马法对其拥有所有权的人解放的，该人可以将他变为拉丁人并使他获得罗马人的权利。译文引自〔古罗马〕盖尤斯《法学阶梯》，黄风译，中国政法大学出版社 1996 年版，第 12—14 页。

盖尤斯的法学阶梯中也曾提到这种双重所有权现象。① 但正如盖尤斯所强调的，这两种所有权并非是在市民法体系中产生的两种类型的权利，而毋宁是两种不同的法律制度体系的反映。现代罗马法学家也持相同观点，他们不认为这一情形中的双重所有权产生了质的意义，即它仅仅涉及物的交付方式及其效力，并没有对所有权概念本身的内涵产生实质影响。② 例如，彭梵得主张，盖尤斯所描述的这两种所有权不应当被理解为两种所有权类型的划分，而应当是对统一所有权概念的分解。主体只有同时兼具奎里蒂所有权和善意拥有两者，才能对物享有完整的所有权。③

因此，善意拥有仍可通过时效的经过转变为完全意义的所有权。善意拥有的出现并没有改变古典法所有权的性质或者内容，而真正对所有权关系进行分解或者变形，对古典所有权主体的一元性造成了威胁的是公地以及行省土地的财产归属形式。

三　以土地为中心的多元财产归属形式

财产归属方式总是与特定的社会、经济和法律安排相适应，并随着社会经济状况和文化的改变而变化，因此，任何社会中的财产归属形式都不是单一的。罗马早期的归属体系是由多元化的主体和多元化的制度构成的。所有权从最初家父的统一权力概念到 dominium 特指的含义的历史变迁，通过诉讼程序中术语"依据奎里蒂法这是我的"（meum esse ex quiritium）的使用的连续性，展现了各种客体和内容的衔接交错。考察罗马扩张发展过程带来的土地权属形式的多元化，以及减少这种多元

---

① G. 2, 40：现在我们应当指出，在异邦人那里只有一种所有权，一个人或者是所有主，或者不被认为是所有主。罗马共同体一度遵循过这一法则：某人或者根据罗马法是所有主，或者不被视为所有主。但后来，人们接受了一种对所有权的划分，因而一个人可以根据罗马法是物的所有主，而另一个人可以享用物。译文引自［古罗马］盖尤斯《法学阶梯》，黄风译，中国政法大学出版社 1996 年版，第 90 页。

② Vacca, *Il c. d. duplex dominium e l'actio Publiciana*, in *La proprietà e le proprietà*, a cura di Cortese, Milano, 1988, p. 39.

③ G. 2, 41：实际上，如果我不是通过买卖或者拟诉弃权而只是通过让渡向你转让要式物，该物则由你享用，然而它根据罗马法仍然是我的，直到你通过占有实现了对物的时效取得；一旦实现了时效取得，你就取得了完全的权利，也就是说物既归你享用，又根据罗马法是你的，就像是通过买卖或者拟诉弃权转让给你的一样。译文引自［古罗马］盖尤斯《法学阶梯》，黄风译，中国政法大学出版社 1996 年版，第 90—92 页。

情形的历史过程，显示出罗马时代财产归属形式多样复杂的现实。由此我们也可以看到，之后作为近代民法所有权模式确立基础的个人主义所有权模式从一开始在罗马法上就存在，但它并未在当时的归属体系中占据中心地位。

（一）土地的私人所有权

所有权作为一种基本的财产归属方式，对其具体的起源，因为相关资料文献的缺乏，罗马法学者对此并未形成定论。[①]　关于罗马早期社会中的土地权属问题，可以肯定的是，土地上的私人所有权已经存在。对于私人所有权最早的起源，罗马法学者塞劳（F. Serrao）认为有两个基本的来源：（1）将公地分配给私人；（2）家族土地在家族内部的分割。这两者最早都可追溯至罗马城邦产生之初。[②]

对于前者，经常被罗马法学者提到的是，罗马建城的第一个王罗慕诺曾分给每个市民两尤杰里的土地，它们可被继承，因此称为世袭

[①]　罗马法学家在这一问题上主要形成了 3 种主要的观点：第一种观点认为，古代社会中较为重要的财产，即要式物上存在的是家族的集体所有权。此外，鉴于小块土地的存在，可以肯定早期也存在个人所有权，即世袭地产，是从罗慕诺开始分给家庭的，由两尤杰里土地组成。之后家族逐渐解体，所有权变为个体的，但直到共和时期，这一转变只发生在要式物上。持此观点的代表人物是彼得罗·彭梵得，参见 Pietro Bonfante, *Scritti giuridici varii*（Ⅱ）, *proprietà e servitù*, Torino, 1926. *Corso di diritto romano*, vol. Ⅱ, *La proprietà*, Roma, 1928. 第二种更为近代的一种观点，也是从家父权的区分出发，认为 mancipium（家父权的一个类别，一般认为它包含了所有权的早期形式）最初非指所有权，而是一种家内的治权，既包括对自由人的权力，也包括对物的权力，其实质是一种不具有经济内容的广泛的权力。早期要式物受家父权支配，不那么重要的物则是占有的客体。共和末期，财产物被从 mancipium 中抽出，与非要式物结合形成 dominium，从权力、主权过渡到仅限于物的真正所有权。这一理论的代表人物是 De Visscher, 参见 De Visscher, "*Mancipium*" e "*res mancipi*"（《"曼兮帕蓄"和"要式物"》studia et doc. Hist. et juris, Ⅱ, 1936.）。第三种观点认为古代所有权是一种相对的概念。它仅在当事人之间具有意义，这可以从请求物的返还之诉和物的要式转移等物从一方当事人转移到另一方当事人的制度中获得佐证。这是因为所有权首先是对物的统领支配事实而非权利的确认，因此，所有权的首要基础是占有。请求物的返还之诉针对的是物而非权利，并非所有权的返还之诉。同样，在物的转让中，当事人转移的是物的占有，而非所有权，事实上，转让一方的当事人并不负有转移所有权的义务。持这一观点的代表学者是 Kaser, 参见 Kaser, *Eigentum und Besitz im alteren rom*, *Recht*, Bohlau, Koln-Graz, 1956.

[②]　Feliciano Serrao, *Diritto private economia e società nella storia di Roma* 1, Napoli, 2006, p. 278.

地产（heredium）。① 此后，其他的王也曾进行过类似的土地分配活动。② 蒙森也提到，私人所有权的开端是世袭地产，这一观点被韦伯所接受和发展。③ 源自公地分配和分割形成的私的个人所有权，从世袭地产开始随着之后将行省土地向平民的分配而逐渐扩展。而且，自罗慕诺王以后的所有这些土地分配都是指向平民或者没有土地的穷人。因此，这一时期，私人所有权主要是指平民的小块土地份额所有权的出现和发展。他们在贵族的政治和经济霸权中，有必要从城邦受让一定的土地，并拥有排他的、受城邦秩序保障的所有权。④

罗马私人所有权的另一个来源是家族土地的内部划分。家族在城邦产生之前已经拥有自己的土地，由家族集体所有。这些土地在城邦形成和发展后就不再归家族所有，但是也并没有转变为公地。因为城邦的起源为家族联盟，家族从未放弃对已占有和利用的土地的财产归属权。家族土地除了一小部分被保留为集体所有，用作牧地以外，大部分在属于同一家族的家父之间划分，他们因此可能从城邦共同体开始之初就将其作为自己的土地占有。⑤

（二）对公地的占有

从前面对私人所有权形成的分析可以看出，大部分的私人土地都属于平民，他们对土地的权利构成了罗马私人所有权的主体，这在一个由贵族统治的社会中如何实现？但如果我们接着考察一下罗马城邦中公地上的权属利用状况，对此也许就豁然开朗了。

关于罗马公地（ager publicus）的形成，学者也存在不同的意见，但通常都认为包含了罗马城邦兴起之时就已经拥有的不属于任何家族的土

---

① Feliciano Serrao, *Diritto private economia e società nella storia di Roma* 1, Napoli, 2006, p. 278.

② 在共和国头两个世纪的土地分配中，最早和最重要的例子是公元前 486 年 Spurio Cassio 提议的土地法（lex agraria），它涉及两个具有重大经济、社会、政治意义的事件，一个是产生于公元前 456 年的《关于阿文蒂诺公地的里其亚法》（*lex Icilia de Aventino pubblicando*），另一个是公元前 393 年关于维安塔努土地（l'ager Veientanus）的分配。前者规定将阿文蒂诺的土地分配给平民作为建筑用地。该法没有规定分配给相同份额，而是依照平民所能够修建的建筑物的占地分配。后者是将维安塔努土地按照每人 7 尤杰里分配给不仅是家父，也包括家内的自由人。这也形成了一个广泛的新的小所有权人类别。Feliciano Serrao, *Diritto private economia e società nella storia di Roma* 1, Napoli, 2006, p. 281。

③ Feliciano Serrao, *Diritto private economia e società nella storia di Roma* 1, Napoli, 2006, p. 283.

④ Ibid.

⑤ Ibid., p. 285.

地，以及之后通过战争逐渐取得和征用的土地。这些土地属于罗马共同体共同所有。

关于罗马公地的用途和流向，① 在共和国时期，其中一部分常常按照严格的土地份额被划分或分配给平民，或者通过殖民地的减少，转变为被分配人的私的所有权。剩下的未分配的公地占了绝大部分，它们主要用于两种用途，或者直接被城邦使用，即公共用途，或者由私人（后来也由城邦共同体）为收益或交换利益自由占有或用作公共牧地。公共使用主要是用于公共设施、道路、沟渠、花园或娱乐场所、盐场等。这些土地直接服务于城邦，因此不可转让和商业化。另一部分更主要的是由私人自由占据的土地。这种建立在古老习俗基础上的占有，在十二表法之前就已产生和流行。任何可能耕种的人就可占有一块土地，或者在第二阶段，依照它在将来可能耕种的能力标准占有。尽管没有明确的规定，但公地事实上只有贵族才能占有，因为他们属于统治阶级。直到公元前367年一项法律（Liciniae-Sextiae）的颁布，这一门槛才被打破，使得进入执政官的上层平民可以占据公地，并因此产生了每个家父只能占500尤杰里以内土地的限制。

这种对土地的占有最初并非依据城邦法律的规定，而是依据私人的占据行为。占有人行使的是一种事实权力，与完全的、充分的主观权利相对立。因此，没有人能够根据奎里蒂法在法律诉讼中主张占有，而只能请求令状保护。② 裁判官这样规定：对所涉及的土地已经占有，因为该占有既非暴力也非秘密的、不确定的占有，因此，占有人占有该土地，与旧的暴力占有情形相对立。这一定义强调了两个主要原则：（1）占有存在于对土地的特定使用或利用开发中，不是有形物，因此不能与被占有的物相混淆；（2）占有人的保护不能适用对物的誓金之诉，而只能请求裁判官颁布令状，命令双方不得暴力干扰或改变对土地或建筑物的占有状态（即事实占有），只要这种占有状态相对于另一方不是暴力也非秘密的、不确定的。依照伽罗（Elio Gallo）的论述，对占有的保护诉诸裁判官产生后

---

① Feliciano Serrao, *Diritto private economia e società nella storia di Roma* 1, Napoli, 2006, p. 290.

② 一个由来已久，流传广泛的观点（Niebuhr、Savigny 支持，20 世纪曾有激烈论战）认为占有的罗马法概念和令状保护起源于公地占有。独立于所有权的事实上的统领已经存在于公地上，并作为其扩张的媒介，它后来被认为是典型的占有的事实统领的类型。Cfr Giuseppe Grosso, *Schemi giuridici e società nella storia del diritto privato romano* (*Dalla'epoca arcaica alla giurisprudenza classica: diritti reali e obbligazione*), Torino, 1970, p. 158, nota 5.

的令状（因此是在公元前 366 年之后）。在令状产生之前的时期，也存在与令状相似的方式保护公地占有。因为公地的占有者是贵族，是城邦的统治阶层，他们对土地的利益主要体现在对公地的占有，因此，他们当然要求城邦对占有进行保护，并要求立法的承认。城邦对此保护的唯一的限制，就是占有是通过非暴力、非秘密、并非不缺的方式取得即可。[①] 最早的私人之间关于公地占有的保护在公元前 456 年《将阿文蒂诺土地收归国有的伊其利法》（lex Icilia de Aventino）中就已经存在。这一法律决定将阿文蒂诺山的土地分配给平民，供他们建造房屋，但尊重和保留了非暴力和非秘密的土地占有。

对比土地上的私人所有权与贵族对罗马公地的大量占有，似乎可以推论当时所有权制度尚未被重视。依据罗马法学者夏洛亚（Scialoja）的观点，早期土地的个人所有权的数量并不大，多数土地上存在的可能是家族所有权。他认为，土地所有权在很长的历史时期，至少在理论上很大部分都不存在个人所有权，而是财产归属于罗马共同体。[②] 因此，大部分土地都是由贵族依照习惯法形成了占有事实，并通过法律手段来维护这种事实状态。相比之下，平民通过不断的斗争所争取到的小块土地的所有权实在是非常微不足道的一块。而贵族在占有大量受到法律承认和保护的公地之后，自然也不会有动力来推动所有权制度的发展和完善。

更晚的时期，城邦为了适应战争和维持强大军队的需求，开始将公地出租以换取财政收益。因此也出现了其他的公地利用形式，但它们都没有排挤掉公地占有制度，后者因与统治阶级的利益相联系，仍存续了较长时期。它们后来成为格拉古时代农业改革所针对的对象。在公元 2 世纪末，随着改革目的受挫和其推动者被谋杀，这些土地转化为分配地，即有完全所有权的土地。[③]

更晚流行的公地利用形式主要是财政官租赁田和监察官租赁田。它们也被确认为占有，并受令状保护。[④] 前者是在城邦需要资金时由财政官获得元老院授权出租。所有权仍为公共所有，承租人有支付赋税的义

---

① 关于公地占有的性质及其保护，参见 Feliciano Serrao, *Diritto private economia e società nella storia di Roma* 1, Napoli, 2006, p. 293.

② Scialoja, *Teoria della proprietà nel diritto rimano*, I, a cura di P. Bonfante, 1933, p. 243.

③ ［阿根廷］Norberto Rinanldi：《奎里蒂法所有权（dominio ex iure quiritum）已经死亡》，徐涤宇译，2009 年 2 月，http://www.romanlaw.cn/sub2 - 117.htm。

④ Giuseppe Grosso, *Schemi giuridici e società nella storia del diritto privato romano（Dalla'epoca arcaica alla giurisprudenza classica：diritti reali e obbligazione）*, Torino, 1970, p. 159.

务。并且这种租赁是可撤回的，由城邦给予承租人补偿。后者是由监察官代表城邦对公地直接进行行政管理，出租给私人获得赋税，它可以是5年或更长时间，有时候也是不定期的。它可以直接针对单块土地，也可以将一大片出租给一个代理人，后者承包租赁并以城邦名义收取租金。这种赋税田出租也由市政当局或者殖民区实施，承租人（不同于私人出租中的受让人）被确认为占有人，对赋税田享有权利。裁判官在一定程度上使用对物之诉，并在之后统一用希腊世界中的永佃权保护这一权利。

由此可见，在由私人占有使用的公共土地上存在两个财产归属：理论上和名义上完全为公共的，但实际权利内容被架空；私人名义上受到限制，除了不能处分外，对物享有完全和排他的利用权利。①

（三）行省土地所有权

罗马帝国时期，拥有幅员广阔的行省土地。这些土地是罗马城邦在常年征战中作为战利品取得的。被征服的其他城邦被纳入到罗马帝国的版图中，成为其行省。行省土地名义上属于罗马皇帝或者元老院所有，但仍保留给原土地所有人耕种使用。② 后者对土地享有十分广泛的权能，并且能够继承或者转让在土地上的权利，因此，他们对土地享有的权利事实上是永久的。与之相对，罗马皇帝或者元老院对行省土地的所有权则仅仅体现在租金的收取上。鉴于这一情形，裁判官除了通过扩展适用保护奎里蒂所有权的诉讼外（D.6，3，1-3），还引入了一些物权性质的诉讼来对土地实际的使用人进行保护。因此，罗马法学家甚至将他们对土地的权利称为"行省土地所有权"。

但在罗马法文献中，行省土地实际使用人对土地的权利没有使用一个抽象概念指称，而是通过列举权利人对土地享有的具体权能内容——"possessio vel usufructus"（占有和用益）进行描述。这种法律技术的运用同样可见于盖尤斯关于善意拥有情形的描述（G.1，54；G.2，41）。通过权能列举方式表明行省土地的财产归属，就无须对此类法律关系进行精确建构，而这一点在抽象的特定法律概念，例如所有权概念中则是

① Feliciano Serrao, *Diritto private economia e società nella storia di Roma* 1, Napoli, 2006, p. 274.
② 依据 G.2，21：行省土地要么属于罗马人民，要么属于皇帝，分别称为 stipendiaria 或者 tributaria。因此，行省土地只能成为占有或者用益权的客体（G.2，7）。但赋予使用土地的人对土地广泛的支配权能。他们虽然不是形式上的所有权人，其地位却非常类似后者。

必需的。①

　　行省土地所有权对严格意义上的奎里蒂所有权构成了严重的冲击。因为后者仅仅适用于意大利土地，而伴随罗马帝国的不断扩张，行省土地整体上已经构成帝国版图最大的组成部分，在数量上处于绝对优势。对行省土地的财产归属界定和规范在司法实践中也成为频繁发生的现象。行省土地与意大利土地在法律规范的具体规则上有所不同，如前者须定期支付租金，后者则免于承担任何税赋，前者的转让仅需简单交付即可，后者则须通过要式行为转让。因此，尽管司法实践中对行省土地"占有和用益"与对意大利土地所有权的保护成为两条并行不悖的路线，但对前者的调整仍然在很大程度上是参照、适用奎里蒂所有权规范的。直到公元212年卡拉卡拉谕令授予帝国境内全部居民以罗马市民资格，以及作为戴克里先皇帝改革的成果，行省土地与意大利土地在税收上处于同等地位，二者在法律适用上的差别才基本消除。这带来了两方面的后果：一方面，伴随帝政专制的确立，相对于皇帝对帝国境内所有财产都享有的至高无上的权力，所有权作为对物享有的财产性权利，彻底丧失了其最初的主权或者统治意义；另一方面，行省土地与意大利土地之间差别的缩小同样也反映在术语的使用上，使得所有权与占有之间的差别开始模糊化。

四　优士丁尼的改革及向一元所有权的回归

　　至后古典法时代，罗马分裂为东西两个部分。它们处在完全不同的社会文化环境中：在西罗马，蛮族法律与罗马法相遇，开始步入罗马法的庸俗化进程；在东罗马，古典法思想则继续发挥着影响。这一方面是因为它与东罗马文化中的抽象理性思维相适应，另一方面也是源于东部在司法、逻辑以及修辞学等方面的成熟和发达。② 这些因素使得东罗马在面临着被西罗马庸俗化的进程中，仍然能够相对保持古典主义特色。与东方的古典特征相联系，优士丁尼的民法典编纂重新返回古典法，采用古典法的所有权观念。

　　在所有权领域，优士丁尼主要进行了三方面的改革：第一，废除对奎里蒂所有权与善意拥有的区分，旨在消除双重所有权现象，重新回归到一

---

① L. S. Maruotti, *La tradizione romanistica nel diritto Europeo*, Ⅱ, *Dalla cirisi dello ius commune alle codificazioni moderne*, Giappichelli, 2003, p. 248.

② P. Grossi, *Le situazioni reali nell'esperienza giuridica mediavale*, Cedam, padova, 1968, p. 31.

元所有权概念。普布里其安之诉仍被保留，但仅限于保护无权处分情形中的善意取得人（D. 6. 2. 1 pr.）。第二，最终实现了行省土地与意大利土地所有权规则的统一，废除了要式物与略式物的划分，都适用于交付规则作为物的流转方式（CI. 7. 31. 5；I. 2. 1. 40）。第三，用新的动产与不动产分类取代之前的要式物与略式物的划分。动产与不动产划分的意义主要体现在取得时效的规定上，动产是 3 年，不动产是 10 年或者 20 年（CI. 7. 31. 1；I. 2. 6 pr.）。优士丁尼在所有权制度上的改革重新回归到抽象的一元所有权概念，使其重新具有绝对性、排他性和永久性特征。

　　因此，尽管在后古典法时期，所有权的政治含义逐渐被剥离和淡化，但古典法所有权概念之后在优士丁尼的民法编纂中被重新采用。这使得它能够在经过了罗马法的庸俗化之后，借助中世纪的罗马法复兴，被重新发掘和解释，为优士丁尼民法典的注释法学与评注法学派学者所接受和建构，对现代所有权模式在法律结构和权利内容的确定上产生重要影响。此外，优士丁尼法典作为罗马法长期历史发展成熟的产物，其关于所有权的规定经过数个世纪的不断精炼和抽象，剔除了非法律因素，将纠缠不清的惯例、宗教、政府、社会组织、经济组织等与财产所有权区分开来，使所有权本身获得了一种理论上的纯粹性，从而能够在之后的各个时代和不同地域中展示出其灵活的适应性和显著的活力。①

第二节　中世纪的分割所有权

　　通常在关于所有权制度的论述上，中世纪这一段都被认为是横亘在罗马法与近现代法之间的一段歧途，因此常常被略而不论。尽管如此，不可忽视的是，中世纪持续了一个相当长的历史时期，其所有权制度至少在法律层面上一直到 19 世纪都还占据着主导地位。② 这决定了它不可避免地会对之后的时代产生影响。即使是旗帜鲜明地誓与封建制度决裂的法国大革命也并没有能够完全消除这种影响。它同样也在法国民法典及受其影响的近代民法典的所有权规范中留下了痕迹。

---

① ［美］约翰·亨利·梅利曼：《所有权与地产权》，赵萃萃译，《比较法研究》2011 年第 3 期。

② Paolo Grossi, *La proprietà e le proprietà nell'officina dello storico*, in *Quaderni Fiorentini*, 17, Giuffrè editore, 1988, p. 375.

一　对优士丁尼改革的再解读：用益所有权概念的产生

（一）统一所有权的分裂

罗马帝国衰亡后，开始形成多种对物的用益形式，它们不能被纳入到古典的物权形式中。封建土地制度在帝国晚期的土地财产归属利用形式基础上建立，并受到日耳曼法和拉丁希腊世界农业实践的显著影响，因此形成了与罗马古典法非常不同的土地财产归属与利用关系。这尤其体现在封地的普遍化，以及土地的名义财产归属权利与实际使用权利之间竞争关系的产生上。

封建社会的结构特征以及新的农业合同类型的普遍应用，成为阻碍优士丁尼民法典规定的绝对所有权模式适用于中世纪土地关系的两个重要因素。[1] 封建领主成为唯一的完全意义上的土地所有权人，而在罗马帝国晚期就已经出现的权利分层现象，加上封建制度引入的物权负担，导致在同一不动产上权利人的分化和所有权的分裂。此外，封建社会中农地权利转让以及授权他人使用的情形远比罗马时代普遍和频繁，多重转让且往往是长期甚至永久的转让，导致很难将土地的受让人或者实际使用人与其所有权人明确区分开来。整个财产制度体系的重心必然转移到不同于所有权的法律形式，所有权形式虽然依然存在，但却已经被淹没在千百种物的实际使用形式中。[2] 尽管原则上封臣是依据其与领主的关系而持有土地，但他们常常如同所有权人一样对土地享有广泛的管领支配权利，因此，他们通常也被作为土地的事实所有权人对待。也即分割所有权观念事实上已经存在于不成文的习惯法中，适应于当时社会政治经济结构的需要。[3]

面对新的社会形势，中世纪法学家为解决封臣的权利问题，致力于创设新的概念制度以规范实践。而对罗马法的重新发现则促使法学家从中攫取有用的要素，运用罗马法中已有的制度工具来框定和建构新的法律关系。

新的分割所有权体系中包含了两个极端的要素：所有权和使用事实。前者是反映在地籍册上的物的形式财产归属；后者是实际直接使用物的情

---

[1] L. S. Maruotti, *La tradizione romanistica nel diritto Europeo*, II, *Dalla cirisi dello ius commune alle codificazioni moderne*, Giappichelli, 2003, p. 262.

[2] P. Grossi, *Proprietà（diritto intermedio）*, in *Enc. Dir.*, Vol. 37, p. 235.

[3] P. Grossi, *La proprietà e le proprietà nell'officina dello storico*, in *Quaderni fiorentini*, Giuffrè, 1988, p. 404.

形。二者的共同之处在于它们都可以被转让，即为他人设立相应的物权关系。在这一体系中，通过赋予长期或永久的使用事实以法律效力，并给予使用人与所有权人类似的保护，就产生了一系列非常接近所有权的权利，如永佃权、地上权、长期租赁以及其他通过长期农业合同形成的物权关系等。这些物权关系中的权利人都能够自主地享有和使用物，以至于从经济视角看它们已经构成了真正的所有权，并在市场流通中具有比形式所有权更大的交换价值，后者常常只在地籍册中被注明，鲜少有任何经济意义。① 这些物权人也被注释学者视为准所有权人。

　　这一方面削弱了所有权本身的重要性，另一方面，使得所有权与其他物权形式的区分变得模糊。这也阻碍了对所有权本身的界定，使得所有权成了一个不确定的概念。而中世纪的实践与罗马法文献的背道而驰给法学家造成了解释上的巨大困难。因此，自罗马法复兴以来直到 13 世纪中叶，找不到对所有权的定义理论。基于同样的理由，注释学者更强调对这些物权情形的具体保护，而不是其权利人。也正是这种关注重心的转移，使得法学家之后能够经由罗马法上的扩用的所有权之诉（vindicationes utiles）构建出用益权的法律概念。这种所有权概念的不确定一直持续到注释法学后期，特别是经过阿库索（Accursio）学派的整理和理论发展之后，才产生了更加明晰的所有权观念，② 将所有权作为一个有机的整体来界定，而不仅仅将其反映为具体的权能。

　　但是我们仍然需要将所有权放到整个物权情形中来观察，就可以看到，中世纪已经形成了一个多元所有权的格局。关于这一点，我们可以通过考察后期注释法学派的杰出代表——巴托鲁斯（Bartolo）关于所有权的著名定义进行分析。

　　巴托鲁斯在对优士丁尼学说汇纂片段（D. 41，2，17，1）的评注中，对于什么是所有权的问题给出了他的回答：所有权是在不违背法律的前提下，完全支配有体物的权利（ius de re corporali perfecte disponendi nisi lege prohibeatur）。他对所有权的这一定义之后被学者频频引述，尤其在注释法学派中获得巨大回响，至法国民法典中的所有权规范中都可以看到巴托鲁斯这一定义的影子。因此，他的这一经典定义甚至被认为是欧洲所有权制度发展史上的一个转折点。即他的所有权定义重新回归到罗马法理论传统，而与中世纪的社会实践以及法学理论格格不入。这不能不让人疑惑，

---

① P. Grossi, *Le situazioni reali nell'esperienza giuridica mediavale*, Cedam, padova, 1968, p. 148.

② Ibid. , p. 183.

巴托鲁斯何以能够跳脱其所处的历史时代，独树一帜地采用罗马法理论来解释所有权呢？

如果我们能够完整地看巴托鲁斯的评注，而不是断章取义地解读，也许就能明白其中奥妙了。巴托鲁斯在提出什么是所有权的问题之后，继续问道：所有权有几种？回答：两种（直接所有权与用益所有权）。然后进一步问：用益所有权是唯一的还是多元的？回答：是多元的。① 显然，这是对中世纪所有权状况的现实反映。此外，除了巴氏的两分法外，很多文献中也提到所有权的三分法：直接所有权、用益所有权与准所有权。而在用益所有权内部，注释学者又进一步确认，其中包含了许多所有权类型，并非是单一种类的。那么，巴托鲁斯的所有权定义就并不仅仅是针对形式所有权的，而是涵盖了包括用益所有权在内的各种所有权。他将这些具有不同内容和目的的物权形式都统一到所有权概念之下，使所有权具有极其广泛的外延，并呈开放体系，随时可将实践中产生的新的物权情形纳入其中。因此，在这一框架下，巴托鲁斯所提到的对物的完全支配只能是依照直接所有权人和用益所有权人各自的权能范围，自由支配物的权利。比巴托鲁斯晚一个世纪的注释法学家塔塔尼（Alessandro Tartagni）在对学说汇纂同一片段的评注中，明确参照了巴托鲁斯的观点，并对所有权给出了一个类似的定义："所有权"是在不违背法律的前提下，自由支配有体物的权利（ius de re corporali libere disponendi nisi lex prohibeatur）。可以看到，后者用"自由支配"取代了巴氏定义中的"完全支配"，更准确地表达了后者所要强调的权利的自主性，而非绝对性。②

因此，尽管巴托鲁斯希望能够构建一个与罗马法文献的规范类似的所有权概念，并在形式上采用了与罗马法传统中对所有权特征的描述类似的表述，但当我们将这一理论还原到中世纪的物权关系中，它就立即被所有权分裂以及多元化的格局所架空。因此，巴氏的所有权定义与罗马法传统仅仅构成一种形似，实质则相去甚远。

（二）用益所有权概念的产生：对罗马法文献解释的结果

中世纪产生的分割所有权被认为是封建时代采邑制度下的特殊产物，与罗马法上所确立的所有权模式迥然相异。这一结论固然不错，却使得所有权制度发展的历史延续性被遮蔽了。尽管受到不同因素的影响，但分割所有权的确是注释法学家在对罗马法文献解释的基础上构建的。

---

① P. Grossi, *Le situazioni reali nell'esperienza giuridica mediavale*, Cedam, padova, 1968, p. 154.

② Ibid. , p. 156.

中世纪早期，罗马法作为共同法在欧洲大陆具有不低的权威，但并没有消除习惯法的影响。事实上法院日常适用的仍然是习惯法。在这一背景下，注释法学家最初却并没有关注封建采邑问题，也没有注意到这样一种事实，即罗马法文献中存在一些对他人之物的权利，例如对赋税田的权利，永租权、永佃权以及一些地上权等与所有权同等对待的做法，给予这些权利人与返还所有物之诉类似的物权诉讼保护，使他们能够对土地主张对抗任何第三人的权利。换言之，虽然罗马法中并不存在分割所有权制度，但这一模式在罗马法中一直是隐约可见的，尤其是在后古典法时代伴随永佃权的确立其实已经初露端倪。如优士丁尼法典中的片段 CI. 11. 62. 12，就将永佃权人作为所有权人对待。显然，永佃权人与封臣对土地的权利，以及在这一法律关系中所处的法律地位具有相似性。这为注释法学家将封臣对采邑的权利确立为一种所有权提供了依据。

但中世纪用益所有权概念的产生最初却完全与这一领域无关，而是源于对罗马法文献中关于所有权的另一遗留问题的解释，即优士丁尼在统一罗马法的双重所有权问题上的不彻底性给注释法学家带来解释上的困难。

优士丁尼摒除了古典法时代对市民法所有权与善意拥有的区分，将二者统一纳入所有权（dominium）概念之下。但他的统一工作并未根本完成，仅仅从概念术语层面取消了二者的划分，而未将针对市民法所有权救济的返还所有物之诉扩展适用于之前善意拥有所指涉的情形，后者仍适用具有扩用诉讼[1]性质的善意占有之诉予以救济。这一点我们可以在优士丁尼法典的文献，例如 I. 7，25，1 和 I. 7，31，1pr. 以及其他一些片段中看到。

何以对于同一所有权的权利人有时直接适用返还所有物之诉，有时却又仅适用抗辩和扩用之诉来保护呢？中世纪注释法学家在对罗马法文献进行解释时，优士丁尼的编纂在这一问题上的不一致必然会引起他们的关注。博洛尼亚学派的学者在对这一问题的解释上产生了分歧。用益所有权概念就是在其中两位学者——布伽若（Bulgaro）与马蒂诺（Martino）的论战基础上产生的。

马蒂诺认为优士丁尼对这一领域进行干预，所做的改革就是要统一所

----

[1]　扩用诉讼是指将适用于特定情况或关系的法定诉讼形式扩张适用于某些相似的情况或关系的诉讼。这种相似的情况或者关系反映着受法定诉权保护的情况或关系的发展和衍生，由于法律来不及为其规定专门的司法救济手段，只好由执法官在司法实践中以变通的做法参照现有的法定诉讼模式提供保护。参见黄风编著《罗马法词典》，法律出版社 2001 年版，第 19 页。

有权。I. 7，25，1 关于取消裸体所有权的规定废除了裁判官法所有权，也即善意拥有；I. 7，31，1 对时效取得的改革使得长期取得时效成为取得不动产所有权的唯一途径；I. 2，6pr. 明确了不动产经过长期取得时效取得所有权，并且使用了时效取得这一术语。所有这些都表明优士丁尼根本取消了这两种所有权类型的差别，即完全的所有权和仅受抗辩和扩用之诉保护的所有权之间的划分。[①]

布伽若同样是依据优士丁尼法典的规定，却得出了完全不同的结论。布伽若所依据的规则是，与通过长期时效取得获得的所有权相对应的仅仅是抗辩和扩用之诉。这一规则在优士丁尼的法典中多处出现，这使得人们很难认同，不动产的长期时效取得和动产的时效取得一样，获得的是物的所有权。如果长期时效取得使权利人对主张返还所有物的人拥有抗辩权，这意味着主张返还所有物的人享有一个诉讼救济，因此也即拥有一个权利。因为其实施的是返还所有物之诉，那么其权利也只可能是所有权。而另一方当事人通过长期取得时效取得的权利只能被当作一种事实所有权。之后，布伽若这一主张的追随者使用用益所有权（dominium utile）这一术语来指称它，意指它是通过扩用诉讼（actio utilis）来保护的权利。[②] 而且，即使不具体考察分割所有权形成过程，直接所有权（dominium directum）、用益所有权（dominium utile）与直接诉讼（actio directa）、扩用诉讼（actio utilis）在名称上的这种关联性似乎也暗示了二者的深厚渊源。这一解释方案后来为教会法学家所接受，成为主流的观点。[③] 这样就形成了直接所有权与用益所有权的对立结构：前者对应的情形是市民法占有、时效取得、返还所有物之诉；后者对应的则是自然占有、长期时效取得以及善意占有之诉。

之后罗杰里（Rogerio）和阿佐（Azone）等注释法学家开始注意到罗马法上对一些长期或永久租赁人给予类似所有权的权利和保护的事实，主张：应当区分对土地短期租赁与长期租赁或者永佃权的情形，后一种情形中的租赁人对土地享有的是一种具有所有权性质的物权。注释法学家的这

---

① Carlo Augusto Cannata, *Materiai per un corso di fondamenti del diritto europeo*, I, Torino, 2005, p. 74.

② 由此我们也可看到，将 dominium utile 翻译为 "用益所有权" 未臻准确。因为这里的 "utile" 非指用益，而是指受法律扩展保护的事实。即虽然它不是所有权，但受到所有权规范的保护，而获得了与所有权相同的效力。因此，这里翻译为 "事实所有权" 应该更符合其原意。但本书为避免混淆，从约定俗成之译法将其称作 "用益所有权"。

③ P. Grossi, *Le situazioni reali nell'esperienza giuridica mediavale*, padova, 1968, p. 189.

一主张正好对应了当时的封建社会采邑结构。因此，在接近 7 世纪中叶时期，采邑主对于采邑内的物或者在维护对采邑的权利方面享有作为所有权人的权利已经被确认。

将采邑主与罗马法上的永久或长期租赁人相提并论的做法最初出现在注释法学家阿库索的作品中。[①]　其中，作者用"用益所有权人"术语指采邑主、永佃权人及类似情形，而与之相对的一方则称之为"直接所有权人"。

这样，在优士丁尼取消了罗马古典法时代曾经存在的双重所有权之后，注释法学家通过对罗马法文献的解释形成了新的双重所有权：直接所有权和用益所有权。这种分割所有权的产生满足了采用罗马法教义来调整规范当时的封建采邑社会结构的需要。因此，服务于不同社会目的的新的双重所有权在中世纪占据了主导地位。

二　用益所有权的内涵：以用益为特征的所有权

从罗马法或者现代法的角度来看，用益所有权这一术语本身是一个矛盾的表达。因为既然是所有权就代表了对物的全面的、完全的支配和控制，不言而喻，用益自然也是包含在其中的部分权能，以用益来强调或者限制所有权只能是推翻所有权概念本身。由此可见，中世纪尽管延续了罗马法所适用的所有权术语，却已经不是在同一意义上的使用，发生了所有权概念内涵的断裂。而作为一个矛盾的表达，用益所有权概念体现的却是一种不同的认识论方法和人类学方案。

用益所有权概念形式上起源于注释法学家的发明，但实质上它在中世纪早期的实践中就已经直观可见。[②]　用益所有权包含多种具体的类型，如永佃权、地上权、长期租赁人对土地的权利以及封臣的权利等。这些权利都因土地最初的所有权人赋予其使用权而产生。因为这种使用权的长期性和稳定性使它本身获得了一种相对于原所有权的自主性，从而在法律规范层面上被上升为一种所有权，原来的用益权则成为新的所有权形式下的一个具体用益权能。综观这些不同类型的用益所有权，可以发现，对物的用益构成了它们的共同特征。

---

① Carlo Augusto Cannata, *Materiai per un corso di fondamenti del diritto europeo*, I, Torino, 2005, p. 84.

② P. Grossi, *La proprietà e le proprietà nell'officina dello storico*, in *Quaderni fiorentini*, Giuffrè, 1988, p. 396.

关于这一点，巴托鲁斯在对优士丁尼法典中提出的嫁资的所有权问题（C. 5，12，30）进行评注时也提出，用益是所有权的典型性的识别要素。他认为，甚至不需要实证法的特别规定，每一种用益情形都可以是所有权。① 这样，除了作为所有权典型权能的处分和返还原物请求权以外，对物的使用就成为确定所有权的标准。即只要有用益情形，就有所有权存在。因此，妻子对其嫁资财产仍然享有某种所有权。它并未完全被其丈夫的所有权吸收，仍保留了一些，巴托鲁斯将其称为使用所有权（dominium fruitionis）。

将用益事实上升为所有权，事实上反映了社会秩序的重心从所有权人向物的利用主体转移。用益所有权概念首先让人们想到的就是一个农地转让普遍密集存在的农业社会的场景，在农地的所有权人与实际使用人之间形成一种辩证的对立。② 在这样一种背景下，法学家选择用所有权模式来解决受让土地的使用人的法律地位和情形，必然带来土地的所有权人与使用人之间的一种紧张关系。因为这意味着法律秩序的重心可能从地籍册上登记的所有权人转移到受让土地的使用权人，赋予后者相对于前者更多的权能，从而形成与直接所有权并存且相互竞争的所有权类型。

也正因为这一点，中世纪法学家鲜少致力于用益所有权在法技术层面的构建。这并非是因为法学家的疏忽或者不能，而是因为用益所有权概念就是社会现实在法律层面上的反映。它是中世纪法学家在面对新的社会文化经济结构情形下，沿用罗马法思维来设计安排财产归属制度的产物，是一种法技术层面上的权宜之计。③

---

① P. Grossi, *Le situazioni reali nell'esperienza giuridica mediavale*, padova, 1968, p. 169.

② P. Grossi, *La proprietà e le proprietà nell'officina dello storico*, in *Quaderni fiorentini*, Giuffrè, 1988, p. 399.

③ 对于这一概念的产生，批评与赞成的声音兼而有之。前者以库亚乔（Cuiacio）为代表，强烈反对这一概念，认为是对罗马法的歪曲；后者如杜莫林（Dumoulin），则将封建采邑的地主、永佃权人、地上权人都视为"所有权人"。15 世纪人文主义学派的德国法学家扎思（Ulrico Zasio）进一步将所有权分成不同等级，这些所有权逐渐扩张直至最终形成完全的所有权，参见 Guido Alpa, *Manuale di diritto private*, Cedam, 2007, p. 409。直到 18 世纪，波蒂埃仍然区分了直接所有权与用益所有权，但他认为只有后者才是真正的所有权形式，参见 P. Grossi, *Il dominio e le cose*, Milano, 1992, p. 426.

三　从准所有权到用益所有权：所有权及类似权利的体系建构

（一）准所有权：中世纪初期的体系化尝试

物权关系类型的纷繁复杂以及形式所有权与他物权界限的模糊，构成了中世纪物权，尤其是土地物权体系中最显著的特征。

早在罗马法复兴的初期，已经有学者将永佃权人、地上权人以及土地长期租赁人等基于所有权人的设权行为，获得对物在较长期限内享有和使用的权利视为"类所有权"或者"准所有权"。

"准所有权"概念的出现反映了中世纪法学家在既有的罗马法体系中寻求调整实践的理论方案。但对于什么是"准所有权"，13世纪左右的理论和实践中并未形成统一的答案。有的认为它是指从无处分权人处善意取得物，取得时效未届满，依据罗马法受普布里其安之诉保护的所有权。另一些学者，如阿佐（Azzone）、阿库索、杜然德（Guglielmo Durante）等则认为"准所有权"就是指地上权、永佃权以及封臣对采邑的权利等。①这两种情形的共同之处在于，二者都不是严格意义上的所有权。它们或者是因为形式要件的欠缺，或者是基于权能内容的不完满，而不能在形式上成为完全的所有权，但实质则与所有权非常接近和类似。因此，尽管"准所有权"的内涵并不明确，但它被注释法学家用来指称所有那些与所有权相近的物权情形，从而成为罗马共同法时期，学者尝试对中世纪的实践进行体系化统合最初的概念工具。

（二）用益所有权与准所有权的区分

随着社会经济结构的日益明晰，以及法学理论的发展，"准所有权"这一缺乏技术内涵的概念逐渐被巴托鲁斯式的所有权概念及其弟子巴尔都斯（Baldo）的体系所取代。后者继承了前者创立的所有权三分法：直接所有权、用益所有权和准所有权。②这一体系明确区分了准所有权与用益所有权，前者被用来专指善意取得的情形。普布里其安之诉也与物的返还请求的扩用之诉在适用对象、功能以及结构等方面清晰地区分开来。

---

① P. Grossi, *Le situazioni reali nell'esperienza giuridica mediavale*, Cedam, padova, 1968, p. 175.

② Feenstra, Robert, "Nominium and Ius in Re Aliena: the Origins of a Civil Law Distinction", in *New Perspectives in the Roman Law of Property*, *Essays for Barry Nicholas*, edited by Peter Birks, Oxford: Clarendon Press, 1989, p. 112.

第三节　前现代所有权制度变迁中的两种视角：
从人到物与从物到人

一　从人的视角与从物的视角出发形成的所有权

任何社会中，作为不同阶级之间的关系的反映，为满足包括财产归属和利用的不同层次的需求，以及因为主体和客体的差异等，都可能形成多种财产归属形式。本部分对前现代所有权形式的考察并没有穷尽历史时代曾经存在的财产归属形式，而毋宁是有选择的重点考察。并且，这些考察也主要集中在法律制度层面。但不能忽视的是，财产归属方式总是直接受到经济结构的限制，并与特定社会的各种需要相适应。一方面，财产归属的具体形态随着社会经济状况和文化的改变而变化；另一方面，它的形式又是法律科学发展和抽象能力以及法律构建水平的反映。[1] 综观近代民法之前大陆法系曾经存在的这些所有权以及更广泛意义的财产归属形式，可以发现它们中间蕴含了不同的观察视角，是从不同基础上建构形成的财产归属制度。有些是从主体视角出发，体现的是主体对物的统领支配范围，有些则是从客体物出发，确定物上的各种权利的范围及财产归属。这种不同的观察视角体现了不同的财产归属思想，反过来又决定了所有权的结构内容以及法律制度建构的方式。

（一）从人的视角出发形成的所有权模式

罗马古典法中确立的奎里蒂法所有权是最典型的从人的视角出发形成的所有权模式。尽管这时在罗马法中尚未形成抽象的所有权概念，它还主要地体现在与物所形成的一种事实关系中。它更多地体现在发生争端时，用"这是我的"所表述的法律上的主宰关系。

所有权主张之诉程式中的表述"根据奎里蒂法这是我的"表达的是主体与物之间的一般的、直接的联系，以及对第三人的排斥，并不存在任何权利内容的描述和限定。在整个古典法时期以及之前的法律制度中，所有权人在经济活动中对物的权利和义务、权能和限制都不重要，唯一具有意义的是某物处于某人的支配之下，这赋予权利人一系列的权能。[2] 因为

---

[1]　Feliciano Serrao, *Diritto private economia e società nella storia di Roma* 1, Napoli, 2006, p. 273.

[2]　P. Grossi, *Le situazioni reali nell'esperienza giuridica medievale*, Cedam, padova, 1968, p. 18.

罗马古典法并没有对所有权人的权能在经济用途上做任何限制。① 家父对属于他所有的物可以说享有无限的权能。

也由此可见的是，罗马古典法中的所有权观念，不同于近代民法中个人主义模式的作为一种组织社会经济工具的所有权制度，而更多地属于政治伦理范畴。但它为现代绝对所有权模式的产生提供了政治伦理基础。古典法所有权可以被看作家父人格在客观的物的世界的投影，是其自由人格的外在化。② 所有权作为家父权力在物上的延伸，构成家父完整人格不可分割的部分。因此，在这个意义上，它排斥任何外在的负担，是"罗马法所有权所具有的排他性特质即所有权的完整性使然"③。16—18 世纪的人文主义思潮和自然法学派也正是在古典法所有权这一意义基础上发展出近现代的所有权概念。

（二）从物的视角出发形成的所有权模式

从物的视角出发形成的所有权模式包括罗马法时期的行省土地所有权，以及更广义的赋税田的承租人、公共牧地的所有权人等所享有的所有权类型。事实上，罗马法中的"使用权"（usus）强调的并不是法律上有效的一般权利主体，而是实际使用人。这样，它可以避免对物的实际分割，而通过多种合同形式，实现对物上的抽象权利的分割。

最典型的从物出发的所有权模式无疑是中世纪的用益所有权。因为分割所有权不仅指多重的、分裂的所有权，同样也包含事实权利与法律权利分离的情形。在与直接所有权人的张力关系中，用益所有权反映的是一种强调物的经济法律视角，即它是从物本身出发，而不是从对物的拥有这一角度出发。④ 用益所有权产生于原所有权人对他人的授权使用行为。当这种授权是长期或者永久的情形，为保护使用人的利益，就赋予使用事实以实际的所有权法律效力。因此，可以认为，是使用的长期性使其获得了相对于原所有权的自主性，从而获得了具有所有权法律效力的状态。这种对物的直接使用以及期限的强调反映了一种从物的视角出发所进行的法律建构，充分强调了客体物的重要性。在这一体系中，客体超越了主体，并在

---

① 这一点体现在：土地因相邻关系产生的负担被减至最小；规定了土地上的物附随于土地以及添附规则；土地免于承担任何税赋。最后这一项规则一直实行到戴克里先皇帝时期才被废止。

② M, Kaser, *Romisches Recht als Gemeinschaftsordnung*, Tubingen, 1939, trattato da P. Grossi, *Le situazioni reali nell'esperienza giuridica mediavale*, Cedam, padova, 1968, p. 19.

③ 马新彦：《罗马法所有权理论的当代发展》，《法学研究》2006 年第 1 期。

④ P. Grossi, *Il dominio e le cose. Percezione medievali e moderne dei diritti reali*, Milano, 1992, p. 22.

法律实践中获得其自主价值。客体的优位以及对物的性质的深入体察使得多元化、分层化的财产利用和支配形式同时且互补的并存成为可能。在这一概念中，所有权与主体人格无关，不是所谓主体内部世界的外部反映或延伸，而表现为物上存在的各种权能内容的总体。在主客体之间形成的关系中，主体的加入本身并不是目的，而仅仅是作为社会实现的一种工具。因此，言及直接所有权和用益所有权首先意味着，它是一种非个人主义的认识论方法和制度方案。①

二　不同视角对所有权以及物权制度建构的影响

从不同视角出发来观察和建构所有权制度，在法技术层面上主要形成了两个方面的差异：第一，不同的所有权观念；第二，物权体系的开放与封闭，以及所有权与他物权的对立与模糊。

（一）所有权内涵的差异

从人出发建构的所有权关系中，人在其中处于一种支配地位，物则是相对消极的因素。它强调的是人对物的统领和支配，是以人为标准来设计和构建所有权制度。正如黑格尔所说的，在所有权那里，人类即为理性。② 相反，当从物出发建立物与人的关系，这个时候所关注的并非人对物的支配地位，而是对物的尽可能的用益。从这一视角建构的所有权关系中，物就是一种活跃的积极的因素，它本身是一种生产力，通过借助于人的劳动从而产生物尽其用的效果。

因此，如果一个制度体系是从主体视角出发，基于主体自身的一体性，采用这一标准必然要求拥有一个统一的、不可分割的所有权；而从客体物的视角出发则相反，物基于其自身的复杂结构，基于其多元的实体构成和功用，可以按照其自身不同的划分维度设定不同的所有权。

（二）物权体系

从主体出发建构的所有权制度强调物对人的依附，并且处于后者的绝对支配之下。这种绝对权利产生于家父对家庭内部的治权，是主体人格的外部延伸与反映，因此与作为利用他人之物的法律工具的用益物权类型区分开来。而在中世纪所有权模式下，所有权与他物权事实上是一体的，处于同一框架之下。它们之间不存在质的区别，仅仅是一种量的差异，也即

① P. Grossi, *La proprietà e le proprietà nell'officina dello storrico*, in *Quaderni fiorentini*, Giuffrè, 1988, p. 397.

② ［德］黑格尔：《法哲学原理》，范杨、张企泰译，商务印书馆1996年版，第41页。

总体与部分的关系。所有权是各种权能相加的总和，他物权的设立被视为对所有权的拆卸，而当所有这些可能设立的他物权权利内容汇总起来时就形成了所有权。

罗马法从主体视角出发确立了以所有权为中心的财产体系。因此，在他人之物上设立的权利应当被严格限定其内容，以避免过度损害到所有权人的权利。而中世纪从物出发进行的法律建构则导致了物权体系自身的开放性。基于物的用益形成的所有权彼此并无多少共同之处，仅仅是产生于对物的利用而被统一纳入到这一体系。这些物权类型也不是事先确定的，而是在实践中经由习惯法逐渐发展出来的；它们在法律上未被严格确定，仍然可以通过实践进行修正或者调整。这使得它不可能成为一个封闭的体系，而必然是面向实践，包含无限可能类型的开放体系。

三　人与物：两种视角的优劣互见

近代资本主义兴起之后，中世纪的分割所有权制度作为封建制度的残余被清除。与罗马古典法的一元所有权模式相比，分割所有权被视为一种落后的，甚至是错误的制度模式。例如，许多权威学者都已经论证过个人主义所有权制度是更有效率的法权模式，[1] 认为分割所有权制度构成了资本主义社会充分确立的障碍，而其在之后逐渐消失也是它不具有效率的证明。然而，也有学者通过对 16 和 17 世纪分割所有权的经济史的研究得出结论，认为延续了几个世纪的分割所有权的衰落并非源于它的无效率，而是因为它的日趋复杂化，其复杂化和分层化的程度已经达到无法再承受的饱和点，因此不可避免地要强行对其法律经济结构进行简化。[2] 在这一制度模式框架下，同一不动产可以被多次转让，而不影响之前物上权利人的利益。无论是物本身还是物上的权利都可能被用于交易或者设立物权，多个合同交织，而物上的权利人理论上可以是无穷的。这就有可能导致所有权的层次越来越繁复，而滋生混乱与纠纷。

---

① Cfr. D. North, R. P. Thomas, *the Rise of the Western World*, Cambridge, 1973.

② 因为在这一制度模式框架下，同一不动产可以被多次转让，而不影响之前物上权利人的利益。无论是物本身还是物上的权利都可能被用于交易或者设立物权，多个合同交织，而物上的权利人理论上可以是无穷的。这就有可能导致所有权的层次越来越繁复，而滋生混乱与纠纷。Cfr. Michela Barbot, *Per una storia economia della proprietà dissociata*, in Materia *per una storia della cultura giuridica*, nota 1, 06/2008, p. 34.

但是如果与封建社会经济政治制度剥离开来，仅仅从法技术层面来看，认为一元所有权优于分割所有权则是一种偏见。无论是一元所有权还是分割所有权，其在各自所处的历史时代都具有合法性。并且，分割所有权概念仍旧主导了 1794 年的《普鲁士普通邦法》和 1811 年的《奥地利民法典》，而对分割所有权模式的采用"并没有阻碍其经济结构与世界其他地方的同步发展"①，也佐证了这一点。因此，毋宁说，这两种法律模式在实现对财产的财产归属与利用上并无绝对的优劣之分，它们分别对应的是不同的社会经济理性原则，并不必然是彼此排斥或者能够相互替代的。② 如从物的视角出发分割所有权，客体的优位以及对物的性质的深入体察使得多元化、分层化的财产利用和支配形式同时且互补的并存成为可能。而且，在像永佃权或其他长期租赁合同的分割所有权关系中，其经济利益并不完全反映在租金收益方面，而更主要的在于能够将常常是十分艰巨的维护和修缮或者改良不动产的负担施加于用益所有权人。用益所有权人之所以被赋予十分广泛的权利，也在于他不同于租赁或者其他单纯之用益物权人，其所享有的权利内容中包含或者说是附随了改良土地之义务，或者可将之称为附改良义务的用益物权。

此外，人与物的两种视角还导致了所有权法律规范方式的差异。从人的视角出发建构的所有权强调主体意志，关注人对物的支配的自由，包括自由处分，因此更有利于实现资源的交易和流通；从物的视角出发的所有权建构强调对物的用益，它通过借助于人的劳动产生物尽其用的效果。从这种差别可以隐约看出二者体现的不同趋势：前者整体上呈现出一种动态资源关系，被纳入到交易法中考虑，在制度设计上更有利于交易，通过合同之债或者设立他物权的方式，在动态关系中实现资源配置和利用；后者则更多地倾向于财产静态的归属和利用关系。例如分割所有权易于形成复杂的权利义务结构，并随时空的深入而不断加深，使得新的法律关系或变动的引入变得迟缓或者困难。③ 但是，这种静态关系并非全无优势。从经济角度而言，这一法律模式也在一定程度上形成

---

① ［德］罗尔夫·克尼佩尔：《法律与历史——论〈德国民法典的形成与变迁〉》，朱岩译，法律出版社 2003 年版，第 245 页。

② Michela Barbot, *Per una storia economia della proprietà dissociata*, in Materia *per una storia della cultura giuridica*, nota 1, 06/2008, p. 60.

③ Ibid., p. 46.

了自我保护功能，能够对抗和限制经济震荡所带来的损失。① 例如，对于农村土地而言，其在法律和经济层面都不是那么自由的一块，流通受到较多限制，分割所有权思路对这一领域的法律调整不乏借鉴意义。

---

① Michela Barbot, *Per una storia economia della proprietà dissociata*, in Materia *per una storia della cultura giuridica*, nota 1, 06/2008, p. 59.

第二章　大陆法系现代所有权模式的形成：主体视角的确立

首先应当说明的是，本书中对"现代所有权"这一概念的使用并不是时间意义的。这一概念的提出是基于所有权制度自身法律发展史的内部划分。准确地说，"现代所有权"是指相对于罗马法和中世纪的所有权制度而言的，从法国大革命以后，尤其是 1804 年《法国民法典》确立之后，在大陆法系国家被沿用至今的，统一的一元所有权模式。

之所以能够将从《法国民法典》至今的整个漫长历史阶段中存续的所有权类型都以"现代"囊括之，作为一个制度整体进行考察，是因为尽管大陆法系 19 世纪的民法典确立的所有权制度在现代进行了一些新的发展，但在总体上并未越出其原来的框架模式。这一点在与中世纪的分割所有权制度对比时尤为明显。大陆法系所有权制度的现代化也主要是针对之前的这一时期而言的。基于这一考虑，本章尽管主要是对近代民法典中的所有权制度以及相关学说理论的考察，但它们事实上奠定了现代所有权的基本框架和模型，也即构成了大陆法系现代所有权的开端。因此，对大陆法系近代的所有权理论学说和法律制度的分析，都可以归入到对现代所有权模式的考察之中。

第一节　所有权作为主观权利的理论学说

1804 年的《法国民法典》第 544 条关于所有权的规定被视为现代所有权制度模式确立的里程碑。但任何法律制度模式都不是法学家在一夜之间构建的。尤其是像所有权这样重要的制度，其法律模式的构建总是需要与特定的社会政治经济结构相适应，并具有普遍的社会思想观念作为其根基，才可能生长起来。

近代政治经济社会结构的变革催生了现代所有权观念，但这一制度的最终确立仍须倚赖法律科学自身的发展。在现代所有权模式形成过程中，自然主义法学派发挥了重要的作用。伴随着科学的发展带来宗教与政治上普遍的信仰危机，自然法学作为一种革新的方法理论，促成了现代法律意识和国家意识的转变。它不仅是新的财产归属形式的制度倡导者，也是绝对国家理论的忠实拥趸。① 这一学派为扫除封建障碍，论证私人所有权的合理性，对罗马法绝对的、排他的所有权模式的重新采用，为以私人所有权为原型的现代所有权模式最终在《法国民法典》中的确立提供了重要的理论准备。

一　洛克的政治学说：私人财产所有权的正当性

洛克是英国自然法学的代表人物之一，也是第一位对所有权给予极大关注的自然法学派哲学家。在洛克之前，所有权作为排他的财产归属形式也在自然法学家的作品中被使用，但这一概念从未被具体分析过。洛克在《政府论》第五章"论财产"中专章论述了这个问题，其目的非常明确，旨在证成私人财产所有权的正当性。他的理论为财产自由观念奠定了基础。作为自由主义思想之父，洛克将所有权视为自由的象征。②

在洛克所处的时代，自然法学思想已经发展到相对成熟的阶段，已经形成了对个人主义财产归属方式的完整表达。相对于格带秀斯将其与国家存在的目的相联系，霍布斯曾试图将它解读为一种不受限制的支配权的个人主义观念。洛克则不仅对此予以充分肯定，并且为其找到了法律形式的表达。③

关于私人所有权的产生，它设想了一个原初的共产主义状态。而在私人财产所有权如何从这种共有状态中从无到有地产生，洛克选择了与格带秀斯和普芬道夫不同的解释路径。后两者主张原初的共有权利是可以被转让的权利，这样，通过人们的普遍同意就能确立私人所有权。这种普遍同意可能通过契约安排，在共同体内部实现资源的配置安排，并对共同体内

---

① O. T. Scozzafava, *I beni e le forme giuridiche di appartenenza*, Giuffrè, 1982, p. 201.

② L. S. Maruotti, *La tradizione romanistica nel diritto Europeo*, Ⅱ, *Dalla cirisi dello ius commune alle codificazioni moderne*, Giappichelli, 2003, p. 268.

③ 最初劳动产生对自然界中任何自由财产的所有权。超过消费所需的财产价值将带来商业贸易和货币的使用，以及土地的不平等财产归属。人们因此接受国家统治以保障自己的财产，因此，国家不能未经他们同意剥夺其财产，那就与其建立的目的背道而驰了：国家未经人民同意剥夺私人财产就侵害了基本的所有权，倾覆了建立公共权威机构的目的。Locke, *Two Treaties of Government*, in *The Works of John Locke*, V, London, Aalen, 1963, p. 359.

部的成员产生约束力。而洛克则试图完全绕开这一理论，因为如果依照这一理论认为私人财产权是约定的，这一权利就将过于脆弱而不能反抗压迫和专制政治。① 他通过劳动理论赋予将资源拨归私有者———种超越于其他人的道德优越地位，并结合先占原则来解释个人财产权利的产生。他认为，如果所有权是建立在每个人对他这个人以及对他的劳务的个人权利之上，那么它就不仅仅表现为外部的财产，而是也表现为人格的发展领域。② 这种基于劳动的财产理论也被认为是洛克对法理学作出的最重大贡献。

洛克试图证明个人所有权优于集体所有权，也是因应当时英国资本主义经济发展趋势，为日益扩展的圈地运动提供合理性基础。但洛克作为哲学家而不是法学家，在法律构建以及概念使用上并不明晰。其所有权理论仍然主要局限在事实和自然层面。例如，他认为所有权的客体只能是土地及其出产物和那些能够被生产或制造的物，因此只可能是有体物。由此，他认为，先占是所有权原始取得的唯一方式，也即取得所有权的前提是获得对物的现实占有。洛克甚至没有对主客体之间通过占有建立起来的直接关系与其事实层面的关系进行区分。在其著作中，我们可以看到作者对所有权与占有术语的混用。

二 多马的理论：所有权与占有的模糊区分

在关于所有权法学理论的现代讨论中，一个重要的议题是，作为主观权利的所有权概念在法国法学家所构建的法律体系中是否已经存在？法国法律史中，通常将事实情形与法律情形的逐渐分离作为主观权利产生的标志。因此，对于在多马（Jean Domat）的理论中是否已经形成了主观权利概念，学者对此不乏歧义。

为克服当时法国境内的法律地方主义，实现法律的统一，多马重新诉诸被视为理性法的罗马法，希冀形成各地共同参照适用的法律模式。

他的著作中对占有给予了特别的注意。在其占有理论中，阐述了占有的两个要件：所有权；财产与主体之间存在直接关系的事实。但后者在具体情形中可以缺失。③ 多马提到物可以由第三人持有，即可以实现占有人

① ［美］杰里米·瓦德荣：《洛克论"财产权"》，翟小波译，2009 年 8 月，http://www.gongfa.com/caichanquanluoke.htm。

② ［德］迪特尔·施瓦布：《民法导论》，郑冲译，法律出版社 2006 年版，第 48 页。

③ O. T. Scozzafava, *I beni e le forme giuridiche di appartenenza*, Giuffrè, 1982, p. 213.

与持有主体的分离。在这一情形中，对占有人而言就只剩下抽象的所有权。因此，在多马的理论体系中，尽管还很模糊，但并非没有蕴含作为主观权利的所有权概念，而只是没能将其与财产和主体之间的事实关系区分开来，也即所有权尚未完全独立于占有，作为描述主客体之间财产归属法律关系的独立概念。

此外，他的所有权概念以主体与物之间建立了直接的事实关系为前提，即所有权的确立是以主体对物实际占有的事实为前提的。因此，他要求物必有体。因为只有有体物才能被实际占有。他对物的分析也仍然主要是从其自然属性层面来考虑的。鉴于多马一直宣称他是诉诸作为理法的罗马法来构建理论体系的，这似乎可以理解为是他有意放弃了无体物作为所有权客体的可能。①

多马尚未意识到主观权利观念，同样也还没形成作为权利客体的财产概念。后者直到《法国民法典》的草案中才逐渐开始浮现。② 考虑到其社会背景，这仍是可以理解的。多马处在一个法律科学过渡的时代，即从仅仅关注社会关系的事实层面到进行一般和抽象法律建构的时代。③ 因此，尽管多马没有能够从各个事实层面的因素中进行抽象提炼，形成一个与占有相区别的一般所有权概念，但从远离封建时代仅仅关注社会关系事实层面的观念而言，多马仍然是有贡献的。

囿于法国当时的社会经济背景，多种物权关系的并存是普遍和典型的现象，多马在其理论体系中没有将占有作为唯一的财产归属形式，也即他并没有提出一个统一的法律概念，将各种财产归属形式都涵盖其中。这一任务是在一个世纪后由波蒂埃完成的。

---

① 事实上，伴随着 11 世纪末博洛尼亚学派的兴起，罗马法对财产的各种分类，尤其是关于有体物和无体物的划分也被重新关注。在 13 世纪博洛尼亚学派的学者中存在一种三分法的倾向。例如著名的注释法学家杜兰德（Guglielmo Durante）就在不动产与动产的划分之外，将债权债务关系作为相对于前两种有体物的第三种财产类型。此外，注释法学家遵循博洛尼亚学派学者马蒂诺的分类，将诉讼也纳入到无体物的范畴中。如西班牙法学家奥莱（Alfonso de Olea）曾提到，17 世纪末一本传播广泛的关于权利和诉讼转让的著作就将诉讼确认为无体物。Cfr. P. S. Leicht, *Storia del diritto italiano*, *il diritto private*, Ⅱ, *Diritti reali e di successione*, Giuffrè, 1943, p. 2.

② O. T. Scozzafava, *I beni e le forme giuridiche di appartenenza*, Giuffrè, 1982, p. 216.

③ Ibid. , p. 215.

三　波蒂埃的理论：现代所有权概念的产生

作为抽象的主观权利构建的现代所有权概念可以上溯至波蒂埃（Pothier）。在波蒂埃所处的时代，封建土地制度加速瓦解，旧的制度越来越不能适应新的社会经济关系。波蒂埃受到当时在法国流行的重农学派①经济理论的影响，将其反对封建制度的思想用法律术语反映出来，形成了其关于所有权的法律制度理论。再加上法律科学自身的成熟，抽象化、形式化法律技术的普遍使用，使得用主观权利术语来表述各种法律情形成为可能。

波蒂埃将所有权界定为主体在尊重他人权利和法律规定的前提下，依其意愿任意支配物的权利。他认为所有权是整个物权领域中的基本权利，其他物权都是源于所有权而产生的。这意味着只有所有权才能够实现将某一财产赋予特定主体的功能，这在实质上将所有的财产归属形式都纳入到所有权的框架之下。这一理论对《法国民法典》第 544 条的规定产生了直接的影响。

波蒂埃明确否定了中世纪的双重所有权理论，认为用益所有权人是唯一真正的所有权人。此外，他也明确的区分了所有权与占有，认为二者完全没有共同之处，因为占有只是一种事实而非权利。在他所处的时代，法国仍然存在公地和土地集体所有与使用的形式。同时，圈地运动也在不断扩展之中。波蒂埃为支持这一进程，强调上述财产归属形式是与所有权排他财产归属的逻辑不相容的。他在其 1748 年出版的潘德克顿教科书中写道："所有权是在法律允许的范围内对自己的物使用和滥用的权利。"波

---

① 重农主义（physiocracy，也称作重农学派）是起源于法国的经济理论，以 18 世纪 50 年代至 18 世纪 70 年代初的魁奈和杜尔戈为主要代表，是对之前的重视工商业的"科尔贝尔主义"的反动。重农主义者认为一个国家所有的财富的唯一来源是农业生产，提出自然秩序的概念。重农主义的最早思想起源于古希腊学者色诺芬的著作《经济论》。重农主义在 18 世纪晚期非常流行，是最早的、较为完整的经济理论。重农主义者认为，国家的财富决定于农业生产的盈余。其他的经济活动，如制造，被看作是利用农业产品的盈余部分，将其转化为另外的产品形式，用盈余的农产品养活从事制造的工人。虽然制造业和其他非农业工人还是有其用途，他们的收入并非最终来源于他们的劳动，而是农产品盈余部分的转化。重农主义者谴责城市生活，赞美农民及自然的生活方式。重农主义者得到法国君主的支持，并且定期在马赛会面。亚当·斯密在法国讲学期间深受其影响，卡尔·马克思在《资本论》中也大段引述重农主义观点，将其发展为现代的劳动价值论。与重农主义相反的理论是重商主义，重视国际贸易（http：//dbpedia-live. openlinksw. com/page/Physiocrats）。

蒂埃的所有权理论加速了直接所有权，即领主的所有权被清除出所有权范畴的进程。① 因此，有学者认为，法国学者对所有权内涵的界定，以及波蒂埃之后的学者围绕这一主题所展开的讨论，构成了现代所有权法律构建最初的平台。②

第二节　现代所有权模式在民法典中的确立

众所周知，《法国民法典》与《德国民法典》在关于所有权内涵的界定上采取了两种不同的方式，我们通常称之为列举式与概括式的两种定义方式。③ 但事实上，这二者的差异并不仅仅是单纯形式上的，而更多的是实质的、法律思想上的差异。无论是近代民法采用的绝对所有权模式，还是日耳曼法中的占有制度都是对客观社会关系和结构的反映。④ 萨维尼也提到，法具有双重生活原理：法本来的居所当是民族的共同意识，它首先是作为整个民众生活之一部分；然后才落入法学家的意识掌控之中，民众在法的发展过程中的功能被法学家所代表，法成为法学家手中的专门学问。这使得法同时具有双重要素：政治因素和技术因素。前者是指法与一般的民众生活的关联，后者则是指法的特殊的科学生活。⑤ 尽管这两种因素在不同时代共同发挥作用，但法首先反映的是民众的一种共同信仰，或者更深层的共识，然后才假手法学家的技术构建，通过法学表达出来。因此，对于法律差异的考察不能仅仅停留在法技术层面，或者局限于立法者意志，而有必要探究"内在的、静默作用的力量"。⑥

---

① L. S. Maruotti, *La tradizione romanistica nel diritto Europeo*, Ⅱ, *Dalla cirisi dello ius commune alle codificazioni moderne*, Giappichelli, 2003, p. 269.

② O. T. Scozzafava, *I beni e le forme giuridiche di appartenenza*, Giuffrè, 1982, p. 219. 然而，也有学者持相反观点，提出应当从波蒂埃所处的历史时代大背景来理解他的观点，认为波蒂埃的所有权观念，如同18世纪晚期法国法学家的观点一样，仍然建立在中世纪用益所有权概念基础上，因此，仅仅是反映了他所处时代与习惯法相联系的情形，仍持所有权是可以分割为多种权利的观念。Cfr. P. Grossi, *Un paradise per Pothier*, in *Itinerari moderni della proprietà*, *Quaderni fiorentini per la teoria del pensiero giuridico moderno*, 1976 - 1977, Ⅰ, p. 385.

③ 梁慧星主编：《中国物权法研究》，法律出版社1998年版，第225页。

④ ［日］川岛武夷：《现代化与法》，申政武等译，中国政法大学出版社1994年版，第221页。

⑤ ［德］弗里德里希·卡尔·冯·萨维尼：《历史法学派的基本思想（1814—1840年）》，郑永流译，法律出版社2009年版，第7页以下。

⑥ 同上书，第8页。

在所有权的法律规范中我们也可以看到，两种不同的所有权定义方式后面隐含的是两种不同的法律思想和观察视角。这种差异植根于具体时代中，在更广泛的经济、社会和政治制度与结构中发展出来的物权关系，以及社会中主导的并为民众广泛接受和认同的财产归属理念，尤其是在长期的土地制度实践中人们形成的所有权观念。

一　法国模式

1804 年的《法国民法典》素以其革命性著称，而且其确立的新的自由主义的所有权制度可谓是其中最光辉璀璨的一章。1790 年对封建制度的废除为《法国民法典》确立新的所有权制度开启了道路。而罗马法确立的绝对的、排他的、自由的所有权观念正好符合了自由资本主义时期的个人主义精神。因此，存在于大陆法系法律文化传统中，并为自然法学派所发扬的罗马法所有权模式被重新采用。《法国民法典》在此基础上，将所有权确立为财产归属的唯一法律形式，赋予私人对财产绝对的、排他的支配权。①

但《法国民法典》关于所有权的规定与之前中世纪法律传统之间更多体现的是连续还是断裂，学者则存有不同意见。② 如果绕开一些令人目眩的旗帜，回归到《法国民法典》第 544 条本身，我们可以发现法国所有权制度中隐藏的另外一张面孔。

《法国民法典》第 544 条规定："所有权是对于物绝对无限制地使用、收益及处分的权利，但法令所禁止的使用不在此限。"

这一规范呈现了两个截然不同的特征：一方面，它无限扩展了所有权人的权能，将所有权界定为"绝对""无限制"的权利；另一方面，它简略地对所有权的权能内容做了列举：使用、收益及处分，即它是采用列举权能的方式对所有权进行定义的。③

受《法国民法典》对所有权定义模式的影响，大陆法系也有许多国家采用了这种权能定义模式对所有权进行界定。例如，1857 年《智利民法典》第 582 条规定："所有权是对有体物任意享用和处分的对物权，但其享用和处分须不违背法律或他人的权利"；1898 年《日本民法典》第

---

① C. Massimo Bianca, *Diritto civile*, 6, *La proprietà*, Giuffrè, 1999, p. 161.

② O. T. Scozzafava, *I beni e le forme giuridiche di appartenenza*, Giuffrè, 1982, p. 197.

③ P. Grossi, *La proprietà e le proprietà nell'officina dello storico*, in *Quaderni fiorentini*, Giuffrè, 1988, p. 417.

206 条规定："所有权人于法令限制的范围内，有自由使用、收益及处分所有物的权利"；1928 年《墨西哥民法典》第 830 条规定："所有权人得以法律规定的方式，于法定限度内对物进行用益、处分"；1942 年《意大利民法典》第 832 条规定："在法律规定的范围内并且在遵守法律规定的义务的前提下，所有权人对所有物享有完全的、排他的使用和处分的权利"；2002 年《巴西民法典》第 1228 条规定："所有人有权使用、享用和处分物件，并有权从不正当地占有或持有此等物的人那里索回此等物件"。

通过前文对前现代所有权制度的考察，可以确定的是，这种权能定义模式不是来源于罗马法传统。相反，罗马法中最典型的所有权形式——"市民法所有权"（dominium）体现的是家父的最高权力，是家父对家内所有物的一般性的统领和支配权，包含了对物的任何可能范围内的支配利用。这种可能的利用范围只能从消极的角度来限定，不可能从积极的方面穷尽列举其内容。①

那么，深受罗马法影响的《法国民法典》为什么会选择采用权能列举方式来界定所有权呢？

（一）权能定义模式的来源：名义所有权与实际使用权的分离

如前所述，采用权能列举模式来描述所有权的做法萌芽于罗马法后期，特别体现在对行省所有权的指称和描述上。鉴于行省土地存在名义上的所有权人，即皇帝或者元老院，在法技术层面上，裁判官就通过列举实际使用人对土地享有的具体权能内容"占有和用益"对其进行描述，由此表明其私法意义上的财产归属。至中世纪时期，伴随封建社会政治经济结构的确立以及新的农业合同类型的普遍应用，土地被长期甚至永久地转让给与封建领主存在人身依附关系的人实际管理和耕种。这种使用的长期性使它获得了相对于原所有权的自主性，从而在法律规范层面上被上升为一种所有权。但是为与土地的名义所有权相区分，对于实际使用人的权利只能从物的利用视角出发进行建构和描述。在这样一种社会结构背景之下，采用权能列举模式来指称实际使用人对土地所享有的广泛权利就被广泛采用。

可见，采用权能列举模式来描述所有权最初主要是源于物的名义所有权与实际使用权相分离的情形。名义所有权通常仅仅是表明物的名义归

---

① L. Capogrossi colognesi, *La struttura della proprietà e la formazione degli "iura praediorum" nell'età re-pubblicana*, Milano, 1969, p. 47.

属，它更多体现在公法意义上的抽象归属，或者服务于税收目的，本身并不包含对物的实际占有、使用等权利内容。这些权利内容事实上是由物的实际使用权人具体享有和行使。因此，在私法关系中，更具有意义的是后者，他们才是私法关系中的权利和义务主体。然而，当在同一物上已经存在名义所有权人时，对于物的实际使用人所享有的权利，法律规范和理论只能选择从物出发，通过描述其具体权能内容来进行界定。物基于其自身的复杂结构，基于其多元的实体构成和功用，可以按照其自身不同的划分维度设定具有不同内容的所有权类型。这样，所有权就成为一个可分割的实体，不再是对物的完全的、全面的支配权，只能在具体情形中确定其权利内容和边界。如果不存在名义所有权人与实际使用权人的分离，则所有权应当体现为所有权人对物抽象的、完全的、排他的支配权，其所享有的权能是无限的，无须也不可能详尽列举其各项权能。

（二）《法国民法典》所有权制度中的中世纪印迹

《法国民法典》第544条借助权能内容来确定所有权的内涵，其中隐含的正是从物出发形成的所有权模式。正是在这一点上，中世纪法律观念的影响在革命性的《法国民法典》中浮现出冰山一角。

此外，中世纪所有权观念的残留影响还可以从《法国民法典》的体系安排中窥得一斑。法典第二编以"财产以及所有权的各种变形"为题，囊括了所有权、用益权、使用权以及各种地役权等权利。这样，至少在体系层面上，它是将用益权、使用权和地役权作为所有权的变形之一种。但是"所有权的变形"这种提法本身就偏离了统一所有权的思想，反映出旧的复杂所有权观念的影响。事实上，在一个严格的类型固定和数目限定的体系中，任何一种限制物权都是与所有权不同的事物，它们也许能够限缩和压制所有权的效力，但绝对不可能影响或者改变其内在结构。① 而在《法国民法典》确立的物权体系中，他物权和所有权之间并不存在泾渭分明的对立，甚至可以归属于同一范畴。两者的关系仅仅是部分与整体的差别。

因此，尽管第544条采用了"绝对无限制地"这一修饰语来表达现代所有权模式的绝对性和完整性，但它同时又采用权能模式来定义所有权，将其作为使用、收益权能和处分权能相加的结果，这就使得在当时已经被拒绝的分割所有权原则重新变得可接受了。即使是对所有权绝对性特

---

① P. Grossi, *La proprietà e le proprietà nell'officina dello storico*, in *Quaderni fiorentini*, Giuffrè, 1988, p. 418.

征的强调也并没有排除其隐含分割所有权思维的可能。①

《法国民法典》中之所以仍然会出现这种不和谐音符，主要在于当时政治哲学模式的更新尚不足以完全驱除旧的法律思想。新的统一所有权概念虽然已经确立，但即使在 1790 年封建制度被废除之后，中世纪的所有权模式在法国、意大利等国法学家的潜意识中依然存续。尽管法律条文已经规定了统一的所有权概念，但是，一方面，法解释学仍纠缠于确立各种现在被我们界定为他物权的，其权能从所有权中分离出来并与所有权相竞争的各种主观权利的正当性；② 另一方面，所有权被分割为用益权利和处分权利的传统并未被完全消除。③ 近代民法学者仍然致力于厘清所有权的权能内容，并列举出一系列的具体权能：占有、收益、不受侵害、改变、处分以及要求返还等。④ 意大利 1865 年民法典进一步将其简化为用益和处分两种权能。⑤ 由此可以认为，19 世纪的法学理论还未成熟到能够构建一个与政治哲学理论完全吻合的法律模式，如同在政治学和社会学领域那样，在法律层面上阐明和确定所有权问题。

因此，《法国民法典》第 544 条关于所有权定义的价值无疑是被高估了。有学者形象地指出，《法国民法典》的立法者们处在时代的最前沿，

---

① 这种将所有权作为绝对权利的模式，可以上溯至 14 世纪注释法学家巴托鲁斯对所有权的定义。巴托鲁斯在对优士丁尼学说汇纂片段（D. 41, 2, 17, 1）的评注中，对于什么是所有权的问题给出了他的回答：所有权是在不违背法律的前提下，完全支配有体物的权利。他对所有权的这一定义被认为是对罗马法理论传统的重新回归。但是如果我们完整地、而不是断章取义地解读巴托鲁斯的评注，就会发现前述结论的武断。巴托鲁斯在提出什么是所有权的问题之后，继续问：所有权有几种？回答：两种（直接所有权与用益所有权）。他还进一步问：用益所有权是唯一的还是多元的？回答：是多元的。可见，巴托鲁斯尽管形式上采用了罗马法所有权的特征表述，但当我们将这一理论还原到中世纪的物权关系中，它就立即被分裂的、多元化的所有权格局架空。在这一框架下，巴托鲁斯所提到的，对物的完全支配只能是依照直接所有权人和用益所有权人各自的权能范围，自由支配物的权利。Cfr. P. Grossi, *Le situazioni reali nell'esperienza giuridica mediavale*, Cedam, padova, 1968, p. 154.

② Guido Alpa, *Manuale di diritto private*, Cedam, 2007, p. 409.

③ P. Grossi, *La proprietà e le proprietà nell'officina dello storico*, in *Quaderni fiorentini*, Giuffrè, 1988, p. 418.

④ 当时较为通行的做法是将所有权的权能划分为三种：使用、收益和处分。Cfr. Francesco Ferrara, *Concetto e tipi dè diritti reali*, in *Idem*, Scritti giuridici, Ⅱ, Giuffrè, p. 420.

⑤ 作为法国民法典的翻版，意大利 1865 年民法典在所有权定义上也完全采纳了法国民法典的定义模式。意大利民法典第 436 条规定："所有权是对物绝对的用益和处分的权利，但法律法规禁止的使用不在此限。"

他们的手已经触及新的思想和制度，而他们的脚则仍踩在他们被培养和教育的旧制度所统治的领土上。① 旧的所有权观念在《法国民法典》中留下了痕迹，并且继续影响着 19 世纪的法学理论。与新的资本主义社会相适应的，体现主体意志、作为主观权利的法律表达的新的法律模式只能留待伴随潘德克顿法学派的发展日臻成熟。

二　德国模式

《德国民法典》第 903 条第 1 句规定，所有权是指"任意处置该物并排除他人的任何干涉的权利，但以不与法律或第三人的权利相抵触为限"。

在《德国民法典》的规定中，所有权的权能内容不再出现。新的所有权模式不再是各种权能相加形成的整体，而是一种抽象的主观权利，其权利内容不受外在世界或者客体物的状态影响。在大陆法系国家中也有一些国家采用了与《德国民法典》类似的抽象定义方式对所有权进行界定，例如《奥地利民法典》第 544 条规定："所有权即权利人自由的处分标的物及排除他人干预的权利"；《阿根廷民法典》第 2506 条规定："所有权为物权，根据此项权利，物受制于某人的意志和行为"；《瑞士民法典》第 641 条规定："（1）物的所有人在法令的限度内，对该物得自由处分；（2）所有人对物的无权占有人，得请求返还该物并排除一切不法侵害。"《荷兰民法典》第 5 编第 1 章第 1 条前两款规定："所有权是人对物享有的最广泛的权利。所有权人可以排除任何人，而自由使用其物，但同时不得侵害他人权利，并遵守成文法和不成文法对所有权的限制。"这些定义都采用了从消极限制的角度对所有权进行界定，将所有权确立为一种主观权利，将所有权视为法律所保障的个人自由范畴，是对主体用益和处分自己物的自由的保障，而不是用益和处分权能本身。权能内容在所有权中仅仅是一种偶然要素，不影响这一法律关系的实质。② 法律规范无须也无法穷尽列举权利人自由行为的可能类型，而只能从反面规定对所有权人行为的限制。从这个意义上说，现代所有权只能是一种概括和抽象的权利，体现为法律制度赋予主体的各种权能的总体。这就排除了任何从权能内容角度对所有权进行界定的可能。因此，《德国民法典》第 903 条的规定最终

---

① P. Grossi, *La proprietà e le proprietà nell'officina dello storico*, in *Quaderni fiorentini*, Giuffrè, 1988, p. 418.

② P. Grossi, *La proprietà e le proprietà nell'officina dello storico*, p. 411 – 412.

完成了现代所有权概念建构从客体视角向主体视角的转换。在这一框架下，所有权和他物权分属不同的、彼此对立的两个领域。① 他物权的设立可能会影响到所有权人权利的行使，但这种影响仅仅是从外部对所有权效力的影响，而不可能改变所有权的内在结构和本质。

三　所有权主体视角建构的完成：潘德克顿法学理论的成果

推动《德国民法典》实现所有权法律建构视角转换的是潘德克顿理论法学。

在潘德克顿法学构建中，康德的体系理论对其产生了直接的影响。18世纪自然法学派曾经成功地引导了法典化运动，其使命就已经完成。至19世纪，更迫切的需求是通过对法律的分类和体系化实现法的安全和确定性，而自然法学派所确立的完美体系显然不能满足这一点。因此，人们开始转向康德哲学。后者挖掘了17、18世纪法哲学的基础，代之以一种新秩序化的理念。②

在私权的体系化安排中，康德将全部财产权利都纳入一个类别，统称为理性的占有。③ 在这里，理性的占有事实上是指一种法律关系，指各种处于我的意志之外的，属于我的客体。这就将在内容和结构方面各异的各种权利统合起来，而仅仅依照其对象或客体的差异对它们进行区分。康德将其划分为三类：第一，一种具有形体的外在于我的物；第二，别人去履行一种特殊行为的自由意志；第三，别人与我的关系中，他所处的状态。④ 这三种客体分别与物权、债权和对物性质的人身权利相对应。

因此，可以看到，在康德的权利体系中，权利内容已经被完全撇开。

① 他物权是经济领域的组织工具，其权利内容富有经济特征；所有权则属于主体范畴，几乎具有与主体相同的价值，在这个意义上，它甚至不需要具有经济内容。所有权作为一个独立的权利，而不是多种权利的复合体，既不能被分割，也不能由各种他物权叠加组合形成。这样，他物权就不是从所有权中分离出来的部分权能，而仅仅是对所有权的限制和压缩，并且这种限制和压缩不会也不能够对作为一个统一体的所有权的实质产生任何影响。因此，从主体视角出发的、抽象的所有权观念的确立最终导致了其与他物权的明确界分，形成了物权体系的二元对立格局。Cfr. P. Grossi, *La proprietà e le proprietà nell'officina dello storico*, in *Quaderni fiorentini*, Giuffrè, 1988, p. 411.

② ［美］庞德：《普通法的精神》，唐前宏等译，法律出版社2001年版，第101页。

③ ［德］康德：《法的形而上学原理：权利的科学》，沈叔平译，商务印书馆1991年版，第55页。

④ 同上书，第57页。

因为所有的主观权利都被统一在占有名下，而仅仅依照对象是本体、因果或者相互关系进行区分。而且，他将所有权简化为一种主体间的关系，从而引入了一种更加形式化和抽象的所有权理论。将所有权作为一种法律关系进行理论建构则成为整个潘德克顿法学派努力的目标。

萨维尼与普赫塔的所有权理论即为著例。尽管二者用来统合各种财产权利的具体法律概念不同，但在体系化的实质结果上并无本质差异，并且二者的体系构建中也都完全没有涉及所有权的权利内容。萨维尼在其巨著《当代罗马法体系》中超越了部分所有权的观念，提出所有权是人对物的无限的、排他的支配权。而他的核心贡献则在于将封建权利重新引回他物权领域。① 在他创立的法律关系学说中，依据主体意思所支配的标的或对象的不同，认为意思主要可以作用于三个领域：在家庭中扩展的自己；物；他人的特定行为。它们分别与法的三种主要的类型：家庭法、物法和债法相对应。② 萨维尼通过诉诸法律关系概念构建了一个完整的私法体系。其中，依据客体种类对这些法律关系进行区分，这使得权利内容在其体系构建中不再有任何意义。而且，在这一体系中，撇开家庭法中的些微差异不论，可以清楚地看到康德的私法体系的影子。萨维尼的法律关系理论在 19 世纪中期产生了比较大的影响，并为许多民法学者所效仿。普赫塔就是其理论的忠实拥趸之一。他采用法律关系理论，并从客体角度对权利或者法律关系进行分类，依据客体是物、他人行为或者人身将权利划分为物权、债权和人身权。他认为，在这些不同的权利类型中，变化的只是权利客体，权利内容则是相同的。③

潘德克顿法学家的理论建构将所有权制度关注的重心从对物的支配和处分权的绝对性转移到权利主体的意志这一关键要素，这样，所有权人的权能就完全体现为排除任何他人对其权利的干预，从而使得权利内容要素不再具有意义。这开启了所有权的命令说的概念模式，即统一的形式化的所有权概念，摒除了权利内容在所有权概念中的任何实质意义。④ 早期潘德克顿法学派受理性自然法学派的抽象化与体系化倾向影响，通过摆脱具

---

① C. Massimo Bianca, *Diritto civile*, 6, *La proprietà*, Giuffrè, 1999, p. 162, nota 44.

② 参见［德］弗里德里希·卡尔·冯·萨维尼：《萨维尼论法律关系》，节选自《当代罗马法体系》第 1 卷，第 1 编第 2 章第 1 节，田士勇译，载郑永流主编《法哲学与法社会学论丛》第 7 辑，中国政法大学出版社 2005 年版。

③ Puchta, *Storia delle istituzioni*, Ⅲ, p. 274, trattato da O. T. Scozzafava, *I beni e le forme giuridiche di appartenenza*, Giuffrè, 1982, p. 293.

④ Thon, *Norma giuridica e diritto soggettivo*, trad. It., Padova, 1951, p. 162.

体的内容要素或者现实要素，使抽象的法律概念能够涵摄各种迥异的具体
情形。这种形式化法学在分析法学派学者凯尔森那里到达了极致。凯尔森
在对所有权法律结构的分析中指出，在所有权中，与物的关系是次要的。
从法律角度看，所有权只能是所有权人与其他人之间的关系，即后者负有
不妨碍前者对物的支配的义务。

　　然而，在潘德克顿学派中间也存在一股与主观权利无关的相反潮
流。后者旨在通过权能列举方式强调权利内容在区分各种不同财产权利
中的意义。其中，最具代表性的学者就是新功利主义法学派的创始
人——耶林（Jhering）。他批判前期潘德克顿法学中主导的意志论，认
为其没有给予意志的内容以应有的重视，并提出意志论无法解释对于不
具有意志能力的民事主体，如未成年人或者精神病人，法律也同样认可
其权利的情形。因此，耶林转而强调法的目的和利益，即法律赋予主体
该权利所希望达成的目标。他进一步区分了法的形式要素与实质要素。
在这一前提框架下，他将主观权利界定为受法律保护的利益，主张目的
或者利益才是处于核心的实质要素，而主观权利则只是其法律外衣。①
因此，在耶林的理论体系中，权利内容处于重要地位，是它推动着形式
化的权利概念的发展。

　　耶林所提出的法律利益理论为托恩（Thon）所接受和发展。他改动
了耶林对主观权利的定义，将受保护的利益改为对利益的保护。虽然仅仅
是调换了一下顺序，却导致了他所想要强调的重心的转移。他认为，权利
本身并不就是利益，而是对利益的保障，是利益的保护形式，不应将权利
的目的与形式混为一谈。这样，在托恩那里，主观权利就仅仅成为一种法
律保护工具，使得权利人在其权利遭受侵害时，能够强制实现其权利。在
这种将权利看作主权者命令的观念模式下，法律规范的作用只在于禁止或
者命令，主体只要在法律所允许的范围活动就是自由的。正是在这一理论
框架下，权利内容在耶林理论中被强调的意义不复存在，在权利体系的构
建中重新被架空。

　　这样，尽管耶林与托恩两者都反对和批判前期潘德克顿学派中盛行的
意志论：耶林主张主观权利的特征是被保护的利益而不是抽象的意思；托
恩则指出意思理论不能够解释意思有瑕疵的无行为能力人或者限制行为能
力人也能够成为权利主体，但托恩以不同的方式，在清除权利内容在主观

---

① ［美］埃德加·博登海默：《法理学——法哲学及其方法》，邓正来等译，华夏出版社1987
　年版，第104页。

权利概念中的意义这一问题上，与前期潘德克顿学派殊途同归。

上述两种背道而驰的理论方向最终汇聚在温德夏伊德的《潘德克顿法教科书》中。温氏作为潘德克顿学派的集大成者，他的这一教科书代表了潘德克顿法学在私法理论上的成熟形态，在当时法典欠缺的时代迅速成为法律事务上最重要的学术性权威。然而，在所有权问题上，温氏的著作并没有很好地实现这两种理论的融合，而是徘徊于二者之间。他一方面继承了前期潘德克顿学派的意思主义理论，另一方面又倾向于命令说。他的模糊和摇摆态度尤其体现在所有权理论上，不清楚所有权的重心是其形式要素还是实质要素。① 例如，温氏指出，所有权是主体被赋予的享有物的权利；同时，所有权人的权利也体现在对与之相对的其他非所有权人行为的禁止。这构成了所有权的主观和客观两个方面的内容，而温氏显然是倾向于后一方面的。这样，温氏就加入了命令说的阵营，权利内容在其所有权法律建构中也不再具有意义。

综观潘德克顿法学的发展，可以看到，法律理论的形式化，以及使主观权利与权利内容相脱离的倾向是贯穿于整个潘德克顿法学的主导方向。尽管经历了不同的法学思潮和不同的法技术方法，但这一方向终获实现。一个极端抽象的、形式化的，能够涵摄各种迥异的具体情形的所有权概念也因此得以建立。

第三节　现代所有权模式确立对物权体系的影响

从主体视角出发建构的现代所有权模式经由潘德克顿法学派的理论建构得以最终完成，这一模式对于物权体系格局的形成也产生了决定性的影响。如前所述，《法国民法典》仍然潜在地受到中世纪从物出发建构所有权观念的影响，将他物权视为所有权的变形，认为他物权是所有权权能分离的结果，是不完全的所有权。德国潘德克顿法学家则最终完成了所有权制度建构的主体视角的转向，使得所有权成为主体对物的完全的、绝对的、抽象的支配权，而不是各个具体的权能内容相加之和。这样，他物权也就不再被认为是对所有权的分割或者变形。二者之间的差异并不仅仅体现在权能内容上的量的增减，而具有质的不同，应当分属两个不同的范畴。因此，从主体视角出发的、抽象的所有权观念的确立最终导致了其与

---

① O. T. Scozzafava, *I beni e le forme giuridiche di appartenenza*, Giuffrè, 1982, p. 300.

他物权的明确界分，形成了物权体系的二元对立格局。关于现代所有权模式在这一体系中决定性的基础作用，我们可以通过回溯他物权产生的历史，以及对比不同所有权视角和模式下的物权体系形态获得更清晰的认识。

一　他物权类型的产生：对所有权体系的突破

采用他物权而不是所有权模式实现对物的用益是罗马人的创新。罗马法并未形成他物权概念，但已经产生了具体的他物权类型。无论从历史还是逻辑角度出发，所有权都构成他物权的前提。

如前所述，古典法所有权是家父自由人格的外在表达。那么，任何对所有权的限制就不仅削弱了其财产属性，而且构成对附属于主体人格的权利范围的侵蚀。[①] 因此，应当尽量避免对所有权进行限制，或将其压缩至最低限度。这就在很大程度上成为他物权确立的障碍。但是为解决实践中物的多层次利用的需要，法学家以及裁判官又必须要对其给出解决方案。这可以通过两种可能的方式实现：分割的所有权模式或者他物权方式。事实上，直到公元前 3 世纪的最后几十年，对物进行享有和利用的一切形式在罗马法中都一般地、无差异地包含在"归属范畴"之中。[②] 但罗马法学家最终放弃了采用扩展所有权概念来解决对物的利用问题这一途径，而采用了新的他物权模式。关于这一点我们可以通过回溯地役权制度产生的历史略作阐释。

地役权是历史上最早出现的他物权类型，它最早的两种形态是：通行地役权和取水地役权，是农业社会中土地上的两种最基本的需要。法学家尝试为此种需要提供合理解释，同时，为尽量避免对土地所有权人的损害，地役权人的权利被严格限制在特定范围内，并依照其功能被类型化。因此，我们可以看到，役权所代表的内容与罗马法自古以来的所有权的自由精神是不同的。[③] 对于地役权关系，依据现代罗马法学家的研究，罗马古典法学家并没有一开始就将其确立为他物权，而是在所有权框架内寻求解决方案：或者认为需役地人对通行或者导水的通道享有所有权；或者认为供役地与需役地所有权人对该通道共同享有所有权。后一种方案被权威学者认为更具有可信度，也成为地役权起源理论的通说。在共有理论中，

---

① P. Grossi, *Le situazioni reali nell'esperienza giuridica medievale*, Cedam, padova, 1968, p. 23.

② Luigi Capogrrossi Colognesi, *Proprietà（diritto romano）*, voce in *ED*, Vol. 37, p. 179.

③ L. Capogrossi colognesi, *Proprietà e "iura praediorum" nell'età repubblicana*, Milano, 1969, p. 42.

供役地人与需役地人对该通道所享有的所有权是不同的，后者形成了一种基于通行或者导水的目的关系而具有功能性限制的所有权。① 这种所有权被称为 mancipium，即对物的统领支配权利。它与 dominium 的充足的内容相对立，允许指向有限的目的，形成对用于通行或导水土地的统治权。② 为支持这一理论，学者还提出了学说汇纂中保罗的片段以资佐证。③ 因此，可以认为，最初为了解释和调整地役权关系，罗马法学者所给出的解决方案并不是他物权制度，而是一种功能性限制的分割所有权理论。这一方面，可以归咎于罗马人尚未形成抽象的权利观念，倾向于将其与作为其客体的具体物等同；另一方面，则是与所有权的完全和排他观念相联系：宁可允许需役地人对用于通行或导水的狭窄通道享有所有权，也不愿为此单独设立一个权利，为整块供役地设立负担，使其整体在理念上处于需役地人的支配之下。④

　　这种将所有权置于整个法律制度中心的做法是古典法时期的主导趋势，导致了对他物权的敌视。尽管随着社会经济的发展，法律制度的实践必然会引进新的制度和方案，但所有权的绝对主导和中心地位则无疑使得这一过程倍加艰难和缓慢。罗马法他物权类型的确立直到优士丁尼法典编纂时才最终完成：⑤ 用益权是在共和国晚期，随着无夫权婚姻的普及，为使妻子终身性地获得对一定财产使用收益的权利，同时，这些财产在妻子死亡后能够转移给其子女而设计的一项制度。⑥ 地上权为城市发展需要，

---

① L. Capogrossi colognesi, *Proprietà e "iura praediorum" nell'età repubblicana*, Milano, 1969, p. 31.

② Ibid. , p. 33.

③ D. 8，3，7 保罗《告示评注》第 21 卷："如果某人坐轿子经过，他被认为是步行而不是驾车，但享有通行权的人不能驱赶驮兽经过。有用路权的人可以驾车以及驱赶驮兽。然而，无论是有通行权的人还是有驱畜通行权的人都不能拖拉石头或者木材。一些人认为，他们不能在这块地上运输一个直立的长矛，他不能把这看成是享有通行权或者驱畜通行权同时拥有的东西；而且，果实会因此受损。某人有一项用路权，他也有权步行或者驾车，而且大部分的观点认为他有权拖运一些东西也有权运送一个直立的长矛，只要他不会损害到果实。"

④ P. Grossi, *Le situazioni reali nell'esperienza giuridica mediavale*, Cedam, padova, 1968, p. 25.

⑤ Ibid. , p. 26.

⑥ 无夫权婚姻中，妻子并不成为丈夫宗亲家庭的成员，而是留在其原先的家庭之中。这样，如果丈夫通过遗嘱将某些财产留给妻子，就可能承担其子女无法获得这些财产的风险，因为根据无遗嘱继承的规则，其妻子的遗产将由其宗亲亲属，通常是兄弟继承。参见［意］弗朗切斯科·西特茨亚《罗马法的物权体系》，刘家安译，载江平主编《罗马法、中国法与民法法典化》，中国政法大学出版社 2008 年版，第 11 页。

主要是在公地上产生土地租赁的需要,① 但这一权利最初在市民法上仅仅是一种债的关系,后来由裁判官通过令状进行保护,之后才用物权诉讼保护;农村土地租赁最初是以赋税田的形式出现,但通过物权诉讼进行保护,在后古典法时代才确立了新的物权类型——永佃权制度。

采用他物权而不是所有权模式是罗马人的创新。绝对的、永久的、个人主义的所有权模式使得罗马法学家放弃了通过变形所有权去适应对物的利用的各种情形,而建构出各种他物权法律模式,在所有权之外发展出一系列物权类型。但他物权模式直到后古典法时代都还只是处于萌芽阶段,不仅各种他物权类型之间的界限不够明晰,它们与所有权之间也并不是始终泾渭分明,这也就为之后的注释法学家,从不同的社会需要出发,发展出双重所有权理论提供了可能。

二　所有权与他物权二元体系的确立

物权（ius in re）概念是在优士丁尼之后,由中世纪的注释法学家创造的。但无论是注释法学家还是后期的评注法学派都没有提出所有权与他物权的系统区分。② 对他们而言,更有意义的是物权概念。评注法学派已经将其作为所有权的上位概念,并与人身性质的权利相对使用。最初对物权类型进行列举的法学家很可能是巴杜斯（Baldus）。在他的老师巴多鲁斯（Bartolus）关于所有权分类的学说基础上,他第一次提出了三种所有权的类型:直接所有权、用益所有权和准所有权。前两者是在中世纪由注释法学家为适应当时的法律实践而创造的:封建领主对采邑地享有直接所有权,封臣则对其享有用益所有权;后者是指取得时效尚未完成,处于普布里其安之诉保护之下的主体的法律地位。此外,他也提到地役权、人役权和抵押权。这三种权利在罗马法时代都已经产生。其中,人役权在优士

---

① 罗马法上存在一项古老的原则,"地上之物归属于土地",这就排除了承认有别于土地所有权的、独立的建筑物所有权。因此,最初对地上物出让的情形是将其纳入到租赁的法律框架之中,受让人对建筑物的享用遭到妨害时只能提起承租诉。后来裁判官介入,授予地上权人一种"地上权令状"（interdictum de superficiebus）;至古典时期,裁判官又在告示中规定了一种具有对物之诉特点的"事实诉讼",但仅适用于长期租赁情形;直至优士丁尼法,这些限制才消失,地上权最终被完全纳入限制物权范畴。参见［意］弗朗切斯科·西特茨亚《罗马法的物权体系》,刘家安译,载江平主编《罗马法、中国法与民法法典化》,中国政法大学出版社 2008 年版,第 14 页。

② Robert Feenstra, "Dominium and ius in re aliena: The Origins of a Civil Law Distinction", in *New Perspectives in the Roman Law of Property*, directed by Peter Briks, Oxford, 1989, p. 112.

丁尼的民法大全中包括用益权、使用权和居住权，抵押权也包含质权。但无论如何，在中世纪的分割所有权模式下，从物的视角出发建构的所有权模式阻碍了对所有权与他物权的明晰区分，二者处于一种交叉重叠的局面。

（一）分割所有权与他物权的衔接与交错

中世纪的所有权概念与罗马古典法时代的所有权概念尽管使用了相同的术语，但毫无疑问，二者在语义内涵上存在深刻的断裂。它们仅仅能够在工具意义上，即对应于解决财产归属关系的法律制度方案这一层面上可以使用所有权这一共同术语。[1]

用益所有权概念的引入，将所有权作为一个可分割的实体，使得同一物上可以并存多个所有权，每个所有权人都对物享有部分权能。这就使得所有权的内容变得不那么确定，其权能范围也被大大限缩。问题就因此产生了：在罗马法或者现代法中，所有权作为对物的完全的、全面的支配权，与其他物权泾渭分明，它们在法律制度体系中分属不同位阶；而当用益所有权概念的出现限缩了所有权的权利内容时，这种界限就开始被模糊了。有的法学家甚至认为，任何一种物权在中世纪共同法法学家眼中都是所有权的具体体现。[2] 这种观点固然有些过于极端了，但在中世纪，所有权与他物权并不像在现代法中这样处于一种明确的对立结构之中，而是被共同置于一种复杂的所有权结构领域之中。

但有必要说明的是，并非任何物权都能够上升为所有权，只有那些对物的整体产生直接影响的物权，例如所有权，或者对物的特定部分具有直接影响的物权，如永佃权、地上权、长期租赁权等才能够上升为所有权。而任何地役权或人役权类型都不可能上升为所有权，而是仅仅被纳入他物权类别。[3] 前者之所以能够被上升为所有权是因为它们具备了作为所有权所必需的实质要素，即对物拥有一种权能，不论其大小，但是对物的一种直接的、独立的权能。[4] 而任何类型的役权都从未占有使用物的实质建构要素。不同于永佃权人或者地上权人，无论是地役权人还是用益权人都仅

---

① P. Grossi, *La proprietà e le proprietà nell'officina dello storrico*, in *Quaderni fiorentini*, Giuffrè, 1988, p. 400.

② Helmut Coing, *Zur Eigentumslehre des Bartolus*, in *ZSS-RA*, LXX (1953), trattato da P. Grossi, *La proprietà e le proprietà nell'officina dello storrico*, in *Quaderni fiorentini*, Giuffrè, 1988, p. 401.

③ P. Grossi, *La proprietà e le proprietà nell'officina dello storrico*, in *Quaderni fiorentini*, Giuffrè, 1988, p. 402.

④ Ibid.

仅是对自己的权利构成所有，不能对物形成持续稳固的影响。因为它们不具有真正所有权的实质内容，即从社会而非法律的观念出发，能够使不适格的主体，在特定条件下自我扩张直至达到所有权的规模。[①] 因此，它们只能被界定为他物权，而与任何财产归属概念无关。

（二）现代所有权在物权二元体系确立中的基础作用

"他物权"概念据考证最早是由 16 世纪人文主义法学家雨果·多奈鲁斯提出的。多奈鲁斯是近代民法体系化的先驱，[②] 他将民法看作是一个私权体系，对这些主观权利进行系统划分，并提出了现代民法体系构建的一些基础概念，如人格权与财产权、物权与债权、所有权与他物权等。在所有权方面，多奈鲁斯摒弃了直接所有权与用益所有权的区分，主张建立完整的、绝对的所有权概念，而将其他物权类型纳入到他物权范畴之中。他在 1590 年出版的《市民法评注》第九卷第 13 章与第 21 章中把永佃权、地上权、质权、善意占有权等统称为 "iura in rebus alienis"（他物权），指出这些权利类型的共同特征在于都对所有权构成某种限缩。[③] 之后在格劳秀斯构建的权利体系中，我们也可以看到多奈鲁斯体系的影子，尽管前者并没有直接引用后者的 "他物权" 概念，而代之以 "不完全所有权"，指称包括地役权、用益权、永佃权、地上权、抵押权在内的权利类型；但是格劳秀斯仍然将所有权区分为完全的和不完全的，这样，已经被多奈鲁斯抛弃的中世纪分割所有权理论就在格劳秀斯那里又复活了。[④] 而格劳秀斯的理论作为近代理性自然法的开端，无疑对自然法学派以及近代自然法典体系形成了重要的影响。因此，我们可以看到，直到《法国民法典》颁布，他物权仍被视为 "所有权的变形"。在这一体系中，他物权和所有权之间并不存在泾渭分明的对立，甚至可以归属于同一范畴。二者的差别仅仅是在部分与整体意义上来说的。

在德国法学理论中，尤其是自普赫塔以后，将所有权视为在物上的各

---

① P. Grossi, *La proprietà e le proprietà nell'officina dello storrico*, in *Quaderni fiorentini*, Giuffrè, 1988, p. 402.

② ［美］罗斯科·庞德：《法理学》（第一卷），邓正来译，中国政法大学出版社 2004 年版，第 44 页。

③ Robert Feenstra, Legal Scholarship and Doctrines of Private Law, 13th – 18th Centuries, Variorum, 1996, p. 117.

④ 方新军：《盖尤斯无体物概念的建构与分解》，《法学研究》2006 年第 4 期。

种权能的总体的观念已经日臻成熟。① 与将所有权作为主体人格在外在世界的客观反映的理念相一致，法律领域的这一理论建构确立了与当时个人主义文化背景下主流的所有权政治伦理模式相适应的法技术模式。同时，所有权被视为各种权能的综合而不是叠加，作为一个单一的权利体存在时，就与他物权产生了质的差别。依据潘德克顿法学派的所有权理论，所有权是建立在客体物整体上的绝对的、排他的单一权利，而不是由众多可以明确辨识的权能要素组成。虽然所有权可以体现为许多具体的权能，如占有、使用、收益和处分等权能，但这些权能都只是所有权的具体体现，或者说是所有权行使的具体结果，缺少其中任何一项权能都不会影响所有权的存续。即所有权是一个独立的权利，而不是多种权利的复合体。因此，所有权既不能被分割，也不能由各种他物权叠加组合形成。这样，他物权就不是从所有权中分离出来的部分权能，而仅仅是对所有权的限制和压缩，并且这种限制和压缩不会也不能够对作为一个统一体的所有权的实质产生任何影响。

所有权这一内涵的转变也使它能够摆脱中世纪物权关系上的困境。中世纪法律制度中，所有权与他物权并不存在明晰的划分，两者具有相同属性，仅仅是总体与部分的差别。而现代所有权作为一种主观权利被确立，使得它最终能够确定地与他物权区分开来：后者是经济领域的组织工具，其权利内容富有经济特征；而前者属于主体范畴，几乎具有与主体相同的价值，这样，它甚至不需要具有经济内容。② 因此，二者分属两个不同的世界，具有截然不同的功能。

此外，在关于所有权的内涵和性质的讨论中，从《法国民法典》到《德国民法典》，所有权也经历了从天赋权利到实证权利的转变。萨维尼已经坚定地主张："只有在国家那里，所有的权利才拥有其现实性和完整性，其作为国家的实证权利，从而所有权只有通过这样才能成为一个现实的定在，即所有权首先系于国家，然后借助于国家实证法中所产生的规则而系于国家中的每个法律主体，该法律主体为所有权人。"③ 在褪去所有

---

① Paolo Grossi, Tradizione e modelli nella sistemazione post-unitaria della proprietà, in *Quaderni fiorentini*, Giuffrè, 1988, p. 319.

② P. Grossi, *La proprietà e le proprietà nell'officina dello storico*, in *Quaderni fiorentini*, Giuffrè, 1988, p. 411.

③ ［德］萨维尼：《当代罗马法的体系》，转引自［德］罗尔夫·克尼佩尔：《法律与历史——论〈德国民法典的形成与变迁〉》，朱岩译，法律出版社 2003 年版，第 241 页。

权的自然法光环之后，将所有权视为立法者建构的一个权利受实证法规范的观点在今天已经是不争之论，即所有权的取得方式、内容以及保护等都取决于实证法的规定。在这一前提下，所有权与他物权的区别在于，与他物权的目的限定性不同，所有权是在法律许可范围内对物的完全的、全面的支配权利。因此，二者在权利内容的是否可限定性上也体现出差异。与所有权作为对物的全面的排他的支配不同，他物权仅仅是对物的部分支配，因此其权能内容是限定的。这与所有权权能内容的不可限定形成了鲜明对比。即对于所有权，立法者只能从反面限定权利人不能为的行为，相反，对于他物权，立法者则必须明确哪些是权利人所享有的权能。

第四节　现代所有权模式确立的意义与局限

一　现代所有权的主体性

（一）现代所有权模式的确立是改革而非演进的产物

资本主义革命开启了人类历史新的篇章，其最为灿烂辉煌的成就之一就是确立了新的所有权制度。然而，追溯所有权的发展历史，可以发现其中存在深刻的断裂。如前所述，罗马法上的个人主义观念以及强势的奎里蒂法所有权概念在之后的整个封建时代都在不断被削弱。封建采邑制度以及日耳曼法的集体利用方式作为另一种财产归属和利用模式，替代了个人主义所有权模式所发挥的功能。至 18 世纪，自由主义作为一种思潮，同时也体现为各种政治要求在欧洲大陆发展起来。它逐渐消解了阻碍财产商业化和用益的各种束缚，重新回归到自由主义和个人主义的所有权观念。这一观念尤其受到自然法学派和启蒙主义思想的极力倡导。因此，可以认为，19 世纪民法典中所确立的完全的、排他的个人主义所有权更多的是有意识的法律改革而非历史演变的结果。在此之前的漫长时期，在欧洲大陆存在的是多重所有权形式。它将所有权视为可分割的，允许在同一物上存在多个所有权人；物上的权利主体因此享有的可能是用益所有权，也可能是直接所有权，或者是完全或者部分地兼有两种所有权。① 在神圣罗马帝国时期日耳曼理论的侵入以及之后中世纪封建制度的发展导致了习惯法

---

① Michela Barbot, *Per una storia economia della proprietà dissociata*, in Materia *per una storia della cultura giuridica*, nota 1, 06/2008, p. 38.

的形成。英美法系的财产法制度正是深受中世纪的这种土地制度和习惯法影响，在土地的国王所有制和普遍保有制基础上形成。美国学者梅利曼在分析大陆法系与英美法系财产权制度的差别时，就曾富有洞见地指出，两大法系的差异部分应当归因于 19 世纪的欧洲走向理性主义和反封建极致的财产法改革。① 大陆法系现代所有权制度的确立是在理性主义与自由主义背景之下有意识选择的结果，将封建因素和习惯法的许多内容从财产所有权领域中剔除，从主体视角出发重新确立了不可分的所有权概念，是"基于对惯例法的拒绝和对优士丁尼的自觉回归"。②

这一新的现代所有权制度的产生以社会经济结构的变革为前提，经历了几十年的政治、思想、法律、文化方面的铺垫和准备，是法律科学经历了漫长的历史发展所取得的成果。对所有权两种经典定义模式的历史考察有助于我们发现这一制度的复杂性：《法国民法典》采用的权能列举定义方式实质是将所有权理解为各种权能相加形成的总和，其隐藏的立场是承认分割的所有权概念；《德国民法典》采用的抽象概括定义方式则是将所有权视为一个不可分割的整体性权利，是与他物权相对应的独立的权利，反映的是自由主义的所有权观念。相对于体现封建等级秩序的分割所有权，后一种所有权模式将物从封建的等级义务以及身份束缚中解放出来，消除了所有那些物上存在的、阻碍其自由流通的因素，建立了自由的、抽象的、完整的所有权结构，恰好满足了自由市场中商品生产和财产流通的需要，体现了历史的进步，因而为大陆法系近代民法所选择，并最终在近代民法典中得以确立。

由此可以看到，所有权制度发展史中断裂和延续并存。社会变革带来所有权制度革新，在一定程度上掩盖了所有权思想的延续性。之前的法律思想观念不仅构成我们认识的前见，也以不易察觉的形式潜在于现行的制度和观念之中。即使在素以革命性和开创性著称的《法国民法典》中，也仍然留下了中世纪所有权思想的明显痕迹。旧的所有权观念的清除除了需要社会政治经济结构的改变之外，也有赖于法律科学的发展和建构。从1804 年《法国民法典》施行至1900 年《德国民法典》的颁布，大陆法系现代所有权制度的确立并非在一夕间完成，它体现着在漫长的历史中被延续的传统，以及共同的传统在各个国家的法律体系中被调整和修改，然后又借由这种法律的发展脉络被解释。

----

① ［美］约翰·亨利·梅利曼：《所有权与地产权》，赵萃萃译，《比较法研究》2011 年第 3 期。
② 同上。

（二）作为现代所有权典型特征的主体性

那么，大陆法系现代所有权的现代性体现在何处？大陆法系现代所有权模式具有许多显著的特征，例如一元化、抽象性、完整性等，其中最常被提到的是绝对性和排他性这两点。然而，学者对于这两个特征，尤其是关于所有权的绝对性特征不乏疑问和争论。毋庸置疑的是，不受任何限制的所有权在现实中是从来不存在的，即使是《法国民法典》第 544 条也明确规定了"法律法规没有禁止的使用"这一限制条件。尽管这一限制在《人权与公民权利宣言》中没有出现，但事实上，《法国民法典》第544 条的规定就已经为对所有权实施的任何限制提供了法律依据。因此，可以认为，19 世纪对所有权绝对性的强调更主要是出于一种价值宣扬的目的，并非严格的法律规范描述。也有学者认为，所有权的绝对性尽管具有重要意义，但并不构成所有权的结构性要素，而仅限于表达一种法律体系所力图宣扬的，并在未来将对法官和立法者的思想产生影响的价值。[1]此外，即使肯定现代所有权具有这两个方面的特征，它们也不足以将现代所有权模式与中世纪的用益所有权区分开来。因为用益所有权尽管缩减了罗马法所有权的内容，但仍包含了所有权最低限度的实质要素，即具有绝对权的一系列权能和一定的排他性。换而言之，在绝对性和排他性这两个方面，中世纪所有权与现代所有权模式的差别仅仅是量上的，不存在质的差别。[2] 因此，将它们作为现代所有权的现代性似乎并不具有充分的说服力。

如果上述特征都不足以体现现代所有权的现代性，那么，何以认为《法国民法典》所确立的所有权制度是一种全新的模式，奠定了现代所有权的基本模型呢？笔者认为，现代所有权的现代性主要在于它体现为一种主观权利。

有学者曾经指出，法的现代化是与主观权利概念的逐步确立和使用相联系的。[3] 尽管主观权利包含了一系列具体的权利类型，但它在所有权领域反映得尤为明显。现代所有权作为一种纯粹的主观权利的概括表达，指向的是法律赋予权利主体的一束权利。[4] 可以认为，现代所有权是主观权

---

[1]　O. T. Scozzafava, *I beni e le forme giuridiche di appartenenza*, Giuffrè, 1982, p. 171.

[2]　P. Grossi, *La proprietà e le proprietà nell'officina dello storico*, in *Quaderni fiorentini*, Giuffrè, 1988, p. 408.

[3]　O. T. Scozzafava, *I beni e le forme giuridiche di appartenenza*, Giuffrè, 1982, p. 167, nota 169.

[4]　Ibid., p. 167.

利最典型的体现。在《法国民法典》中，主观权利和总体财产思想架构着财产权的理论基础。① 法国法学家鲁比埃（Roubier）也曾指出过这一点："针对有体物（动产或不动产）建立的所有权概念，可以被视为主观权利最完整的形态。"② 现代所有权具有的其他特征，无论是抽象性、绝对性或者排他性都可以被看作自这一特性衍生而来。

而且，所有权的个人主义观念由来已久，并非始自《法国民法典》，而是数个世纪法律乃至更广泛的文化发达史的结果。蒂尔尼（Brian Tierney）在考察主观权利的起源时就曾指出，个人主义观念并非是自奥卡姆、霍布斯或者洛克才被阐明的，而是早在中世纪基督教时期，为厘清个体与上帝关系的进程中就已经逐渐酝酿成熟。③ 早在 12 世纪教会法学家对格拉提安（Grantian）编纂的《教令集》，也即教会法的第一个综合性汇编的注释过程中，主观权利观念就首次被引入。因为权利实质是对主体利益的法律确认，或者说是法律秩序所保护的主体意思之支配力。主观权利的前提是对个体价值的承认，可以认为，主观权利与个人主义实质是一体两面的同一范畴内的事物。14 世纪教皇约翰二十二世发起的关于使徒贫困的论战为自然权利和个人主义观念的发展提供了有利契机。④ 为解释弗朗西斯教派所主张的安贫主义与教会实际拥有的物质财富之间的矛盾，马西利乌斯首次将主观权利与客观法区分开来。之后加入这一论战的奥卡姆则进一步区分了实在法上的权利和自然法上的权利，主张教士对所享用的物质财富并非依据实证法享有权利，而是依据自然法享有所有权。这二者的权利学说对之后的法律科学产生了深远的影响。此外，中世纪社会的多元

---

① 童斌：《法国财产权体系之源与流》，法律出版社 2014 年版，第 90 页。

② Roubier, *Droit subjectifs et situations juridiques*, 1963, p. 29, cité per Terré et Simler. 转引自尹田《法国物权法》，法律出版社 1998 年版，第 128 页。

③ B. Tierney, *L'idea dei diritti naturali. Diritti naturali, legge naturale e diritto canotico 1150—1625*, il Mulino, Bologna 2002（1997），转引自 Carlo Lottieri, *Individuo e proprietà: pilastri della civiltà occidentale*, Torino, 2003, p. 5。当然，关于主观权利的起源一直以来都是一个备受争议的话题。一些学者认为主观权利的观念在罗马法时代事实上就已经萌芽，只是罗马人并没有明确提出这一概念（cfr. Cesarini Sforza, *Avventure del diritto soggettivo*, in *Bollenttino dell'istituto di Filosofia del Diritto della Regia Universita'di Roma*, II, 1941, p. 2.）；也有一些学者认为这一概念并非产自世俗法学，而是在宗教神学领域中孕育成熟，在 14 世纪法国的宗教神学中，尤其是奥卡姆的神学理论中确立（cfr. P. Grossi, *Usus facti. La nozione di proprieta' nella inaugurazione dell'eta' nuova*, in *Quaderni fiorentini per la teoria del pensiero giuridico moderno*, 1972, pp. 287 – 355.）。

④ 参见方新军《权利概念的历史》，《法学研究》2007 年第 4 期。

结构、多元权利体系也为作为自由与责任主体的个体的萌生提供了前提。伯尔曼也提到，复合多元化的自由社会起源于中世纪的社会秩序，尤其是教皇格里高利七世与亨利四世皇帝的对抗（授职权之争）。[1] 这种多元化体系以及权力斗争为自然权利观念的形成与发展提供了社会土壤。至于主观权利概念在世俗法学中被接受，则要归功于新自然法学派在其中所发挥的重要作用。人文主义与复兴主义的兴起引起了从以神为中心向以人为中心的文化迁移，世俗国家取代了宗教世界，"个人开始成为法律科学关注的中心，自此以后，法律开始着力描述人的法律特征，人的行为能力及个人权利的范围"[2]。

德国学者赫尔穆特·科殷从法学教义史的角度对"主观权利"概念进行考察时，提出这个概念的出现体现了法学思维的一个转变，也就是从诉的思维转向实体权利构成之法律关系的思维。[3] 对于近代"主观权利"概念的形成具有重要作用的人物是近代初期的人文主义法学家多内鲁斯（Donellus）。他在其著作《民法大全评论》中根据优士丁尼关于正义的著名定义"赋予每个人其应所得的权利"（D. 1. 1. 10），将主观的一般权利定义为"将其所应得赋予他的那种权利"，并主张私法实质上就是主观权利的体系，私法应当按照主观权利而非诉的体系构建。多内鲁斯构建的私权体系在整个十七至十八世纪产生了重要的影响，之后萨维尼在构建罗马私法体系时也受到他的思想的深刻影响。然而，当启蒙时期法学思想中理性的自然法思想占据主导地位时，主观权利思想的发展出现了新的视角。"因为启蒙时期的自然法是一种关于自由的社会哲学。由此，人们从人格自由的道德价值这个思想出发来理解主观权利；主观权利是自由的表现，它是自由权。"[4] 从而，此前仅仅是用来构建私法体系的主观权利理论，就获得了道德伦理基础，在个体自由思想基础上重新被表达。也正是在这一意义上，我们说大陆法系现代所有权是一个典型的主观权利。例如前文提到作为现代所有权确立完成标志的《德国民法典》第 903 条对所有权概念的规定：只要不与法律或者第三人的权利相违背，所有权人可以任意

---

[1] ［美］哈罗德·J. 伯尔曼：《法律与革命》，贺卫方等译，中国大百科全书出版社 1993 年版，第 355 页。

[2] ［爱尔兰］J. M. 凯利：《西方法律思想简史》，王笑红译，法律出版社 2002 年版，第 137 页。

[3] ［德］赫尔穆特·科殷：《论"主观权利"概念的历史》，纪海龙译，《清华法治论衡》2012 年第 1 期。

[4] 同上。

处置该物并排除他人干涉。采用消极方式对所有权行使之限制角度进行界定，也即对所有权人自由之限制，实际上就是一般性地确定了权利人的自由，这与对限制物权采用积极的、具体的规范方式形成了鲜明对比。

对比现代所有权与中世纪所有权，可以看到，中世纪所有权是一个复杂的东西。其所有权模式是从物出发，建构在物上，忠实反映物的复杂结构的制度。物上存在许多直接和自主的权利，这些权利根据所涉及物的层面而具有不同性质，且都被视为所有权的内容，偶尔会集中至一个主体形成统一的所有权。不同于中世纪所有权具有的复杂分类以及复合性质，作为主观权利的现代所有权则体现为一种简单和抽象化的权利：区别于受物的复杂性制约的财产归属关系。这种所有权模式反映的不再是现实现象的复杂而是主体的统一性。受中世纪晚期的意思主义理论和自然法学派思想的影响，所有权被从多样的偶然性中分割出来，而被尽可能地置于主体范畴之内，从而趋近于主体的绝对性。在这一意义上，所有权在主体内部已经完成，如果不是因为外部世界的实体物显著地反映了这种权利，所有权的实现并不需要后者存在。

主观权利一方面将所有权从物的链条上卸下，而与主体间的关系相联系，另一方面意味着外部关系的纯化。所有权被明确地表达为一种主观权利，它能够网罗和主宰每一项权能内容，而不是每一项权能内容参与形成所有权。换言之，权能内容在所有权中仅仅是一种偶然要素，不再能够影响这一法律关系的实质。[①] 这也就形成了新的所有权模式的另外一个显著的特征，即抽象性。与中世纪所有权的复合模式不同，新的所有权模式不是各种权能相加形成的整体，而是一种抽象的主观权利，体现的是主体的自由意志，其权利内容不受外在世界或者客体物的状态影响。这种抽象性是总体上而言的，不仅主体具有抽象性，权利内容同样也具有抽象性，即主体对物所享有的权能是无限的，并且可以容许各种不同的权利内容。因此，在这种情形下，想要列举出所有权的权利内容就只能是徒劳。

二　主体模式的意义与局限

通过对大陆法系所有权制度变迁的考察可以发现，在这一概念外衣下所包裹的并非总是同一事物，它们也非从同一视角出发来构建的。中世纪法部分中断了与罗马法制度的联系，从客体物的视角出发构建其物权体

---

① P. Grossi, *La proprietà e le proprietà nell'officina dello storico*, in *Quaderni fiorentini*, Giuffrè, 1988, pp. 411 - 412.

系；19 世纪的民法典则相反，其物权制度完全建立在主体的主观权利基础之上。面对这种丰富与复杂的所有权实践，如果仅仅以 19 世纪民法典所确立的个人主义的所有权模式去衡量任何物权关系，则实际上隐含了一种线性的历史发展观，即认为从多重所有权向一元所有权的发展是这一制度现代化过程中必经的阶段。这无疑是不正确的。

不可否认，个人主义的所有权模式极好地适应了商品经济和自由市场发展的需要。这一模式将物从封建的等级义务以及身份束缚中解放出来，旨在消除所有那些物上存在的，阻碍其自由流通的因素，建立自由的、抽象的、完整的所有权结构，恰好满足了自由市场中商品生产和财产流通的需要。因此，在这个意义上，相对于体现封建等级秩序的分割所有权，个人主义所有权模式无疑体现了历史的进步。自洛克以降的多数近代学者都采纳了这样一种观点，即个人主义的所有权是一种自然法制度，是一种不可逆转的历史进程发展的结果，具有绝对的社会伦理价值。[①] 这一观念在 19 世纪的法典化编纂中被接受并推向神坛。

然而，也必须看到，法律领域中的任何价值都是相对的，一项法律制度的合理性应当在其存续的具体历史时代和实践中被衡量和评估。个人所有权和双重所有权模式在其各自产生的历史时代中都具有其合法性和正当性，反映着其各自历史时代的社会需求和主导的财产观念。即使双重所有权制度在近代大陆法系国家民法典中被废弃，其更主要的原因是它与在近代民法典中占主导地位的个人主义理念不相容，而并非如某些罗马法学家所认为的，这一制度本身存在逻辑上的矛盾。[②]

这一点我们通过对比今天大陆法系和英美法系主导的所有权或者财产权制度就可以看得更加清楚。以土地上的财产制度为例，与大陆法系所有权主导的财产制度模式不同，英美法系的土地财产关系主要建立在各类地产权制度基础上，如拥有（owned）、持有（held）或依法占有（seised）地产权等。每种地产权的属性和范围部分依双方协定，部分依习惯，更主要依赖于统治方的意志具体确定。[③] 关于两者的区别，梅利曼用了一个形象的例子做了比喻："罗马式所有权可以被想象成一个写有'所有权'标

---

① P. Grossi, *un altro modo di possedere*, Milano, 1977, p. 10.

② Filomusi Guelfi, *Trattato dei diritti reali*, a. s, 1891/92, p. 91, nota 3. in Paolo Grossi, *Tradizione e modelli nella sistemazione post-unitaria della proprietà*, in *Quaderni fiorentini*, Giuffrè, 1988, p. 337.

③ ［美］约翰·亨利·梅利曼：《所有权与地产权》，赵苹苹译，《比较法研究》2011 年第 3 期。

签的盒子，拥有盒子的人就是所有人，在所有权完全无负担的情况下，盒子中包含了特定权利：占有、使用、收益、处分。主人可以打开盒子，拿出一个或一些权利转让给其他人，但只要盒子仍在，他就仍然是所有权人，即使盒子是空的。而盎格鲁美国则简单得多，没有所谓的盒子，有的仅是不同束的法律权益（sets of legal interests），有永久地产权（the fee simple）的人拥有最大束的法律权益，当他转移一束或多束给其他人时，那部分就没了。"① 他对比英美法系的财产制度与大陆法系的所有权制度，得出结论，英美法系的保有制度相对于大陆法系的所有权制度模式更加灵活。相较于以所有权为核心财产体系，以保有为基点的财产体系中土地的制度化权益的种类数量更为庞大，即所有权制度模式下不允许自由创设权益，而保有制度下却积极鼓励。他列举了美国普通法上关于地产权的一些基本权利类型，例如财产指定处理权（powers of appointment）、不确定剩余财产权（contingent remainders）、未生效权益（springing or shifting interests）、附条件全部或部分终止利益（estates subject to total or partial defeasance）、可撤销利益（determinable estates）、附条件回复权（possibilities of reverter）、终止权（powers of termination）等，相对而言，大陆法系所有权人可用的地产规划工具就太少了。② 显然，双重所有权或者权利束的法律模式在保存和分配财产利益，以及实现物的有效利用方面无疑能够提供更加多元和灵活的制度工具。大陆法系所有权模式对于权利人绝对意志的强调和保护，在反封建任务完成之后，其优势与局限也被更加客观地显现出来。一方面，简单不可分的所有权模式有利于促进物的自由流转；另一方面，限制在所有权之外创设多重利益，在实现财产配置的多样化和灵活性方面则应对不足。

事实上，个人所有权从未真正在财产法领域一统天下过。即使在个人主义理论发展到巅峰的 19 世纪，个人所有权也仅仅存在于《法国民法典》的宣示性规定中。一方面，在民法典内部，绝对的个人主义所有权概念并不能始终得到贯彻，在许多具体领域中都存在例外规定；另一方面，双重所有权现象在实践中继续存在，而且，为公共机构所有的土地仍然普遍存在。如前所述，法律之所以会采用权能列举方式描述权利，通常是因为在物上存在名义所有权与实际使用权的分离。这种长期的甚至永久的分离导致实际使用权人本身对于该物的使用和处分拥有了相当程度的自

---

① ［美］约翰·亨利·梅利曼：《所有权与地产权》，赵萃萃译，《比较法研究》2011 年第 3 期。
② 同上。

主性，而不同于一般的用益物权人所处的法律地位。后者对物的利用和处分在不同程度上受到所有权人意志的制约，并且被所有权的弹力性特征所约束。综合分析所有权分离现象产生的原因，主要可以归结为两个方面：第一，政治经济体制原因，即社会重要资源，如土地等名义上归属于国家，但它们并不直接支配利用物，私法关系中更有意义的是物的实际使用人，因此在私法规范中将这些实际使用人作为所有权人加以对待和保护。第二，财产类型的丰富及其利用形式的多样化，尤其是财产的泛动产化和价值化趋势使得所有权逐渐脱离对物的直接占有，转向观念化所有权。所有权的功能不再局限于静态的归属功能，而是也参与到物的动态利用过程中，成为财产用益或者担保的制度工具。

　　此外，这种所有权的分离现象并不仅仅是英美法系国家财产制度的典型结果，即使是在大陆法系国家的各个历史阶段，所有权的权能分割现象作为一股潜流事实上也始终存在。例如罗马法中的行省所有权，中世纪的分割所有权，现代公司法人中权利人与管理者的分离，以及让与担保、所有权保留等形式中的所有权权能分离现象等。当然，也必须承认，近代以后出现的新的双重所有权形式不同于封建时代的分割所有权制度。新的分割所有权现象并没有阻碍交易和经济流转，而是以更灵活的方式直接参与到对物的利用过程之中，毋宁是法律从形式主义向实质主义发展的一种趋势，即借由所有权制度本身来更好地实现社会财富资源的分配与利用。

　　总之，将财产归属模式简化为一元的个人主义所有权形式始终只是19世纪的一个神话或者幻想，事实上，它从未也不可能真正实现。

第三章　现代所有权模式的理论原型：
主体视角的再审查

　　尽管在现代社会，客体物在所有权结构中的法律地位日益上升，使得法律规范不得不将目光转向物的规范，导致对现代所有权模式的冲击，但是并没有推翻从主体出发构建的所有权制度结构和统一体系。也即建立在主体视角上的所有权制度并没有丧失其生命力。因此，我们将目光重新移回从主体视角出发的现代所有权制度，考察一元所有权与其他那些"被自由主义观念所边缘化了的财产归属形式"之间的对立。①

　　大陆法系现代所有权制度最初是在近代个人主义与自由主义思想的主导之下建立的。"个人主义"构成了17—19世纪整个自由主义运动最鲜明的特征。② 与之相应建立起来的现代所有权制度从主体视角出发，以单个主体对单个物的支配关系为原型，确立了一物一权原则。人对物的抽象支配的精神和法技术建构也是在这一模型中最能够被彻底贯彻。但是显然，近代民法在这里做了一个简化处理，即它在处理财产归属问题时采用的是一种单个的原子式的思维模式。它首先考虑的是在各个单个情形下，单一的物与单一的主体之间的一种财产归属关系。在这一前提预设下，其对财产归属关系给出的解决方案必然也是简单的。或者说，正是基于这一理论预设，《法国民法典》才赋予私人对物享有完全的用益支配权利，并能够排除任何其他主体的干涉。此外，近代民法还将团体所有或者其他任何非排他的归属形式排除在所有权范畴之外。例如，《法国民法典》基于反对封建团体的时代精神，也为了达到所有权主体性理论的纯粹，否定共有可以适用于财产利用关系，将团体所有和共有都视为一种例外的暂时状态，非法律设定，也非法律"调整"，并应当尽量缩短其存续时间，使它

---

① Mario Talamanca, *Istituzone di diritto romano*, Giuffrè, 1990, p. 389.

② ［英］罗素：《西方哲学史》（下卷），何兆武、李约瑟译，商务印书馆1981年版，第72页。

们尽快回复到个人所有权的状态。[①]

然而，这种单原子式的制度方案并不能解决所有的财产归属情形。特别是在公共资源领域，如文化财产或者环境资源，它们不仅涉及当时当地的所有权人或者使用人的利益，同样也涉及更大时空范围中群体的利益。后者虽然不是现实的权利人，但也属于利益相关当事人，在利益分配过程中是不能被忽略的主体。那么在这些情形中，采用单个原子式的财产归属模式来处理其财产归属关系显然是不合适的。

因此，在所有权制度的政治伦理价值作为浓墨重彩的一页翻过之后，在社会经济政治格局转换之后，现代所有权确立的时代背景已经消逝，所有权的自然法理论基础逐渐淡化乃至被遗忘。在一元所有权之外，被近代个人主义思潮所抑制或摒弃的财产归属形式，如集体所有权、分时度假所有权、信托所有权以及双重所有权等各种具体制度形式重新浮现，展现出其不能够为一元的个人主义的所有权模式所替代的顽强生命力。那么，它们是否都可以被纳入到现代所有权制度体系之中，统一适用所有权的一般规范呢？为解答这一问题，我们有必要首先从工具与技术层面重新检视现代所有权制度本身的特征，探究从主体视角出发建构的所有权制度的理论原型以及由此形成的制度原理，明晰现代所有权制度的调整范围与界限，从而确定不同财产归属形式在现代法律体系中的位置。

以《法国民法典》为代表的近代民法典确立的所有权模式在法技术层面上的基本特征可以归纳为三个方面：

第一，现代所有权制度是以个人所有权为原型构建的。这里的个人不限于私人，也包括法人。概言之，就是权利人是单个个体的所有权情形。这在欧洲大陆的法学家那里是不争的事实："在欧洲，现代意义的所有权是在个人主义所有权出现，团体所有权衰落或者被抛弃时产生的。"[②]

第二，现代所有权以有体物为客体。尽管在大陆法系国家中也存在采用更宽泛意义上的物的概念的立法例，如《奥地利民法典》《瑞士民法典》等。但大陆法系多数国家中，所有权的客体都是以有体物为限。其中，最典型的莫如《德国民法典》，该法典第 90 条规定："法律意义上的物仅为有体物。"对于这一限定，学者认为是基于罗马法的传统，而《德

---

① 尹田：《法国物权法》，法律出版社 1998 年版，第 262 页。

② Pietro Rescigno, *Relazione introduttiva*, in *Le nuove leggi cinesi e la codificazione*: *La legge sui diritti reali*, a cura di Sandro Schipani e Giuseppe Terracina, Tiellemedia editore, 2009, p. 23.

国民法典》正是处在这一传统之中的。① 关于《法国民法典》，通常认为其采用的是广义"财产"概念，即它不仅包括有体物，也包括无体物在内。《法国民法典》及之前的各个草案都未对财产进行定义，② 依据学者的考察，"虽然法国有时在非常宽泛的意义上使用所有权一词，但法国民法中严格意义上（物权法上）的所有权仅以有体物为标的"③。关于这一点，本书在后一章将作详细论述，此处不予赘述。

第三，将所有权作为唯一的财产归属形式，即将所有权与财产归属等同。所有权经过法学家的提炼抽象，成为一种涵盖广泛的概念术语，从而将各种财产归属形式囊括其中。这样一种具有宽泛外延的所有权概念，在对财产法体系化的法技术构建上承担了相当重要的功能，犹如法律行为将各种含有意思表示要素的不同行为统合在一起，从而在民事行为体系中所扮演的角色。④ 因此，所有权也成为联系整个财产法体系基础框架的基石。与之相应，所有权成为界定法律意义上的财产的唯一标准，即只有能够成为所有权客体的物才是法律意义上的财产。

但是，事实上，在主体与客体物之间，基于主体的不同类型与客体物的多元性，其可能的财产归属模式是多种多样的。这些多元的财产归属模式是否都能够统合在单一的所有权制度框架之下，殊值疑问。尽管近代民法典在所有权制度构建上对主体视角的转向在其所处的历史时代具有合理性与积极意义，但它为财产体系的完善带来了制度和理论解释上不小的困

① ［德］迪特尔·施瓦布：《民法导论》，郑冲译，法律出版社2006年版，第224页。

② 之前多马将主体对物直接占有的事实关系作为所有权存在的前提，从而使所有权客体仅限于有体物，这最终阻碍了他达到波蒂埃所实现的理论建构，即将所有权作为唯一的财产归属形式以及确定法律意义上的财产的唯一标准。波蒂埃则超越了这一限制，将所有权从事实层面的特征因素中解放出来，使其仅仅作为任意支配处分物的权能，从而实现了抽象的所有权形式，能够用来表述任何财产归属形式。自波蒂埃以后，无论是法学家所构建的所有权理论体系，还是民法典之前的各个草案，都将所有权客体与法律意义上的财产等同了。例如，冈巴塞莱斯（Cambaceres）提出的第一个民法典草案将财产等同于物，认为只有这样才能满足人类的需要。权利也被纳入物的范畴，因为它们也可以成为所有权的客体。然而，在这一点上，《法国民法典》则似乎与之相反，采取了更加类似多马理论的制度体系安排。《法国民法典》同之前的草案一样，没有对财产给出明确定义，但已经明确了财产与所有权的依存关系，认为一旦脱离了所有权，财产概念就没有任何意义。Cfr. O. T. Scozzafava, *I beni e le forme giuridiche di appartenenza*, Giuffrè, 1982, p. 178.

③ ［澳］瑞安：《财产法中的占有和所有权》，梁治平译，转引自葛云松《股权、公司财产权性质问题研究》，载梁慧星主编《民商法论丛》第11卷，法律出版社1998年版，第25页。

④ O. T. Scozzafava, *I beni e le forme giuridiche di appartenenza*, Giuffrè, 1982, p. 178.

难：当整个财产法体系都以一元主义的私人所有权作为唯一可能的财产归属模式时，我们应当如何解释仍然存在的其他财产归属形式，如公共所有权、集体所有权等。现代学者在考察大陆法系现代所有权的制度范畴时，也曾揭示出所有权体系内部不同所有权类型之间的分化：从主体角度来看，以罗马法所有权为原型的大陆法系所有权模式一方面在内部与共有并行，另一方面在外部与各种集体或者公共所有形式分而治之。前者是在主体数量上与个人主义所有权相区分，后者则与私人所有权存在质的差别。那么，它们最初又是如何被纳入到大陆法系现代所有权体系之中的呢？本章拟对公共所有权、集体所有权以及其他涉及多元主体对物的支配归属形式进行考察，以对现代所有权的理论原型以及制度原理形成更清晰的认识。

第一节　公共所有权的艰难确立

这里所称的"公共所有权"主要是指包括国家在内的行政主体对公产所享有的所有权。其中，"公产"① 依照 20 世纪 50 年代以来的法律理论和实践主要包括两个大的类别：一类是供公众直接使用的财产，即共用公产；另一类是公务作用的财产，即公用公产。② 尽管本书在这里直接使用了所有权这一概念，但对于涉及公产的财产归属关系的性质，以及"公共所有权"是否是一种私法意义上的所有权的问题，相关理论颇存争议。

早在罗马法时期人们就认为公共物是一种不可有物。罗马法上已经存在关于公共物的规定，主要包括三类：一是共有物（res communes），即供人类共同享用的东西，如空气、阳光和海洋等；二是公有物（respublicae），即罗马全体市民共同享有的物，如河川、公路、牧场等；三是公用

---

① 公产和私产的区别是在 19 世纪初年，首先由民法学者在理论上提出来的。参见王名扬《法国行政法》，中国政法大学出版社 1989 年版，第 294 页。

② 20 世纪以后公产理论有很大的发展。人们认为公产的范围不限于自然性质，属于公众使用的财产，也包括行政主体为了公共利益指定作为公用的财产在内。某项财产是否应享受公产的保护，根据它所履行的功能决定，不是根据它的性质决定。此外，公产可以作为公务执行的手段。王名扬：《法国行政法》，中国政法大学出版社 1989 年版，第 294 页。另参见 ［德］汉斯·J.沃尔夫、奥托·巴霍夫、罗尔夫·施托贝夫《行政法》（第二卷），高家伟译，商务印书馆 2002 年版，第 455 页。

物（resuniversitatis），即市府团体的财产，如戏院、斗兽场等。这三类财产都是不可有物。可以发现，罗马法中规定的这三类公共物，除第一类属于全人类共享的共有物之外，后两种公共物的类型至近代基本都落入了大陆法系国家民法中的公产范畴。

对于这些公共物，盖尤斯认为，它们不能被看作任何一个人的财产，而是为某一社会中的所有成员共同享有，尤其对于第一类共有物而言更是如此。古典时期的罗马法学家埃流斯·马尔西安（Aelius Marcianus）在其《法学阶梯》第 3 卷中第一次提出了"一切人共有的物"的概念。① 他认为，这种共有物是一种不可有物，即它不能成为任何私人或者团体所有权的客体。近代民法对于公产最初也采取了与罗马法相似的态度，即认为公产是社会大众共同享有和使用，其上不能设立所有权的财产。在相当长一段时期内，大陆法系国家中通行的观念是，国家对公共物享有的权利本质上是一种管理权，也即国家是公产的管理者而非所有者。尽管这种否定公共所有权的态度未必直接来源于罗马法，但却反映了一种共同的、朴素和直观的所有权观念。即使在 1804 年拿破仑民法典将其纳入到所有权体系中之后，争论也并未停止。回顾这一阶段围绕公共所有权展开的讨论，有助于我们对公共所有权与作为民法典所有权原型的个人主义所有权之间的异同形成更清晰的认识。

一　公共所有权的确立

19 世纪的法学理论中，对公共所有权理论持否定态度的观点占据主导地位。其中一个重要的原因是，当时尚未形成公法人理论，对公共财产的所有通常被解释为一种集体所有或者团体所有形式。这种解释模式导致它与近代民法以个人主义所有权模式为原型确立的法律规范在许多方面都不相符合，甚至形成冲突。团体所有权解释模式成为将国家对公产享有的权利纳入到所有权体系中的一个重大障碍，这一点也反映在《法国民法典》的相关立法过程中。

（一）《法国民法典》关于公共财产所有权的规定

《法国民法典》的制定历时十年有余，中间经过了多个版本、体系安排不尽相同的草案，逐步发展演变才形成了民法典的最终文本。在冈巴塞莱斯（Cambaceres）提出的第一个民法典草案中，对财产的其中一种分类

---

① D. 1, 8, 2, 1："的确，根据自然法，空气、流水、大海及海滨是一切人共有的物。"［意］
桑德罗·斯奇巴尼选编：《物与物权》，范怀俊译，中国政法大学出版社 1993 年版，第 8 页。

是依据其所归属的主体，将财产划分为：国家财产、市镇财产、私人财产以及不属于任何人，但可以成立特别所有权的财产。① 其中，广场、城墙、城市的防御工事、公共道路等属于国家财产；沼泽、土地以及所有权属不明的荒地属于市镇财产。这两者合称为"公共财产"。冈巴塞莱斯的这一划分可以看作对波蒂埃所实现的理论体系的反动，因为当时尚未形成国家法人理论以及相应的市镇法人的理念。而冈巴塞莱斯力图将全部财产归属形式都纳入到所有权的制度框架之中，只能承认集体也可以成为所有权的主体。因此，在冈巴塞莱斯的草案中，公共财产被视为属于国家集体或者市镇集体所有。这就产生了理论上的矛盾：一方面，无论是集体整体还是集体成员都不能够处分集体财产，而财产的处分权恰恰构成了这一草案中所有权定义的最重要内容；另一方面，无论是国家所有权还是市镇所有权都不具有排他性，其客体物必须向不特定的公众开放使用，不能由所有权人独占利用，但是排他性恰恰构成了现代所有权概念结构的典型特征之一。

另一个具有重要意义的草案是由《法国民法典》的起草人之一——波塔利斯（Portalis）所提出的。这一草案之所以重要，是因为几乎所有由这一草案引入的创新，例如将无主物纳入国家所有的财产，明确列举属于公共所有的一系列财产，在这些财产上排除建立私人所有权的可能等，最后都被《法国民法典》所吸收。

同之前的草案一样，《法国民法典》也将财产划分为个人财产、市镇财产和国家财产。但民法典第714条的规定改变了此前的草案所勾勒的整个体系。该条规定："不属于任何人的物件，其使用权属于大众。警察法规规定此等物件使用的方式。"② 该条规定在法典第三编关于所有权的取得方式之中，但其与所有权似乎并无任何关联。该条规定的宗旨和意义都不是十分明确。它既未在民法典制定过程中被讨论，也未在之前的草案中出现过。这就增加了对该条文解释适用的难度。

关于这一条规定的内容，学者至少产生了两个疑问：第一，该条所规定的供大众使用的物是独立于公共财产之外的财产类型，还是仅构成后者的其中一种类型？第二，该条规定这类物上不存在所有权，而依照当时的理论通说，财产就是能够成为所有权客体的物，那么，这一类物是否还属于法律意义上的财产？

---

① 民法典草案第2卷第2章第1条，参见 O. T. Scozzafava, *I beni e le forme giuridiche di appartenenza*, Giuffrè, 1982, p. 242。

② 李浩培等译：《法国民法典》，商务印书馆1979年版。

关于本条所规定的物与公共财产之间的关系，民法典的评注者给出了各种并非完全一致的解答。① 有一部分学者，如劳伦特（Laurent）就将二者视为同一类别；也有另外一些学者，如普鲁东（Proudhon）、扎卡利亚（C. S. Zachariae）、德莫隆伯（Demolombe）等认为第714条规定的物实际上只是指那些使用人共有之物（res communes omnium），如空气、阳光、水等物质。②

然而，对于后一问题，民法典的评注学者并没有给出明确的回答。这主要是因为他们还尚未解决公共财产在整个民法典体系中的地位问题。

如前所述，自波蒂埃的理论学说提出到《法国民法典》的编纂，所有权概念已经被高度抽象化和形式化，将各种财产归属形式都囊括其中。在民法典的评注学者中间也达成了共识，即法律意义上的财产就是能够成为所有权客体的物。但没有任何一个学者将这一理论扩展适用于公共财产。学者在构建法律意义上的财产的一般概念时，力图缩小民法典第714条的作用。

《法国民法典》第538—541条是关于国有财产的规定。其中，对于第539—541条所列举的财产，国家都可以被视为其所有权人，因为这些财产要么与那些可以成为私人所有权客体的财产没有任何区别，如第539条③所规定财产，要么绝对属于国家，如第540条④、第541条⑤的规定。与之不同的是第538条⑥与第542条⑦规定的财产。这两个条文所规定的

---

① 《法国民法典》最初的评注者们主要是文本分析法学派（scuola dell'esegesi）的学者。顾名思义，他们主要从事的是法律文本解释，但这并不意味他们完全忽略体系视角。事实上，在关于公共财产问题的解释上，他们更重视的是从法律传统形成的体系，而不是现行民法典中出现的模式。也正是这些评注者的理论构建使得这一问题获得了全新的面貌。Cfr. O. T. Scozzafava, *I beni e le forme giuridiche di appartenenza*, Giuffrè, 1982, p. 252.

② O. T. Scozzafava, *I beni e le forme giuridiche di appartenenza*, Giuffrè, 1982, p. 259.

③ 《法国民法典》第539条规定："一切无主或无继承人的财产，或继承人放弃继承的财产，均归国家所有。"

④ 《法国民法典》第540条规定："要塞和堡垒的门、壁、壕、垒，亦构成国有财产的一部分。"

⑤ 《法国民法典》第541条规定："现已不作为要塞的地方所有土地、城堡和壁垒亦同；如国家并未将此项财产合法转让，或其所有权未因时效而丧失，仍归国家所有。"

⑥ 《法国民法典》第538条规定："国家管理的道路、巷、市街，可以航行的河道、海岸、海滩、港口、海港、碇泊场以及一般不得私有的法国领土部分，均认为国有财产。"

⑦ 《法国民法典》第542条规定："区、乡公有财产，为一个或数个区、乡居民对该财产的所有权或其出产物有既得权的财产。"

财产，如道路、河道、海岸、海滩、港口等都是用于公共目的，不得转让，也不能由私人通过时效取得的物。民法典规定的所有权的三种主要权能：使用、收益和处分在行政主体对公产的权利关系中都难以保持。基于这些特殊性，评注学者否认在这些物上能够设立所有权。根据当时学者的意见，行政主体对公产没有所有权，只有保管的权利。这是属于保存公产的一种警察权力。① 法国最高法院的一项判决中就曾明确指出，行政主体对公产只享有保护和看管的权利。

而对于市镇财产的性质，评注学者的意见则更为混乱。一些学者认为这些财产不同于国家财产，它们可以成为所有权的客体；另一些学者则认为，只有那些非用于公共目的，并且能够被转让或者原始取得的市镇财产才能够成为所有权的客体。

这样问题就产生了：《法国民法典》将所有权作为唯一的财产归属形式，相应的，法律意义上的财产就是那些能够成为所有权客体的物。那么，如果民法典第538条、第542条规定的公共财产上都不能设立所有权，它们是否能够被视为法律意义上的物？对此，《法国民法典》的评注者没有给出明确的答案。

（二）潘德克顿法学理论的解决方案

公共所有权最初不被承认除了因为法律科学发展的滞后之外，也是囿于当时社会发展状况。在公产只包括一些基于自然属性而被公众使用的物的时代，如海岸、可通航的河流、被开辟而尚未建设的道路等，公产作为独立的实体存在，行政机关只是充当它们保护人的角色。然而，随着公产范围的逐步扩展，当出现了明显受行政决定影响，并且如果没有行政机构的持续介入就不能发挥其作用的物时，例如高速公路、铁路、公共建筑等，行政机构就需要处于一种更加主动的地位，被赋予更多积极的权能，对公共物进行有效的运营管理和维护，而不仅仅是消极地充当保护人的角色。②

此外，否认公共所有权的理论也不能解决实践中产生的问题。例如，谁对公产负维修责任？谁对公产可能引起的损害负赔偿责任？公产可能产生的收益由谁享有？公产在公共使用废除以后，出卖时的价金归谁享有？所有这些问题的解答在法律没有明确规定时，只能够按照公产所有权的理

---

① 王名扬：《法国行政法》，中国政法大学出版社1989年版，第303页。

② ［法］莫里斯·奥里乌：《行政法与公法精要》（上册），龚觅等译，辽海出版社1999年版，第828页。

论来解决。①

　　基于实践中确立公共所有权的实际需求，潘德克顿理论法学在所有权观念转换以及法律制度建构上的成果，最终促成了公共所有权概念和制度的确立，从而与之前《法国民法典》的评注学者的理论区分开来。后者诉诸权能模式定义所有权，自然不可能将国有财产纳入到这一框架之下，因为他们并不能主张国家对这些财产享有绝对的、排他的用益和支配权能。而德国的私法理论最终形成结论，认为所有权就是物上存在的意志力。在这一概念框架下，那种通过概括所有权人的权能来表达所有权的方式就变得没有意义，在法技术层面上也未必正确了。并且，潘德克顿法学从抽象的所有权概念，而不是具体的物出发，从而能够将各种财产归属形式，甚至包括非排他的财产归属形式都囊括进所有权概念框架之中。这一理论不仅得到那些将主观权利界定为意志的支配力的法学家，如温德夏伊德的认同，同样也获得了那些采用不同进路的学者，如托恩（Thon）和耶林等的支持。

　　潘德克顿法学将所有权处理为一种法律关系，体现为物处于主体意思的绝对支配之下，就比较容易在国家对国有财产的支配利用情形中寻找到一种类似关系。而继德国公法学逐渐确立国家法人学说之后，自然能够推导出国家对国有财产也可以产生这种意志力。尽管在这一情形中，国家对其财产仅仅具有依照公共利益进行经营管理的权利，但仍然可以被视为其财产的所有权人。

　　这样，承认了国家对公共财产能够享有所有权，公共财产也就被纳入到所有权客体的范畴之中，成为法律意义上的财产。从而，法律意义上的财产也终于能够与所有权客体画上等号，而不必再有例外规则。《法国民法典》在所有权与财产问题上所面临的体系矛盾也就迎刃而解了。

　　（三）1942 年《意大利民法典》对《法国民法典》体系的超越

　　《意大利民法典》的两个版本曾经先后受到法国法学和德国法学的显著影响。考察《意大利民法典》关于所有权以及财产制度的规定，或许能够更加清楚地看到公共所有权在民法中确立和发展的轨迹。

　　1865 年《意大利民法典》是以《法国民法典》为模板制定的，甚至可以说是《法国民法典》的翻版。在财产归属问题上，《意大利民法典》同样建立了一个封闭的体系，即除了所有权以外，不存在任何其他财产归属形式。

---

① 　王名扬：《法国行政法》，中国政法大学出版社 1989 年版，第 304 页。

1865 年《意大利民法典》第 406 条规定："所有能够成为公共所有权或者私人所有权的物，是动产或者不动产。"该条规定的财产仅限于有体物，但事实上，第 437 条也规定了无体物，即智力财产。尽管该条文规定明确提到了公共所有权，但它仅仅停留在概念的使用上，并未对公有财产做出体系安排。当时的法学理论也未对该条规定的意义予以关注，甚至未涉及对公共所有权结构特征的界定。[①] 对于民法典第 426 条、第 427 条、第 430 条和第 432 条规定的公有且用于公共目的的物，并没有评注学者明确承认在这些物上能够建立所有权，因为它们不能够以排他性的独占方式归属于特定主体。

1865 年《意大利民法典》第 425 条还规定，财产要么属于国家，要么属于省市，要么属于公共机构或者其他法人，或者属于私人。尽管这里未使用"所有权"的表达，而是使用了一般意义上的财产归属概念，但是结合前述第 406 条关于财产定义的规定，似乎仍然可以推论出，在意大利的民事财产法体系中，所有财产都可被看作所有权的客体。因此，意大利在所有权和财产体系的处理上面临着与《法国民法典》相同的问题。

为了解决因此产生的财产体系的问题，意大利法学家普亚蒂主张，法律意义上的财产不仅可以作为所有权的客体，也可以作为权力的客体，以服务于非私人利益的实现。[②] 因此，所有权，甚至是主观权利都只成为确定法律意义上的财产的一个参考因素，而不是唯一标准。这一理论为重新整理依照主观权利对财产进行界定的体系开启了一线希望。但是普亚蒂的这一理论却没有被继续发展。或许是传统理论的影响过于强大，以至于很难冲破其屏障，普亚蒂本人在多年之后也放弃了这一主张，而沿用传统民法理论。

直到 20 世纪初期，意大利开始逐渐接受在德国流行的体系化方法。一些意大利学者，如夏洛亚（Vittorio Scialoja）、戈尔菲（Filomusi Guelfi）都已经是深谙体系化方法的学者。尤其是夏洛亚，他作为潘德克顿法学的忠实拥趸，深受德国法学理论以及规范分析的法技术方法影响，是意大利最早使用高度形式化、抽象化所有权概念的学者之一。他将所有权概念描述为：一物附属于某一主体，在不违反法律规定的前提下，前者完全处于后者的意志支配之下。正是因为他在法技术方法上的优势使得他能够最终

[①] O. T. Scozzafava, *I beni e le forme giuridiche di appartenenza*, Giuffrè, 1982, p. 274, nota 138.

[②] Salvatore Pugliatti, *Strumenti tecnico-giuridici per la tutela dell'interesse pubblico nella proprietà*, in *La proprietà nel nuovo diritto*, Giuffrè, 1964, p. 111.

提出，在用于公共目的的国有财产上，国家对其享有所有权。①

将公共所有权纳入到所有权体系的理论问题解决之后，意大利法还面临另外一个障碍，即法律规范和适用的问题。与法国法类似，在意大利民法中，国有公共财产基本不适用私人所有权的规范，而主要受行政法规制。这构成阻碍公共所有权进入到私法所有权体系中的另外一个重要因素。但是，对于公共所有权的公法规制是否形成了自己独有的特征的问题，不论是持肯定态度还是否定态度的学者都认为，使公共机构对国有财产享有一般意义上的统领支配权，是实现其特定公共目的的最合适的工具。正是在这一点上的共识，使得意大利的学者们在经过长时期争论后，认为可以将公共所有权纳入到所有权范畴，只是应当使用"公共所有权"术语以示与私人所有权相区分。② 之后，意大利 1948 年的宪法采纳了这一主流学说，宪法第 42 条规定："所有权包括公共所有权和私人所有权。"从而将两者都纳入到所有权范畴中，形成了一个统一的财产归属体系。但是，其对国有财产的规范也不再使用"公共所有权"的表述，而是经常以"财产归属"术语替代。③

二　公共所有权的法律属性

虽然国家法人理论的提出以及所有权观念的转换解决了国家作为公产所有权主体的问题，但是，应当如何解释国家所有权与私人所有权在权利内容上的显著差别？一项用于公共目的或者只能属于公共主体的财产，即使被纳入到私法的所有权体系中，也很可能成为与私人所有权财产的规范不相容的一个规范的客体。因此，法学家对所有权制度的重构仅仅实现了概念上的协调，并没有解决所有权或者财产体系内部的龃龉。将法律意义上的财产等同于所有权客体仍然是当时通行的观点。尽管法学家努力重构

---

① 这一理论是在他对卡塔利亚（Catania）上诉法院 1880 年的一项判决的注释中提出的。该案涉及的是一处属于国家所有的历史古迹被从地下发掘出来所引发的争议，即作为私人的土地所有权人能否对该历史古迹原始取得。当时德国公法学家已经提出国家法人理论，区分了作为法人的国家与作为共同体的国家。夏洛亚受这一理论启发，提出国家就是用于公共目的的国有财产的所有权人。

② Zanobini, *Corso di diritto amministrativo*, IV, Milano 1948, p. 8.

③ 例如，1942 年《意大利民法典》第 824 条规定："在第 822 条第 2 款规定的财产类别内的财产，凡属于省或者市镇的，均属于国有公共财产体系。市镇的公墓和集市，同样属于国有公共财产。"第 826 条第 1 款规定："属于国家、省、市镇所有但不属于上述条款规定的公共财产范围内的财产，分别是国有财产、省有财产和市有财产。"

所有权概念，以期使它能够适应新的社会经济发展，但在这一理论前提下存在的问题并没有获得根本性解决。

至 20 世纪，承认行政主体对公产的所有权的观点已经处于支配地位。但仍然不乏持反对意见的学者，如法国的实证主义社会法学家 L. 狄骥和 G. 热兹。他们认为公共所有权的理论是把民法上所有权的观念移转到行政法中。这种移转既无正当理由，也无必要。行政主体对于公产的法律地位，完全可用公共使用概念以及财产目的理论来说明。因为行政主体对公产实际处于这样一种地位，即只有公职人员才能对公产采取行动，并且这种行为必须符合财产的公共使用这个目的。因此，完全可以取消公产所有权这一概念。① 尽管这一理论取消了传统法中的权利观念和法人观念，过于极端而不被接受，却反映了公共所有权即使被纳入到所有权体系中，与传统私法中的所有权概念依然存在根本性的差异。关于公共所有权与私人所有权的差别，试论述如下：

第一，制度目的。公共所有权的目的是实现公共利益或社会目标，服务于公众，或者是为公共机构履行自己的社会职责提供物质保障而建立。私人所有权是排他性的独占的权利。当然，这并不意味着私人所有权不具有社会目的，或者与公共利益无关，关键差别在于，公共利益本身就是公共所有权建立的目的，它在前者中直接被实现，在私人所有权中则是间接被实现的。

第二，在权利主体方面。公共所有权的主体仅限于国家和其他各级公共机构，即公法人。私人所有权则不存在主体上的这一限制。公法人，包括国家也可以成为私人所有权的主体，他们的所有权也可以作为私人所有权形式出现。

第三，权利客体方面。公共所有权的客体外延宽广，并不限于严格意义的私法上的物或者财产。公共所有权的客体不需要有体，也不需要已经产生或者存在，甚至不需要能够被特定化。因此，它可以是任何的有体物或者无体物，既有物或者将来物，单一物或者聚合物。例如，依照《德国民法典》第 93 条的规定，物的重要成分在私法层面上不得为特别权利的客体，但它却可以成为公法上的特殊客体。②

第四，在权利行使方面，公共所有权并不主要体现为行政机关对公共

① 王名扬：《法国行政法》，中国政法大学出版社 1989 年版，第 303 页。
② ［德］汉斯·J. 沃尔夫、奥托·巴霍夫、罗尔夫·施托贝夫：《行政法》（第一卷），高家伟译，商务印书馆 2002 年版，第 471 页。

财产的用益。基于公共财产的性质，它主要是服务于公众。对公共财产的使用可以概括为以下几种主要方式：（1）公共使用，主要是针对环境资源，如沙滩、森林等，公众可以自由使用或者申请使用，但是行政机构可以通过行政法规或者其他行政措施限制或者禁止有害的使用；（2）特别使用，即依照物的通常目的的使用，只是这种使用相对于公共使用的强度更大一些，例如，在公共道路上设立通往私人土地的入口，向公共管道排放废水等；（3）授权使用，即由公共机构通过行政行为特许给私人对公共财产的排他性使用，被授权人依照相关的行政法对该公共财产享有合法利益；（4）私有化。①

另外，尤其是对于国有公共财产或者其他不可处分的公共财产，行政机关既不能随意转让也不能改变其用途。② 因此，行政机关对公共财产的权利更多地体现为一种公共职能，而非私法意义上的所有权。之前有俄罗斯学者甚至将这种公共所有权称为"自由的管理权"，与主权国家意义上的"行政管理权"相对，意指此种权利形式并非自治之所有权，而是国家授权行为产生的结果。③

第五，在权利保护方面，当公共所有权受到侵害时，行政机关除可以适用民法规定的救济方式，还可以直接利用其行政权力来保护公共所有权不受侵害。④ 在这一点上，公共所有权明显不同于私人所有权。

当然，由于各项公产自身性质以及法律规定的不同，公产在受公法制约方面并非体现为铁板一块。如狄冀就曾经指出过，没有一个完全一致的公产制度，只有一个等级不同的梯形结构的公产制度。⑤ 因此，公共所有权与私人所有权的差别在国有公共财产与私人财产上体现得更为明显；在其他公共财产上，这种差异则可能依客体性质而体现出不同强弱程度的差异。但这并不妨碍我们认为，公共所有权与私人所有权在许多方面存在质的差异，并不是所有权的私法规范能够一以概之的。大陆法系国家对公共所有权或者公共财产的规范，都体现出与私人所有权分离的倾向。

法国法明确区分了公产与私产，并形成了专门的公产理论。最初是

---

① C. Massimo Bianca, *Diritto civile*, 6, *La proprietà*, Giuffrè, 1999, p. 111.

② Ibid. , p. 190.

③ 俄罗斯科学院国家与法研究所 Dmitri Dozhdev 教授 2010 年 11 月 2 日在罗马第二大学关于"大陆法系传统与俄罗斯民法典变革"讲座内容。

④ C. Massimo Bianca, *Diritto civile*, 6, *La proprietà*, Giuffrè, 1999, p. 191.

⑤ 王名扬：《法国行政法》，中国政法大学出版社 1989 年版，第 294 页。

1833 年第戎法学院院长普鲁东在其著作《公产论》一书中，对公产理论首次作出系统的说明。他的理论被法国法学界和司法实践所接受并发展。这样，公共所有权就从私人所有权中独立出来。公共所有权虽然也具有财产属性，但它是一种必须依赖国家力量的行政所有权。[①] 在法国现行法中，公产一般受公法的支配，由行政法院管辖；私产一般受私法的支配，由普通法院管辖。因此，基于物权法之私法本性，法国立法和学理上的所有权概念在不加"私"或者"公"的界定时，其隐含的都是"私有财产所有权"。[②]

德国学者奥托·梅耶曾试图将法国的公产制度引入德国行政法，但却未被接受。相反，德国法没有对公产与私产分开规范，而是发展出一种"修正的私有财产权"理论。依据该理论，公产与私产的法律性质相同，在可能的范围内都是私法所有权的客体，原则上适用私法规范。差别仅仅在于，公产在其公共目的限制范围内也受到公法的规范和制约。

尽管各国在公共所有权的法律定位上体现出不同的立法倾向，一些国家更偏重私法调整，另一些国家更偏重公法调整，也有学者认为，公产本身只是一个描述性的概念，不具有法律意义，因为公产与私产的区分具有相对性，如何确定公产的法律属性对于法律实践并没有实际的影响；[③] 但不可否认的是，公共利益是公共所有权制度存在的唯一目的和正当性依据，这一特征决定了在公产上建立的公共所有权与私人所有权在诸多方面是不相符合的。无论将公共所有权定位为公法权力还是私法权利，公共所有权与私人所有权在规范上的差异不可避免。可以想见的是，所有权规范以公共所有权为原型，或者以私人所有权为原型，其各自建立起来的法律规范和所呈现出的整体面貌将是非常不同的。公共所有权融入统一所有权体系的艰难，也反映了大陆法系现代所有权制度的定型化和封闭性，这种封闭性并非因为物权法定这一物权体系的组织原则的限制，而是源于其理论原型——排他性的个人主义所有权结构框架的抵抗。

---

① ［法］莫里斯·奥里乌：《行政法与公法精要》（上册），龚觅等译，辽海出版社 1999 年版，第 845 页。

② 长孙子筱：《法国物权法进展》，2010 年 3 月，http：//article. chinalawinfo. com/Article_ Detail. asp？ ArticleId = 36826。

③ 参见［意大利］詹保罗罗西《用于公共利益的公产和私产》，罗智敏译，2010 年 1 月，http：//www. csdri. org/class_ detail. asp？ infoid = 64。

第二节　集体所有权的私法排除

一　集体所有权的历史总结：从多元形态到私法排除

（一）近代之前的欧洲集体所有权：形态多元

考察欧洲大陆所有权制度的发展史，我们可以看到，最早的所有权形态可能不是私人所有权，而是集体所有权，其最典型的体现就是罗马社会早期存在的氏族土地集体所有权和日耳曼社会中的马尔克公社土地所有权。

英国法学家梅因曾经在他的研究中提到，与罗马法传统留给我们的印象，即个人所有权作为常态，而集团共有的所有权仅为例外不同，早期的财产制度很可能是与家族或者亲族团体权利相联系的共同所有权，而不是个人所有权。① 事实上，在罗马城邦建立之前的漫长历史时期，土地都属于氏族集体所有，由氏族首领代表氏族统一进行经营管理。即使是在氏族通过联盟建立城邦之后，部分土地成为罗马城邦的公有土地，但是大部分土地仍然保留在氏族内部，由氏族成员共同享有和利用。②

继罗马法之后，在欧洲封建制形成时期兴起的日耳曼法体系中，形成了另外一种典型的集体所有权形式——马尔克公社所有权。马尔克是日耳曼人氏族制度解体后，各部族按地域关系形成的农村公社组织。在这种制度下，耕地属于公社集体所有，分配给社员家庭使用；森林、河流、牧场等也属于公社集体所有，由全体社员共同使用。社员家庭对集体土地享有占有、使用和收益的权利，公社对土地的管理和处分应当在民众大会上得到全体社员的同意。各个家庭的这种土地使用、收益权与其家长及家庭成员的公社社员身份有密切联系，只有具备社员身份的人才能享有这种权利。③

总体来看，集体所有权这一术语在大陆法系的欧洲国家中并没有统一的内涵。集体所有权作为一种财产归属方式，在具体形态上具有多元化的特征。从"集体所有"到"放牧权"，从"共同所有"到"地役权"等，

---

① 参见［英］梅因《古代法》，沈景一译，商务印书馆 1959 年版，第 147 页。

② F. Serrao, *Diritto privato, economia e società nella storia di Roma*, 1, Napoli, 2006, p. 285.

③ 参见由嵘《日耳曼法简介》，法律出版社 1987 年版，第 50—51 页。

集体所有权形式的表述也不尽一致。在大陆法系国家的法律语境中，集体所有权这一术语通常主要包含了两种情形：[①] 一种是真正的集体所有，即某项财产归属于某一共同体或者团体；另一种是指集体使用的情形，如生活在某一片土地上的居民对该土地所享有的放牧、伐木和耕种的役权。无论如何，集体所有权在近代前的欧洲大陆中是一个相当普遍的现象，它不仅存在于村庄所有权形式中，同样也存在于大量的中心城镇。集体所有权并不是一个短暂的社会历史现象，即使进入到中世纪后期和近代之前，集体所有权也并非一种仅仅存在于偏远贫穷山区的历史的残余。[②]

（二）近代的欧洲集体所有权：私法排除

然而，到 17 世纪左右，伴随着资本主义的兴起，自由主义政治经济学说、政治国家理论以及个人主义思想日益深入人心，个人主义、所有权与西方社会自由主义之间紧密联系，私人所有权观念占据主导地位，集体所有权则被排除在了这一体系之外。

与当时的时代背景相适应，私人所有权首先在政治和哲学领域被宣扬和讨论，再加上古典自由主义经济学派的推动，在法学领域通过人文法学派、自然法学派以及之后的潘德克吞法学家的理论积累被进一步强化，最终在大陆法系国家近代民法典中被具体确认和规范，成为欧洲大陆法系国家近现代私法中的主导模式。

与作为主观权利的私人所有权相对，集体所有权在当时正统文化笼罩下就被视为一种异端。多数学者或者极力贬低其历史意义，或者将其视为一种落后的原始状态，一种随着人类文明发展必将被超越的形式。[③] 然而，在这样一种几乎是一边倒的观念的时代背景下，社会科学领域仍然浮现了一些关于集体所有权的理论学说。尽管这些学者未必是要主张用集体所有权替代个人所有权，但他们以更加理解和开放的视角来研究集体所有

---

① P. Grossi, *"Un altro modo di possedere"*: *L'emersione di forme alternative di proprietà alla coscienza giuridica postunitaria*, Milano, 1977, p. 375.

② Cfr. Giorgio Politi, *La discontinuità tra il fenomeno comunitario europeo del tardo medioevo e la realtà attuale delle comunità rurali montane*, in *Comunità di villaggio e proprietà collettive in Italia e in Europa*, coordinati da Gian Candido De Martin, Padova, 1990, p. 122. 同时，作者也指出中世纪的集体所有权并非是基于财产的共同管理或者共同利益，而主要是作为社会政治结构的组成部分或反映形式。中世纪的社会组织结构就像一个向下延伸的金字塔结构，但这个金字塔本身是不完整的，有时甚至是间断的，因为金字塔的顶端可能会消失，从而在社会底层部分留下大量空间，因而不得不容忍甚至是促使实现某一土地上底层共同体的自治。

③ P. Grossi, *"Un altro modo di possedere"*, *op. cit.*, p. 38.

权，将其视为所有权制度发展史中的另外一支脉络，或者另外一种可能的归属模式，以冲破西方现行法律文化体系中私人所有权垄断的迷思，恢复所有权或者更宽泛意义上的归属形式本来的历史面目。这也是集体所有权形式的理论和历史问题第一次在西方法律科学领域被提出。①

这场学术论争始于历史法学派在英国的代表人物梅因，并以 19 世纪80 年代中期以法国人文科学院为阵地发生的论战为标志蔓延开来。② 这场讨论的参与者众多，作为领军人物的是法国历史学家库朗日（F. D. Coulanges），以及与之对阵的比利时经济学家纳威莱耶（E. D. Laveleye）。论战集中了当时法国各个领域的一批权威学者，如经济学家博利厄（P. L. Beaulieu）、公法学者奥柯（L. Aucoc）、法律史学者格拉森（E. Glasson）、历史学家杰弗里（A. Geffroy）等。此外，之前对集体所有权形式的一些研究也为这场论战提供了准备性的材料，如德国历史学家毛勒（G. L. Maurer）对中世纪日耳曼社会中的马尔克（Mark）公社农业史和制度史的研究，普鲁士议员豪森（A. V. Haxthausen）对普鲁士和俄国农村大量存在的公社土地的研究，以及美国学者摩尔根（L. H. Morgan）的巨著《古代社会》通过对印第安人的研究考察原始社会政治、家庭、财产观念的发展，揭示了最初土地等重要财产的共有状态。

这场大规模的学术讨论主要围绕人类不同历史时期曾经出现的集体所有权形式以及所有权的原初形式等主题展开。不同领域的学者从不同视角，采用不同方法考证了所有权的最初形式。对原初的财产归属形式的探究之所以成为这场论战的焦点，一个很重要的原因是，在当时的时代背景下，个人所有权被提升至与主体人格和自由相联系的高度，从而被视为一种自然理性和天赋权利。学者们追溯至原始的自然状态考察归属形式的做法旨在印证或者突破此种联系，从而为个人所有权的正当性提供支持或者反对论据。其中，对于反对者而言，质疑私人所有权作为天赋权利的基础在于，在私人所有权兴起之前的相当长时期内，集体所有权一直处于道德伦理上的优势地位，因为它是将财产置于共同体内部，允许集体成员共同参与对资源的利用，而不是像私人所有权那样排除共同体其他成员对物的

---

① P. Grossi, "*Un altro modo di possedere*", *op. cit.* , p. 12. 这场论战兴起的原因，一方面体现为文化因素，即浪漫主义思潮的影响，这一思潮同样也渗入到法学领域中，尤其是对历史法学派的思想产生了深刻的影响；另一方面也有其社会背景，即社会矛盾激化，在欧洲许多国家都爆发了由农民或者工人主导的暴动和各种斗争。

② Cfr. P. Grossi, "*Un altro modo di possedere*", *op. cit.* , p. 13.

利用。在反对者看来，个人所有权的伦理正当性仍然是可以讨论的。因此，只有回溯到原始的自然状态之下，即在任何意识形态或者国家机器介入之前的社会中探寻当时存在的归属形式，才能将之与人的自然属性相联系而获得正当性论证。基于本书的目的，无须也不可能对论战各方的具体观点——评述，但是其中涉及的对历史时代各种集体所有权形式的研究和探讨对于我们今天重新认识这一归属形式仍不乏启示意义。

这一场围绕集体所有权展开的学术论争在半个世纪内很快就结束了，主要是因为在其所处的历史时代，个人主义和自由主义思想席卷并主导了整个欧洲社会。对集体所有权的倡导或者研究在当时必然会面临两个基本的风险：一方面，它可能会损害甚至肢解一个几乎完全排他的建立在个人所有及其政治伦理价值基础上的体系；另一方面，主张集体所有权与个人所有权辩证对立或者多元化的所有权形式，很可能会在一个由罗马法文化主宰长达几个世纪的法律文化体系内部引起分化。① 换言之，集体所有权不可能与私人所有权在同一制度体系内并驾齐驱，又不威胁或侵蚀到后者确立的基础。因此，这场关于集体所有权的论争很快就偃旗息鼓了。

二 集体所有权的内涵：另一种归属模式

一个有趣的现象是，在大陆法系这样一个由私人所有权一元主导的法律文化体系中，集体所有权制度尽管在近代私法体系确立的过程中被排除，② 但集体所有权形式本身从罗马时期一直到我们今天所处的时代都始终存在。欧洲国家虽然很早就确立了以私人所有权为基础的财产制度，但是直到1874年，集体所有权形式在实践中依然呈现出蓬勃生机，并没有为正式制度所抑制或者湮灭。③ 即使集体所有权在现代欧洲大陆似乎渐趋式微，但也仍然显示出相当的韧性和顽强的生命力。这就使我们不禁要

---

① P. Grossi, "*Un altro modo di possedere*", *op. cit.*, p. 14.

② 当然，集体所有权制度在欧洲大陆法系国家的实证法层面被排除作为立法选择的结果，是由更深层的社会政治结构状况的变革和发展所决定的。例如诺斯和托马斯在对诱导性制度变迁理论的研究中就曾指出，西欧土地变革的原因是由于海外贸易使土地的相对价值提高，使得土地的私人占有成为有利可图的制度转换，从而引发了圈地运动。参见［美］道格拉斯·诺斯、罗伯特·托马斯《西方世界的兴起——新经济史》，厉以平等译，华夏出版社1989年版。

③ 梅因的著作中也提到，英国议会1844年对圈地运动展开的一项调查也发现，当时土地的集体共同所有形式仍然是一个相当普遍存在的现象。Cfr. H. S. Maine, *Village-communities in the East and West*, London, 1876, lect. Ⅲ, p. 83.

问，如果集体所有权果真如某些学者所认为的，仅仅是一种原始的财产归属形式，那么为什么它在漫长的历史发展进程中没有完全为私人所有权所取代而消逝，它存续的理由是什么，集体所有权以何为凭？

意大利当代罗马法学者塞劳（F. Serrao）指出，财产归属方式直接受经济结构限制，并与特定社会的各种需求相适应。因此，归属形式也总是随着社会经济状况和文化的改变而变化，而它的形式同时又是法律科学发展和抽象能力以及法律建构水平的反映。① 考察历史上的集体所有权现象可以发现，集体所有权制度关注的重点并非某个人或者某些人对土地的支配地位，主体及其权利在这一制度框架中不是首要被考虑的因素。对集体所有权形式的采用常常受制于特定的经济条件，是由客观经济状况所决定的。有学者提出，如果人的生存极其依赖土地而不是劳动或者交换产生的价值，这种条件下的生存措施自然倾向于保护土地而不是保护个人权利，这反映出人对资源的强烈依赖而不是资源利用对劳动的依赖。② 在这种情形下，就需要通过一定机制将资源保留在团体内部，降低其流动性。集体所有权在劳动依赖于资源的经济结构下也就成为更合适的选择。同时，历史上采用集体所有权形式最典型的就是各种村社共同体，这些村社内部的血缘关系或者亲邻关系也在一定意义上有助于实现资源控制目的。因此，在土地或其他资源的价值高于劳动价值的情形下，采用集体所有权形式显然更有利于社会资源或者财富的保护。

集体所有权与私人所有权具有不同的伦理基础和价值诉求，这决定了两者在法律建构以及规范旨向上的差异，使得它们很难在同一部民法典中和谐相处。除却当时社会经济政治结构的变革以及意识形态等各方面因素的影响，集体所有权与私人所有权所具有的不同伦理基础和价值诉求也成为集体所有权被排除在大陆法系近代民法典的制度框架之外的重要原因。因此，尽管今天我们在法律适用上对集体所有权的调整可以在某些方面参照适用大陆法系民法典中的所有权制度规范，但必须明确的是，二者并非一般规范与特别规范的关系。要对集体所有权进行调整，首先需要抛开传统民法理论关于所有权的一般描述，重新考察集体所有权形式本身，解决集体所有权是什么的问题。

尽管集体所有权具有多元化的实现形式，但总体而言，它们通常都包含了主客观两个方面的构成要素：一是在客观方面，它是对特定的、不可

---

① F. Serrao, *Diritto privato*, *economia e società nella storia di Roma*, 1, Napoli, 2006, p. 273.

② 张静：《村社土地的集体支配问题》，《浙江学刊》2002 年第 2 期。

分的财产的实际占有，体现为将该财产保留给特定的团体享有和支配。该团体的成员身份相对确定但并不完全固定，团体的成员因取得成员的身份而自然享有权利，因丧失成员的身份而自然丧失权利。二是在主观方面，村庄居民依照习惯法或者作为集体成员，对集体财产享有参与共同经营管理和利用的权利。① 其中，客观要素，即归属方式构成了各种集体所有权形式的共性；主观要素，即关于集体财产用益和管理的具体形式等方面，则因具体的法律秩序或者所涉及的具体情形的不同而有所差异。②

从前文对集体所有权功能的分析中可以看出，集体所有权和私人所有权从价值到规范层面都体现出明显的差异。③ 私人所有权制度旨在保障财产的个人支配，集体所有权制度则是为了将特定财产保留在某一团体内部。前者服从于主体的主观意志，主体同时构成了物上权能行使和主观意思的来源，而后者从整体到部分都体现着客观的集体结构，因此禁止成员以任何不符合物通常用途的方式对其进行管理和处分；前者体现为一种主观权利，是主体自身人格在物上的投射，而后者受制于经济条件，是客观情形的直接反映，对于其成员而言更多地意味着义务而非权利。质言之，私人所有权更多的是主体意志的反映，而集体所有权则主要是遵循客体物的客观用途，服务于物的特定功能和目的。因此，集体所有权无论在结构框架还是价值功能方面都是与私人所有权完全异质的制度形式。集体所有权与私人所有权是不同法律思想文化和不同社会政治经济结构的反映。

集体所有权制度在价值层面体现出以下两个方面的典型特征：

第一，客体优先于主体。客体的经济性质、目的以及功能相对于主体的权利被优先考虑。在这一制度结构中，人对物的支配或者财产归属都是

① 之所以将土地的利用也作为集体所有权的一个构成要素，是因为与私人所有权不同，抽象的集体本身不能直接利用土地，必须通过集体成员或者其他形式实现对土地的利用，行使支配集体土地所有权和实现土地所有权的社会功能。因此，对集体财产的利用支配本身也构成了集体所有权制度的一个重要组成部分。

② 例如梅因在对古代集体所有权形式的考察中就发现，在印度的"村落共产体"中，一个印度村落的共同所有人，虽然其财产是混在一起的，但他们有其个别的权利，而且这种权利的分割是完全和无限制地继续着的。在俄罗斯村落中，权利的分割在理论上也是完全的，但只是暂时的。在一定的时期终了后，个别的所有权即告消灭，村落的土地就集中在一起，然后在组成共产体的家族中按照人数重新分配。而在塞尔维亚、克罗西亚以及在奥地利的斯拉窝尼亚，共有财产的内容是不能分割的，全部土地由所有村民的联合劳动耕种，农产物每年在各家村民中分配一次，有时按照各家假定的需要，有时按照规定而以一定份额的用益权给予个别的人。参见〔英〕梅因《古代法》，沈景一译，商务印书馆1959年版，第151—152页。

③ P. Grossi, "*Un altro modo di possedere*", *op. cit.*, p. 376.

次要因素，处于核心地位的是共同体财产的目的及其共同保护，保障共同体财产首先用于共同劳动，服务于团体的共同利益。因此，这一制度关注得更多的不是所有权人对物的支配权利，甚至也主要不是财产的归属问题，而是财产自身的目的功能。质言之，集体所有权制度就是为特定财产设立的，旨在实现其社会经济功能的法律制度。① 因此，共同体财产在集体所有权框架中处于核心地位。集体所有权的这一功能和目的也决定了它通常不能分割为个人所有权，不具有可转让性，并且不能改变作为其客体的共同体财产的目的。

第二，集体优先于个体。集体作为一个整体在集体所有权制度框架中被置于首位，个人仅仅是隶属于整体的一部分。集体所有权制度的旨向就是使对特定财产的享有和支配权利服务于特定团体的共同利益，使成员资格不固定的团体以团体的名义享有对该财产的所有权。其中，团体的共同利益不仅包括团体既有成员的利益，还包括未来的潜在成员的利益。在集体所有权的制度框架下，集体成员的个体利益必须服从于共同体整体的利益实现。

此外，集体所有权是在特定社会经济结构下，为保障实现特定共同体财产目的的制度选择。因此，集体所有权很少表现为主体的一种主观权利，而是一个涵盖了权利、义务和负担的综合性制度。对于成员个体而言，其所承担的义务优先于其所享有的物权。②

正是基于集体所有权的这些特性，意大利当代罗马法学家诺曼罗（Salvatore Romano）指出，集体所有权并没有直接赋予其归属任何权能内容，而主要是一种功能性的概念。③ 与作为主观权利的私人所有权强调个人对物的完全的、排他的支配权能不同，集体所有权是对保留在集体内部的财产的集体享有和支配，其实质的、特别的功能是通过对物的有条件地使用以保障集体成员的生存，因而在价值层面将客体置于主体之前。④

另一位批判法律史学派的代表人物意大利学者格罗斯（Paolo Grossi）进一步指出，相对于作为罗马法文化和传统体现的"归属所有权"，集体

---

① G. C. D. Martin, *La riscoperta e la attuale rilevanza delle comunità di villaggio*, in *Comunità di villaggio e proprietà collettive in Italia e in Europa*, coordinati da id., Padova, 1990, p. 8.

② P. Grossi, "*Un altro modo di possedere*", *op. cit.*, p. 38.

③ S. Romano, *Sulla nozione di proprietà*, in *Istituto di diritto agrario internazionale e comparato*, Milano, 1962, Vol. Ⅱ, p. 641.

④ P. Grossi, *La proprietà e le proprietà*, *op. cit.*, p. 364.

所有权应当被视为一种"功能所有权"："集体所有权并不是一个特定的概念，而是一种表达，其基本的、一般的意义是指一个相当宽泛的团体的所有权；它只是一个与个人所有权逻辑的、历史的相对的，并且具有与之完全相反的价值的（表达）：集体优位，个体及其目的都服从于集体；客体优先于主体，由此决定物的经济性质、目的和功能都处于优先地位；在主体范畴内，对于集体成员而言，义务优先于其享有的权能以及各种物权。

相对于带有罗马法文化印记的'归属所有权'，与之并列的（集体所有权）是一种'功能所有权'，它使得超越历史而构思和建构的法律制度——*dominium*（罗马法上的绝对的、私人所有权模式——引者注）这样一种过于绝对的概念陷入危机。"①

质言之，如果把私人所有权看作一个原子式的点，体现为一种主观权利，那么集体所有权就是一个筐，是权利、义务和负担的综合体。集体所有权以共同体财产为核心，是为实现该财产的目的而将其归属于特定团体的功能性制度。这决定了在集体所有权制度架构中客体财产始终处于第一位，主体享有的权能受到客体物的客观功能及其客观结构的限制。因此，集体所有权虽然被冠以"所有权"之名，权利要素在其中并未凸显。私人所有权制度中的两个重要因素：主体对客体的支配权以及确定的财产归属，在集体所有权中则是附带和次要的，是为实现和保障共同体财产目的而衍生的副产品。

三　集体所有权的法律建构：日耳曼法与罗马法路径

尽管集体所有权最初因为与私人所有权的旨趣背道而驰而被排除在大陆法系所有权的体系框架之外，但是进入 20 世纪后期，随着社会结构形态的日益复杂化以及新的财产形式的大量涌现，学者也开始反思私人所有权模式的不足。欧洲社会对于集体所有权的态度，无论是法律理论上还是在实践中都从最初的完全排斥开始转向重新评价这一模式，② 肯定其在特定条件下的积极社会功能，更加务实地思考如何将集体内部的习惯法与国

---

① P. Grossi, "*Un altro modo di possedere*", *op. cit.*, pp. 38—39.

② 自由主义学者开始抛弃在公共财产以及自然资源等客体上的传统观点，重新思考源于自由主义思想，符合个体意愿和偏好的所有权制度，为其设计新的规则方案，以为集体或者公共意思留出空间。Cfr. C. Lottieri, *Individuo e proprietà*: *pilastri della civiltà occidentale*, Torino, 2003, 13. G. C. D. Martin, *La riscoperta e la attuale rilevanza delle comunità di villaggio*, *op. cit.*, p. 9.

家的实证法相衔接，将其纳入现行法律体系之中，以及如何通过国家干预引导这一模式的持续发展，以适应现代社会经济发展的需求。

　　然而，集体所有权在法律技术层面上的模糊性不可能通过诉诸私人所有权规范获得解决，这对于以大陆法系法律传统为知识背景的法学家们构成了一个解释和规范上的难题。他们设想了不同的法律形式，从集体共有到对集体牧地的地役权等，但从未达成共识。在这一点上，回顾19世纪下半叶学者们围绕集体所有权的法律建构所作的研究和探索是有意义的。

　　欧洲学者对集体所有权法律建构的尝试总体上可以划分为两条路径：日耳曼法路径与罗马法路径。日耳曼法路径是跳到现行法律体系框架之外，将集体所有权作为一种独立的归属模式，重新分析和确立其制度结构；罗马法路径则是在以罗马法传统为基础的大陆法系所有权制度体系内部，对集体所有权进行解释和改造，将其纳入既有的法律制度体系之中。

　　采取前一条路径的学者基于集体所有权的特殊性，将其与日耳曼法传统相联系，其中尤以基尔克围绕共同体架构及其在技术层面上的发现最为引人注目。他认为，集体所有权是一种联合所有权，因为它存在于集体人格中。这一权利的主体同时既是一个统一体，又是多个个体。因此，集体所有权处于集体总体与多个个体的交汇处。这样，集体所有权的部分权能依附于集体的整体人格，而另一部分权能，尤其是用益权能则在各个成员个体之间被划分，分属每个具体成员。在集体所有权的权利结构中，这两个方面的构成要素是有机联系在一起的。① 然而，基尔克对集体所有权关系的划分被认为过于矫作。同样是日耳曼法学派的学者，如赫斯勒（Heusler）、斯多伯（Stobbe）等都对此持批评观点，认为同一个团体不可能同时既是整体又是个体；同样，同一个权利不可能在一些方面属于整体，而在另一些方面却属于个体。② 尽管存在这些批评的声音，基尔克的理论仍然对之后的研究产生了重要的影响。

　　意大利法学家格尔菲（Filomusi Guelfi）受基尔克的理论启发，意识到所有权并不必然像罗马法所预设的那样，是一种绝对的统治支配关系。所有权可能与伦理维度完全无关，而成为一种单纯的经济关系，在特定情形中还可能包含对物的利用机制。这样，用益本身也构成了识别所有权的一个要素。由此得出的一个重要的结论是：所有权的绝对性或者排他性仅仅在从特定前提出发建立的体系内部是毋庸置疑的，一旦跳出这一框架，

---

① F. Ferrara, *Concetto e tipi dè diritti reali*, in *Scritti giuridici*, Ⅱ, Giuffrè, 1954, p. 445.

② F. Ferrara, *Concetto e tipi dè diritti reali*, *op. cit.*, p. 446.

这些特征或者价值就并非当然。在基尔克之后，格尔菲及其学派主张，集体所有权是集体整体与其众多成员之间基于用益形成的分割所有权。成员的权利具体体现为从属于所有权的部分权利，因此也属于物权。[1] 但最终因为其理论前提与大陆法系民法传统完全相反，他们的学说没有为立法者接受。

有鉴于此，考虑到与既有法律制度体系的融合，对集体所有权的理论构建只能依循后一条路径，即依照罗马法传统对其进行解释和改造。如前所述，大陆法系所有权制度以单个原子式的私人所有权为原型，而集体所有权涉及的则是单一客体与多元主体之间的归属关系。在大陆法系所有权制度体系内部，涉及多元主体的归属关系的制度主要有两个：共有和法人所有权。因此，要将集体所有权纳入传统大陆法系所有权制度体系中，只能将其解释为共有情形，或者作为法人所有权处理。

在 19 世纪关于集体所有权的那场学术论争中，法国历史学家甫斯特尔·德·库朗日为了论证私人所有权的正当性，将历史上存在的集体所有权形式都归结为共有或者是家庭所有。但是，集体所有权显然不同于罗马法上的共有。共有虽然涉及的也是单一客体与多个主体之间归属关系的情形，但是一般而言，无论是共同共有还是按份共有都可以采用份额说进行解释，从而获得与个人主义所有权结构的同质性。也就是说，在共有情形中，权利人对客体物的一定份额享有绝对的支配权，共有人可以实际或者潜在地转变为客体物某一部分的所有权人。而集体所有权体现的则是一种更复杂的情形。其中，客体物是独立于个体存在的，集体和个人之间具有一种不可分的密切关系，并不能简化为一种纯粹的财产关系。[2] 因为对物的享有并不以服务于成员个人为目的，而是服务于集体整体利益甚至包含集体未来潜在成员的利益。这一目的决定了集体财产利用的内容和方式，不能随意改变物的用途。换言之，集体所有权的本质可以界定为"服务于集体共同使用收益的不可分的共有"[3]。在这一意义上，集体所有权是建立在特定资源或财产的客观需求基础上、超越个体的一种财产制度安排。

意大利罗马法学者韦奈兹亚（Giacomo Venezian）则将集体所有权与本国现行法律体系做了协调化处理。他提出将集体所有权和使用权的复杂

---

① F. Guelfi, *Diritti reali*, 1888 – 1889, pp. 124 – 125.

② P. Grossi, "*Un altro modo di possedere*", op. cit., p. 385.

③ F. Ferrara, *Concetto e tipi dè diritti reali*, op. cit., p. 446.

情形简化为一个整体的所有权，即法人所有权，集体成员的权利则被界定为人身性权利。① "在法人独立和分割的所有权范畴内部，个体所享有的权利不具有物权性质，对集体财产不具有直接支配权，集体承担依照其本来用途保存标的物的义务。"② 依据韦奈兹亚的观点，这可能是既维持集体所有权本来的特征，同时又不使其被拒之于现行法律体系之外的一条合适道路。集体所有权意味着作为客体物的财产并非服从于个人变动的意志，而是指向特定目的；意味着一个不可分且不可由私人转让的结构，因为它也服务于团体现有成员以外的那些人。

　　韦奈兹亚的方案很好地实现了集体所有权与大陆法系所有权制度的对接，因此也成为现代西欧国家如意大利，以及拉美一些国家如墨西哥等国普遍采用的模式。但是，集体所有权本身并不等同于法人所有权，它必须经过改造才能被纳入到后者的范畴之中。因为在集体所有权中，集体作为一个整体与其成员并非能够截然分离，即不存在一个法律上承认的独立于成员个体的单一主体。集体成员对其占有使用的集体财产享有直接的支配权利，而不是像公司或者其他社团所有权那样——成员隐藏在团体之后，仅仅通过代表机构行使对集体财产的权利，二者彼此独立并截然分离，个人不能直接支配、利用团体的财产。此外，集体成员更多地享有的是一种身份性权利，这也与法人制度形成了完全相反的结构：在法人的结构中，成员资格的取得往往以财产的加入为前提；而在集体所有权制度结构中，自然人是先取得成员的身份而自然享有财产权利。③

第三节　其他具有多个主体的所有权形式的解释归并

　　大陆法系国家民法典中关于多个主体对物的财产归属利用关系的处理，主要采用的法律模式有：第一种方式是他物权制度。这是大陆法系国家民法典传统的，也是最常采用的法律形式，因为它作为一种在多个主体

---

① 韦奈兹亚也提到他的写作受到当时意大利立法趋势的影响。关于这一问题，其中涉及三项重要的立法活动：1894 年议会通过了关于非教会管辖省区的集体所有权制度的法案，1893 年关于南方国有财产的法律草案被呈递给上议院，1894 年参议院将关于农业合作的提案纳入议事日程。所有这些法案都出现了将集体所有权简化为法人所有权的趋势。Cfr. , P. Grossi, "Un altro modo di possedere", op. cit. , p. 389.

② G. Venezian, Dell'usufrutto, dell'uso e dell'abitazione, Napoli, 1895, pp. 184 - 185.

③ 孙宪忠：《中国物权法总论》，法律出版社 2003 年版，第 56 页。

之间有效分配对物的利用的机制，很好地实现了与个人主义所有权模式的衔接。第二种方式是将多个单个的个体组织起来形成一个统一的整体，使后者成为所有权唯一的主体，如法人所有权。这种组织的内部关系相对于个人所有权更为复杂，但在外部效果上与后者则几乎无异。因此，这可以看作是一种法律拟制手段，它能够模拟个人主义的所有权模式，类推适用其规则来处理更为复杂的财产归属情形。第三种方式是将物归属于多个主体，这些单个的主体并不形成一个独立的所有权人，而是平等地将财产归属于每一个主体，如共有。第四种方式是赋予物上的多个主体不同且并行的权利，如相对所有权。即每个主体都只对物享有特定的权利，可以看作是从功能角度对所有权内容的分解。[①] 上述四种方式并不是都能够与个人主义的所有权模式衔接无碍，尤其是最后两种方式，共有以及相对所有权与个人主义的、排他的绝对所有权模式以及一物一权原则是完全背道而驰的，要将它们纳入同一所有权体系中，而不产生观念和体系上的扞格可谓是难乎其难。此外，上述法律技术通过不同的组合方式还可以形成更多的财产归属和利用形式。例如，晚近产生并流行的分时所有权制度也形成了对现代所有权模式的一种突破。本书在这里仅对大陆法系国家中存在的几种典型所有权形式作简略考察。

一　共有

共有是指标的物由多个主体共同所有，各个主体对该物共同或者依照份额享有权利和承担义务的所有权形式。共有的类型复杂多样，不仅包括传统的共同共有和按份共有，还包括新产生的建筑物区分所有、准共有等类型。

共有起源于原始公社逐渐解体中形成的家庭和家族的财产共有。有学者认为，它是与私有财产所有权相伴而生的财产权利。[②] 然而，在大陆法系现代所有权模式确立之后，共有就一直处于一个相对尴尬的地位。现代所有权模式是排他性的归属权利，而共有以及其他任何没有赋予私人排他的享有物的情形都因缺乏排他性，而被视为与所有权不相容的、异质的法律关系。例如，《德国民法典》就将共有规定在第二编"债务关系法"中，将其视为是一种对财产所有权的约定法律关系。在其他大陆法系国

---

① A. Gambaro, *Proprietà in diritto comparato*, voce in *Digesto delle discipline privatistiche*, *Sezione civile*, vol. XV, Torino, 1997, p. 520.

② 杨立新：《共有权理论与适用》，法律出版社 2007 年版，第 18 页。

家，为了将这一归属形式纳入到所有权体系之中，学者们提出了各种学说以期能够克服理论上的障碍，实现体系的圆满。

在《法国民法典》制定之前，波蒂埃为了将所有的财产归属形式都纳入所有权的概念框架之下，试图克服这些非私人排他所有的财产归属形式与所有权的排他性之间的矛盾，只好承认无体物，例如纯粹观念上的份额、权利等都可以成为所有权客体。他指出，共有"并不是多个人同时对同一物的整体享有所有权"，而是"他们共有该物，每人享有一部分"。① 依循这一理论，共有人对物的权利就被理解为每个共有人对物的特定份额享有的所有权。之后，拿破仑民法典秉持其革命精神，对任何共有的财产形式持敌对态度，既不承认共有，也不承认共有财产的状态，仅仅从实用角度考虑各共有人的个人权利。②

也有学者从不同的角度解释共有与所有权的关系。如意大利法学家夏洛亚就反对共有人是对物的份额享有所有权的观点，而主张其是同一个物上多个所有权竞合的法律关系，从而将共有与所有权等同。1942年的《意大利民法典》关于共有的规定也在一定程度上体现了夏洛亚在这一问题上的主张。《意大利民法典》并未明确提出每一个共有人对其份额享有充分的所有权，而仅仅在共有物分割的情形才诉诸物的份额这一概念。③

还有学者放弃了这种调和路线，直接否认共有可以作为所有权的一种类型被纳入到后者的范畴之中。如意大利学者曼恩提（Manenti）更精细地将共有区分为两个方面：一方面是共有人整体与第三人的外部关系；另一方面是共有人之间的内部关系。他认为，前者可以被划归为所有权概念，后者则不可。另一位学者帕若茨（Perozzi）则对此持更强烈的批判态度，认为共有与所有权概念之间实质上是不相符合的，主张前者是一个独立的物权类型。

无论如何，关于共有权的客体究竟是每个共有人的应有份额还是共有物整体，即共有本质上究竟是对物的份额享有的所有权，还是同一个物上多个所有权的竞合，这一争论时至今日已经基本上偃旗息鼓。多数学者认

---

① Pothier, *Traité du droit de domaine de propriété*, p. 145, 转引自 O. T. Scozzafava, *I beni e le forme giuridiche di appartenenza*, Giuffrè, 1982, p. 226.

② 尹田：《法国物权法》，法律出版社1998年版，第265页。

③ 为避免旧民法典过于倾向共有人个人利益的弊端，新民法典修正了其规定，以使个人利益隶属于共有人的总体利益。Cfr. O. T. Scozzafava, *I beni e le forme giuridiche di appartenenza*, Giuffrè, 1982, p. 355, nota 298.

为对于共有的法律属性的讨论仅仅涉及理论之争，这种认识分歧对于具体法律案件的解决并不产生影响。因此，当代的学者们更多关注的是对于共有法律关系的具体调整。然而，在具体规范层面，以私人所有权为原型的大陆法系所有权制度对于共有法律关系的调整之不足也是显而易见的。

共有的主体由两个或者两个以上的自然人、法人或者其他组织构成。相对于单独所有权，共有同时涉及"对内关系"和"对外关系"两种关系，其权利义务关系更为复杂。共有除了具有所有权法律关系的基本属性以外，即包含共有人与共有人之外的其他任何人之间的财产所有关系以外，还涉及共有人之间的内部权利义务关系。事实上，所有权的一般规则仅仅能够部分地适用于共有的外部法律关系，而对共有内部法律关系的调整则完全没有涉及。因此，我们也可以看到，今天大陆法系国家基于不同的立法思想指导和不同的价值选择，对于共有的内部法律关系的调整有时候甚至形成了截然不同的法律规范。

例如，在调整共有物的管理方面，多数大陆法系国家都确立了共同管理的原则，并且大多根据所涉及的具体事项区分了普通管理行为和重要管理行为，即对于符合共有物性质的通常的管理和使用，或者对共有物的简单修缮行为，可以由按照财产份额计算出的、半数以上的共有人做出决议，采取"多数决"规则，如《瑞士民法典》第 647 条、《德国民法典》第 745 条第 1 项、《意大利民法典》第 1105 条第 2 款等都做了类似的规定。然而，对于重要管理行为的决议规则，各国立法则有所不同，有的采取"绝对多数决"规则，如《意大利民法典》第 1108 条第 1 款规定："所有涉及改进共有物，或者为更方便地享用共有物，或者为使共有物产生收益而做出的改造决议须以占共有财产 2/3 份额的多数共有人通过"；有的则采用了要求全体共有人一致同意的"一致决"规则，如《德国民法典》第 745 条第 3 项规定："不得就标的的本质的变更做出决议或者提出请求。非经各共享人同意，不得侵害该共享人对与其份额相当的用益的应有部分的权利。"

这种关于共有物管理规则的迥异事实上隐含了不同国家立法者在调整共有关系时的不同价值选择：前者是团体主义立场，倾向效率优先，注重实现对共有物的有效利用；后者采用个体主义立场，优先保护每个共有人的个体权利。当然，各国立法者在选取某一立场时，必然也都会考虑到对相对一方利益的平衡，如《意大利民法典》虽然规定对重要管理行为采取 2/3 的绝对多数决规则，优先考虑物的价值的实现和利用，但是它紧接着在第 1108 条第 1 款最后一句规定了对单个共有人利益的保护："……但是，这一改造不得损害其他共有人的权利并且不得造成过重的费用负担"，以兼顾和保障少数共有人的个体利益。我国 2007 年颁布的《物权法》对共有物的利用和管理的规定采用了与大陆法系多数国家一致的做法，即区分普通管理行为和重要管理行为，或者说是区分保存行为与改良行为，对这两类行为分别规定了不同的决议规则。《物权法》第 97 条规定："处分共有的不动产或者动产以及对共有的不动产或者动产作重大修缮的，应当经占份额三分之二以上的按份共有人或者全体共同共有人同意，但共有人之间另有约定的除外。"可以看出，《物权法》对共有物管理和处分的相关规定总体上也是倾向于效率优先，更注重实现对共有物的有效利用。但是，《物权法》没有为持不同立场的共有人规定权益保障条款，忽视了少数共有人个体利益的保护，应当考虑在制度设计上加入相应的保障机制。无论如何，各国立法者在共有法律关系调整上的价值立场选择，是其在规范个人主义所有权模式时不曾面临的新的课题。

二　信托所有权

如果说共有制度仍然是处在大陆法系所有权制度框架内的典型形态，那么信托所有权则可以说更多的是一个外来物。尽管早在罗马法上就已经存在信托制度，但是为大陆法系国家现代民法所接受的信托所有权制度规则主要是来源于英美法系的相关制度。罗马法承认三种形式的信托：以管理财产为目的的"管理信托"；以担保债务履行为目的的"担保信托"；以转让财产为目的的"转给信托"。[①] 不论是基于何种目的设立的信托，罗马法信托的设立人都将信托物的所有权转让给受托人，后者负有为指定人的利益保管财产并将其返还给特定人的义务。因此，罗马法信托关系中不存在所有权的权能分割，仍然维持了所有权的统一性。在信托设立过程中，信托物的所有权必须从一人手中转到他人手中，不会在不同主体之间进行分割。

与罗马法信托不同，英美法系的信托制度是将受托人的"自有财产"和"信托财产"相分离。对于后者，受托人仅仅是其名义所有权人。一般认为，源于英美法系财产权制度的信托所有权是指，受托人为信托人的利益而管理和处分信托财产的法律关系。在信托关系持续期间，受托人为信托人的利益可以对信托财产享有全部财产法上的权利。但是受托人对信托财产所享有的此种权利并非完全不受限制。首先，信托人将财产委托给

---

① 李世刚：《论〈法国民法典〉对罗马法信托概念的引入》，《中国社会科学》2009 年第 4 期。

受托人管理是为了实现特定的目的。因此，受托人对财产享有的权利必须在与该目的相符合的范围内被行使。其次，受托人对信托财产享有的完全的权利是有期限的，它仅在信托关系存续期间内存在。在信托关系结束后，受托人必须将信托财产重新转移给信托人或者特定第三人。而在信托关系存续期间，信托人或者其指定的第三人可以获得物的收益，类似于所有权人取得其物的孳息。因此，在德国，法学家将信托人与受托人的权利都称为"相对所有权"，其中，受托人享有名义上的法律所有权，对外行使信托财产的一切权利；信托人的权利则被称为经济所有权，因为他是实际的利益获得者。① 再如，《阿根廷民法典》则将其归入"不完全的所有权"类别中，因为受托人对信托财产享有的所有权是可以被撤销的。②

　　有学者通过研究认为，源于英美法系的信托所有权之所以难以融入大陆法系物权体系之中，主要是源于这一制度具有的两大特性：第一，信托所有权以地产权为基础，具有地产权的特性，在同一物上可以同时并存多个所有权；第二，信托所有权的创设基于合意，具有与债权密不可分的交叉特性。第一个特性导致了信托财产上同时存在"双重所有权"，从而与大陆法系一元的绝对所有权模式发生冲突，而第二个特性则更进一步加剧了这一冲突。③ 尽管源自英美法系的信托财产关系产生的双重所有权现象与大陆法系所有权的一物一权原则发生了冲突，因而在大陆法系制度框架下与一元所有权制度尚存在许多需要理论解释和衔接的地方，但是基于这一制度在财产的经营管理和债务履行的担保方面所发挥的积极功能，④ 尤其是在世界经济一体化和市场全球化背景之下，贸易往来的频繁也带来或者加剧了不同法律体系以及国内制度之间的竞争，英美法信托制度在国际市场的活跃对欧陆法系国家的相关领域形成冲击，也使得大陆法系国家不得不引入并且承认信托所有权制度，以能够在全球化市场中与英美法系制度竞争。⑤ 典型的例子如法国于 2007 年颁布了《关于建立信托制度的法律》，正式确立信托制度。据此，《法国民法典》第 3 卷中增设"信托"编，对信托法律关系进行专门规范。此外，大陆法系其他一些国家也在差

---

① 孙宪忠：《德国当代物权法》，法律出版社 1997 年版，第 182 页。

② 《阿根廷民法典》第 2661 条规定："独自一人对其自己的动产或不动产享有的可被撤销的物权或信托物权，或者完全所有权人仅仅转让物的从属所有权从而有所保留的物权，为'不完全的所有权'"。译文引自徐涤宇译《阿根廷共和国民法典》，法律出版社 2007 年版。

③ 李培峰：《英美信托财产权难以融入大陆法物权体系的根源》，《环球法律评论》第 5 期。

④ 尹田：《法国民法上的托管财产所有权》，《中央政法管理干部学院学报》1997 年第 6 期。

⑤ 李世刚：《论〈法国民法典〉对罗马法信托概念的引入》，《中国社会科学》2009 年第 4 期。

不多同时期分别通过判例的形式（如德国），或者立法的形式（如意大利）确立了源于英美法系的信托所有权制度，适用专门法律进行规范，允许它作为一种例外模式存在于大陆法系的所有权制度体系框架之下。

三　分时度假所有权

分时度假所有权是西方国家晚近以来兴起的一种不动产的归属利用形式。它是指一栋房屋由多个主体共同所有，每个所有权人在每年的固定期间内对该房屋享有使用权。[1]

分时度假所有权制度最初是为度假目的需要，由多个主体共同投资，取得对一个度假寓所的所有权，而每个所有权人对其获得一段固定时间的使用可能，如每年三个月等。这样，通过时间分配方式一方面可以让更多的人参与到对物的利用，实现资源的有效分配和利用；另一方面也有利于成本的节约，使用人可以比较经济地获得对度假寓所的使用。法学理论通常是将为分时度假所有权作为共有的一种特殊形式，但它并不完全符合传统的共有制度的特征。在分时度假所有权中，各个所有权人预先确定每年使用房屋的时间，并且该时间段不可更改。这种对物的轮流使用方式在一般共有中只是一种偶然要素，而在分时度假所有权制度中却是作为实质要素存在的。因此，将分时度假所有权定位为共有的理论也并非不存在争议。有些学者认为它是一种非典型物权，另一些学者认为它是一种有期限的所有权，还有更复杂的理论认为它是多个所有权的竞合，其中，每个所有权的客体是依照时空维度具体确定的，这样，每个所有权依照客体标准来看都仍然是排他的。[2]

分时度假所有权这种财产归属利用形式最初是企业家的创新，并在欧洲许多国家流行开来。而多数国家都没有相关法律对其进行规范以明晰所有权人的权利义务。因此，1994 年欧盟专门颁布了一项指令对分时度假所有权进行规范。但该指令回避了对分时度假所有权的法律性质的确定，而是确认该指令可以一般地适用于取得了对物的分时段使用权的情形，包括物权和其他权利。

当然，即使是在大陆法系国家中，物的所有权由多个主体共同享有或者在他们之间进行分割的情形并不仅限于上文所考察的这三种形式，还包括诸如让与担保、所有权保留的买卖、法人所有权、居住权与所有权的分

---

[1]　C. Massimo Bianca, *Diritto civile*, 6, *La proprietà*, Giuffrè, 1999, p. 529.

[2]　Ibid. , p. 530.

离等情形。鉴于这些权利形式与前文考察的三种所有权形式在法律规范以及技术处理上或多或少具有相似性，因此，这里就不再对这些权利形式一一做具体考察和分析。

总体而言，通过前面的考察可以看到，对物上涉及多个权利主体的财产归属利用情形，大陆法系近代民法分别采取了三种处理方式：一种是对其经过法技术层面的改造之后，纳入到现代所有权体系之中，用所有权的制度原理对其进行规范，如公共所有权和共有；另一种是将其作为现代所有权的例外形式存在，即承认其与现代所有权观念结构的不相符合，但是因实践需要而允许其作为例外情形存在，采用特别法单独规范，如信托所有权和分时度假所有权；最后一种方案则是将其直接排除在现代所有权制度体系之外，如集体所有权形式。

物上存在多个主体的所有权形式融入统一所有权体系的艰难，恰恰反映了大陆法系现代所有权制度存在其理论原型——排他性的个人主义所有权。如前所述，大陆法系现代所有权模式是一种被简单化了的法律形式，即它只考虑单个的人与单个的物之间的归属利用关系。因为近代民法从主体视角出发，并与个人主义思想结合，强调一元主体对物的绝对支配地位，不允许这一权利在多个主体之间分配，由此形成了现代所有权的排他性特征，即将财产排他地归属于特定主体，不允许在同一物的整体上同时存在两个或以上的所有权人。

然而，理论总是灰色的，社会生活实践则无限丰富。实践中的财产归属利用关系从来不限于单个的、孤立的支配利用关系。因此，法学理论必须努力去为其寻找适当的法律制度模式进行调整。进入 20 世纪后期，随着社会结构形态的日益复杂化以及新的财产形式的出现，学者也开始反思私人所有权模式的不足。过去常常认为私人所有权是自由主义思想的反映，但扩大了所有权人的自由，也同样大大限缩了非所有权人的自由，排除了他人对于财产的有效利用。[1] 因此，自由主义学者开始抛弃在公共财产以及自然资源等客体上的传统观点，重新思考源于自由主义思想，符合个体意愿和偏好的所有权制度，为其设计新的规则方案，以为团体或者公共意思留出空间。

---

① M. Barberis, *Libertà*, Ⅱ Mulino, Bologna, 1999, P.127.

第四章 所有权模式的当代发展：物的视角重新引入

从主体视角出发的现代所有权制度在当代遭遇危机，面临解体的风险。此种危机的来源首先是来自客体——物的嬗变。这一方面是因为，伴随社会经济的发展，财富形式骤然增长，突破了农业社会中以有体物，尤其是土地为主要社会财富形式的财产格局。财产的动产化、价值化、无体化成为财富演变的主要趋势。财产形式的丰富也带来利用层次与形式的多元化，客观上要求打破所有权的封闭利用结构。另一方面是因为，所有权的客体——物的社会功能被强调，尤其是生产资料性的财产基于其社会重要性，其所涉及的利益已经远远溢出所有权人的控制之外，影响到社会公共利益。这两个方面的因素都对从主体视角出发建构的所有权制度框架形成了冲击。物在作为主观权利的所有权结构中的地位开始上升，并有冲破这一框架结构之势。这一趋势也使得法律规范将关注的重心重新从主体转向客体，依照客体物的形式和性质确定其上的归属模式以及权利内容。

因应社会财产形式这两个方面的发展趋势，所有权观念也经历了一些重要的转变，这尤其体现在两个方面：第一，从强调静态的财产享有转向重视对物的动态利用，形成所有权的观念化与价值化趋势；第二，从绝对的主观权利到所有权作为一种社会功能观念的转向。

第一节 所有权观念从近代到现代的转变

一 从静态归属到动态利用

《法国民法典》反映的是农业时代的社会经济特征。土地体现为最重要的社会资源，与社会政治经济制度和权力相联系。因此，民法典中的所有权制度也是以土地所有权作为原型确立起来的。工业革命之后，从农业社会到工业社会的转变带来了社会经济结构的变革，一个稳定的、静态的财货分配归属状态日趋瓦解。法国民法典中反映资本主义社会初期的静态经济状态的绝对所有权概念，以及所有权人被赋予对物至高无上的绝对权利，所有权呈现出在包括债法在内的整个财产法体系中的主导地位等都已经被推翻或者修正。整个财产体系的重心从静态归属形式的确定转向对物的动态利用。这一趋势同样也反映在所有权制度中：

一方面，所有权的肢解，即财产的形式所有权人与实际执行所有权权能的主体分离。尤其是近代以来公司制度发展带来的财产权利人与实际管理运营者的分离，导致一些小股东对投资到公司的财产利用仅有很小的决策权，甚至完全没有决策权。这样，所有权也就与个人自由脱钩，而日益具有了社会色彩。尽管并不是全部的所有权关系都在企业活动中实现，但是所有权人总是需要在与其他人的合作关系中实现其经济利益。这样，静态的、作为纯粹主观权利的所有权观念就被超越。① 此外，劳动和企业等代表经济活动中动态方面的因素相对于所有权作为静态财产归属的价值被凸显出来。在主要的工业化国家的法律体系中，具体利用物或者直接从事生产经营活动的主体相对于财产的所有权人被优先考虑。因此，当所有权人与租赁人、土地的直接耕种人、佃户等发生利益冲突时，立法和司法实践都逐渐倾向于保护后者的利益。

另一方面，所有权制度本身也体现出动态化的趋向，呈现出价值化与观念化等特征。随着财货分配与交易日趋频繁，物的利用方式和层次日趋丰富复杂，所有权越来越脱离与物的直接联系，而呈现出价值化和观念化之倾向。这一方面是因为，农业社会自给自足的生产模式日益为不断扩大的商品交换所替代，所有权人无须对物进行现实的支配，而转变为以取得物的价值为目的。从财产的使用价值向交换价值的转移构成现代市场经济社会的基本特征之一。随着交换价值的上位，所有权人追求的更多的是实物形态的物所承载的经济价值，作为所有权客体的物只是这种观念化的产物，所有权的价值化遂形成。另一方面，随着社会分工合作的发展，交易范围的扩展，地域对人们的局限越来越小，对物的利用越来越能够脱离所有权人的掌控而获得实现。此外，在财产领域，动产相对于不动产的重要性提升，因为不动产除所有权人自己利用的情形外，更容易产生物的实际利用与其财产内容的分离。而动产在这一点上则更具灵活性，其权利人通常能够各自享有其权利内容，并不妨碍其他权利人的利用。而且，动产也

---

① Enrico Caterini, *Proprietà*, Napoli, 2005, p. 101.

常常具有更强的流通性，最为典型的如价值证券和金融衍生工具等。与财富的动产化和价值化相适应，"从所有向利用转变"的趋势也获得了现实的可能性。这些因素共同导致了"近代所有权之观念性"，即"物与现实之支配分离，对物为观念之支配"。①

现代社会中，物的形态急剧膨胀，物的利用方式更加灵活，主体的多元化一方面对罗马法以有体物为中心的、绝对的、个人的所有权形成了冲击甚至突破，另一方面也使所有权的调整范围迅速扩展，极大地丰富了所有权的内涵。物的价值化趋势使所有权脱离对物的直接占有，转向观念化的所有权；而让与担保、所有权保留等的出现，又将这种观念的所有权区分为名义的和实质的所有权，前者的权利人不享有物的任何实质利益。在此情形下，所有权更主要是发挥一种担保功能，其归属功能则被弱化。因此，现代社会所有权的功能不再限于静态的财产归属，也参与到动态的物的利用过程中，呈现出更加开放的姿态。但是在新的社会条件下，所有权应该在何处扩张、何处限缩，才能够更好地发挥其制度功能，既不阻碍社会资源的有效配置和利用，又不至于造成自身体系的消解，则仍需在谨慎考虑大陆法系现代所有权模式的功能特征基础上才能得出答案。

二 从绝对的主观权利到所有权作为社会功能之载体

西方近代学术思潮和立法倾向大致经历了三个主要发展阶段：第一阶段，17、18 世纪自然法学主导地位的历史时期，立法方面以个人权利为本位；第二阶段，19 世纪历史法学的兴起与分析法学盛极一时，立法以国家意志为依归；第三阶段，19 世纪末 20 世纪初社会法学开始流行，社会本位立法成为时尚。② 与法学理论的发展变迁相应，所有权也经历了从自然天赋权利到实证法权利，从主观权利到社会功能的观念转换。

自 20 世纪以来，伴随主要的资本主义国家从自由资本主义阶段进入到垄断资本主义时期，政府开始更多地采取干预主义，动用自身的权力和资源，力图通过更深入的社会控制来解决新的社会问题。③ 这时，政府从个人财产的守夜人变为社会财产的调控者。尤其是第二次世界大战以后，政府越来越多

---

① ［日］川岛武夷：《所有权法》，转引自谢在全《民法物权论》（上），中国政法大学出版社 1999 年版，第 10 页，注释 1。

② 马俊驹、江海波：《论私人所有权自由与所有权社会化》，《法学》2004 年第 5 期。

③ ［英］卡尔·波兰尼：《大转型：我们时代的政治与经济起源》，冯钢、刘阳译，浙江人民出版社 2007 年版，第 63—66 页。

地干预经济，出台新政遏制经济垄断，基于公共利益目的调整社会财富，设立各种税收以及福利制度，在相当大程度上改变了过去私有财产神圣不可侵犯的格局和观念。福利国家法律范式取代了以保护个体权利和维护个体自由为核心的自由主义的法律范式，转向以社会正义为中心，鼓励国家干预。① 国家试图通过对个体生活的介入，改变由于法律形式平等带来的事实不平等，来实现实质平等，也有学者将这一过程称为私法实质化的过程。②

　　同时期，以德国为代表的大陆法系学说理论逐步探求到所有权限制的合理性，其代表人物为耶林、祁克和梅格。耶林强调了所有权的社会性。祁克作为历史法学派的一员，他除了主张罗马的个人所有权之外，也基于对日耳曼法的研究，强调团体所有权的存在。梅格致力于社会主义法学的研究，坚持完全劳动收益、生存权、劳动权的理论。③ 自 20 世纪初期，实证主义法学派已经放弃了源于 17 世纪末英国立宪主义学者，尤其是洛克的思想，即被 1789 年法国《人权与公民权利宣言》所接受的，将所有权作为一项自然权利的做法。所有权的基础被重新置于民法领域和实证法范畴，由实证法具体规范和确认其权利内容，协调所有权人的需求与社会利益的关系。所有权成为完全由实证法确认和规范的权利。法学理论对所有权的研究也转向更实际的，关于所有权的基本价值和权利内容、实际保护的具体利益以及法律效力等方面，而不再强调一些法律形式主义的规定，如所有权人以外的任何其他人不得侵犯所有权的消极义务，以及对所有权的保护等，因为它们是包括债权在内的全部主观权利的共同特征，并非为所有权独享。④

　　所有权重新回到实证法领域。不仅如此，所有权作为一种主观权利的概念也被颠覆，取而代之的是以社会连带和实证法观念为基础的社会功能

① 陈军：《个体要素和社会要素的再平衡——现代社会财产权正当性探析》，法律出版社 2015 年版，第 6 页。该书作者认为福利国家法律范式的出现有几个重要的背景：一是自由主义法律范式导致的事实上不平等的缺陷引起公民的不满情绪与日俱增；二是凯恩斯国家干涉主义在一部分国家的实践，使人们开始重新认识到国家在经济生活中的重要作用；三是战后资本主义国家的经济复兴使得这些国家有了充分的经济盈余，有能力调整和支配社会资源为公民提供更好的社会福利。
② [德]哈贝马斯：《在事实与规范之间》，童世骏译，生活·读书·新知三联书店 2003 年版，第 488 页。
③ 张文政：《大陆法系所有权理论：19 世纪向 20 世纪的跨越》，载何勤华主编《20 世纪外国民商法的变革》，法律出版社 2004 年版，第 600—601 页。
④ Marco Comporti, *Considerazioni sulla proprietà e sui diritti reali nella dottrina civilistica italiana dell'ultimo quarantennio*, in *La civilistica italiana dagli anni '50 ad oggi tra crisi dogmatica e riforme legislative*, Cedam, 1991, p. 460.

概念。并且，这种观念的转变并非始于立法者的推动，而是基于社会现实状况的压力产生。① 在 20 世纪 20 年代，所有权具有生产目的的观念在整个欧洲，尤其是德国被倡导和接受。所有权的社会化的思想被重新强调。最初是在法国，接着在整个欧洲，人们开始广泛讨论权利滥用理论，即是否应当引入进一步的限制，不仅是针对权利本身的限制，还包括对权利行使方式的限制。这一理论显然与古典自由主义理论产生了鲜明的对立，成为个人主义所有权概念危机的一个明显征兆。②

纵观所有权在法国和德国民法典之后的理论发展，可以看到，二者经历的发展方向总体上是一致的。民法典最初规定所有权人对物具有绝对、完全的支配统领权利，之后则通过援引社会功能概念以及权利不得滥用原则，颠覆了所有权作为绝对主观权利的形象。甚至到后来，所有权更被视为是权利和义务的集合体，即义务同样是存在于所有权制度结构内部的组成部分。所有权不再是自由主义思想下，作为主体人格反映的、自由无限制的权利，而转换成一种社会经济工具。经济上的有效性才是衡量这一制度工具的主要标准，因此，所有权本身并不是法律保护的目的，而只是实现社会经济功能的法律手段。

所有权制度本身是深深植根于具体历史时代和社会土壤中的，受到社会政治经济结构制约，并且会被社会意识形态和实践严重影响的制度。所有权观念因此也在社会发展和变革中被不断更新。那么所有权观念晚近以来的这些转变是否能够应对现代财产形式的发展，维持自身的完整性和统一性呢？下文将对此进行具体考察。

第二节　财产类型的扩展对所有权制度形成挑战

一　"物必有体"——现代所有权的客体特征

如前所述，"物必有体"构成现代所有权模式的一个重要特征。尽管

---

① 参见［法］莱昂·狄冀：《〈拿破仑法典〉以来私法的普通变迁》，徐砥平译，中国政法大学出版社 2002 年版，第 19 页。

② Marco Comporti, *Considerazioni sulla proprietà e sui diritti reali nella dottrina civilistica italiana dell'ultimo quarantennio*, in *La civilistica italiana dagli anni '50 ad oggi tra crisi dogmatica e riforme legislative*, Cedam, 1991, p. 468.

大陆法系各国民法采用了内涵与外延不尽相同的"物"或者"财产"概念，[①] 有的规定物即有体物，如德国和日本民法典；有的则规定物包括有体物和无体物，如法国、意大利、奥地利、荷兰等国的民法典，[②] 但是无论是采用狭义还是广义的物的概念的国家，其区别仅在于是否承认权利能够成为物权客体，即物权客体范围的差异。然而，在所有权的客体范围上，各国民法典的规定并没有歧义，都以有体物为调整对象。这一规则可以上溯至罗马法以来的财产的实体化观念。

我们可以看到，无论是《法国民法典》采用的广义"财产"概念中，将所有权以外的其他权利列入无体物范畴，还是《德国民法典》明确物仅为有体物的规定，都体现了与罗马法在所有权发展脉络上精深细密的联系。罗马法将所有的物质财产以及其上存在的权利都视为物，并将其划分为有体物与无体物。其中，除所有权以外的其他权利形式，如债权、地役权、用益权等都被纳入无体物。所有权则是以有体物为客体，[③] 因为只有对有体物才能够有效地实现占有和支配。这事实上反映了罗马法尚未形成

---

① "财产"本身是一个很难界定，分歧频生的概念。它具有多重含义，可以指作为世界组成部分的实际物质；或者指法律意义上的权利客体，包括有体物和无体物；也可以仅指权利。尤其是随着社会经济的发展和财富形式的骤然增长与日趋复杂化，对财产加以界定似乎就更加成为一件具有风险的事情。为了避免这种争议，一贯务实的欧盟法也没有使用这一术语。因此，财产在欧盟法层面中仅作为一个理论上的体系概念，而非立法概念（Mario Trimarchi, *I beni e la proprietà*, in *Il diritto dell'unione europea*, a cura di Antonio Tizzano, Tomo I, Torino, 2000, p. 151.）。但通常说来，财产总是包含了两个要素：物和利益（Antonio Jannarelli, *Beni, interessi, valori*, in *Trattato di diritto privato europeo*, Ⅱ, a cura di Nicolò Lipari, Cedam, 2003, p. 292.）。前者是财产的客观表现，无论其涉及的是有体物还是无体物；后者是指该物具有被认为值得保护的利益，才上升成为法律意义上的财产。本书也是在这一意义上使用这一术语。

② 例如，《意大利民法典》第810条规定，所有能够成为权利客体的物品都是财产。《奥地利民法》第285条规定，任何在人以外的并且用作人的使用的物被称作法律意义上的财产；第292条规定，根据其性质的不同，财产可以分为有体的与无体的，动产和不动产的，消耗的与不可消耗的，可估价的与不可估价的。《荷兰民法典》第三编第2条规定，物是可由人力控制的有体客体。

③ 这一点特别是在所有权的取得方式即交付中得到遵守，交付适用于古典时期新商品经济特有之物。物和权利的等同使两者被认为不可分割地结合在一起，即形成一个不可分离的整体。由此，为了理解所有权（权利）的移转，也应该向取得所有权的人交付有体物。没有进行有体的交付，（在罗马人的具体思想中）就不认为所有权从一人移转至另一人。参见［阿根廷］Norberto Rinanldi《奎里蒂法所有权已经死亡》，徐涤宇译，2009年2月，http://www.romanlaw.cn/sub2-117.htm。

明晰的权利概念，没有将权利与作为其客体的物完全区分开来，而将所有权等同于物本身，其他权利则被视为无体物而与有体物放置在同一个层面上。罗马法所有权制度中赋予有体因素以首要地位的思想也反映在近代民法典的所有权规定中。

（一）法国民法典

尽管《法国民法典》采用了广义的"财产"概念，而非狭义的"物"的概念，从而将无体物也作为法律意义上的财产范畴，然而，不能否认的是，在法国民法典中，对财产的理解有一种实体化的倾向。

1804 年《法国民法典》作为法国大革命成果的体现，主要针对的是土地所有权进行改革，使其摆脱人身以及封建特权的束缚，使私人能够对土地如同对动产一样享有自由的所有权。基于这一目的，法国民法典在动产和不动产，尤其是土地上确立了绝对的所有权模式。《法国民法典》第二编关于"财产及对于所有权的各种限制"规定中，开篇就写道"财产或为动产，或为不动产"，并未提及无体物，而是将无体物拟制为有体物进行规范。① 当所有权以有体物为客体时，其绝对意义在当时就被理解为所有权人的权能不受限制，物存在或者其边界在哪里，所有权人的权能就延伸到哪里。② 因此，作为所有权客体的物的边界成为确定所有权人权利范围的标准。这就形成了一种物化或者说是实体化的所有权观念。

（二）德国民法典

《德国民法典》明确将所有权的客体限定为有体物，第 90 条规定："法律意义上的物仅为有体物。"

《德国民法典》将所有权客体限于有体物，首先是一种立法政策上的选择，旨在防止封建势力的进攻，反对封建的和等级的所有权义务。③ 其

---

① 具体涉及无体物的规范主要体现为《法国民法典》第 529 条的规定："以请求偿还到期款项或动产为目的之债权及诉权，金融、商业或产业公司的股份及持份，即使隶属此等公司的企业拥有不动产，均依法律规定为动产。此种股份与持份，当公司存续中，对每一股东而言，视为动产。对国家或个人所有永久定期金或终身定期金收受权，依法律规定亦为动产"，以及第 526 条的规定："下述权利，依其客体，为不动产：不动产的使用收益权；以土地供役使的权利；目的在请求返还不动产的诉权"。可见，《法国民法典》是将这些权利与其关联的财产类型相联系，分别视为动产或者不动产，将其物化从而纳入到财产范畴进行调整。

② A. Gambaro, *Proprietà in diritto comparato*, voce in *Digesto delle discipline privatistiche*, *Sezione civile*, vol. XV, Torino, 1997, p. 516.

③ ［德］罗尔夫·克尼佩尔：《法律与历史——论〈德国民法典的形成与变迁〉》，朱岩译，法律出版社 2003 年版，第 250—251 页。

次，这也是潘德克顿法学派基于体系化考虑而有意舍弃的结果。

一方面，德国法学者深受罗马法思想的影响，认为所有权只能建立在有体物上。温德夏伊德指出，所有权只能是有体物的财产归属形式，因为只有有体物才能被实际占有。而权利本身已经有其自己的规范和结构，如果非要将所有权规则勉强适用于个别权利，则必然导致相关规则的变形，因此，在体系逻辑上是不合适的。① 如果允许权利成为所有权的客体，则会出现"债权的所有权""用益物权的所有权"等"权利的所有权"问题，所有权被不加限制地滥用只会导致失去其法律上的严格意义，沦为一般概念。

另一方面，则是为了维持债权与物权明确二分的体系格局。因为物权概念的产生以及物权制度在法典中被正式确立都是德意志法系的创造。② 《德国民法典》第三编规定了所有权以及各种限制物权，包括地役权、用益权、抵押权、质权等，从中抽象出其共同特征，由此形成物权制度的基本特征和原则，从而将作为支配权的物权与作为请求权的债权明确区分开来，并针对二者的不同法律效力分别规定了物权行为和债权行为，可谓是将物权与债权的二元划分贯彻得最为彻底的体系。从此，自罗马法以来的大一统的财产体系就被再分为物权和债权两部分，而所有权制度则从整个财产法的中心（如《法国民法典》第二编的标题"财产及所有权的各种变形"所反映的）下降为物权法的中心。与所有权制度法律地位的这一下降相适应，所有权的客体也从一切具有财产利益的物转变为仅限于有体物。因为如果允许权利也可以成为物，作为所有权客体，则债权也将能够成为所有权的客体，那样，物权与债权截然二分的体系就无法坚守。因此，依据《德国民法典》体系逻辑的要求，所有权的客体只能限于有体物。

二　与"物必有体"相适应的现代所有权之封闭结构

将客体限定为有体物的结果是所有权的排他性特征和一物一权原则的确立。因为当所有权的客体为有体物时，所有权人必须在对实物形态的财产的占有基础之上，才能够实现对该物的完满支配和统领，必然要求排除其他人对该物享有与之相同的权利。因此，排他性构成了现代所有权的内在典型特征。与这一前提预设相适应，大陆法系民法确立了一物一权原

① Bernardo Windescheid, *Diritto delle pandette*, I, Torino, 1925, p. 118.
② 孙宪忠：《德国当代物权法》，法律出版社 1997 年版，第 38 页。

则，并将其作为所有权制度的重要原则。这也为现代所有权制度的调整对象划定了范围，明确了在现代所有权制度框架下，物的所有权只能归属于一元主体，而不能在多个主体之间分割。

这也成为大陆法系所有权制度在现代产生危机的重要原因之一，即私人所有权的排他性与现代经济共同参与的需求之间发生了冲突。所有权向来并且也一直是社会财富经营管理的主要技术工具之一，构成社会经济生活中的重要一环。现代所有权的典型特征是其排他性结构，即作为一种资源的排他享有和利用的法律模式。现代社会的日益多元化与复杂化却产生了与之相反的需求，即共同"参与"的需求。① 所谓"参与"，在这里首先是指主观方面的自主管理和经营，即共同体成员能够自主决定财产的经营利用方式；同时，在财产的客观享有和用益方面对所有人开放，任何人都有机会获得对该资源的利用可能。民法所确立的排他所有权模式则从根本上构成了现代参与型经济的阻力。

大陆法系现代所有权被视为一种绝对的主观权利，也就意味着对财产的享用被保留给所有权人，或者体现为一种受保护的用益权，由所有权人自主决定对物的支配使用。这种完全的、自由的所有权对于社会具有相当大的杀伤力，即它排除了所有权人以外的任何法律主体对物的利用。因此，完全不加限制的对所有权人的保护，就将其他市场参与者排除在外。这样一种静态的财产归属制度通过对所有权人自由活动领域的划定，也导致将整个社会分割成细碎的小块，而每一个小块都竖立了牢不可破的围墙，固然可以很好地保护墙内的所有权人，但却可能导致社会联系和财货流通的堵塞，反而阻碍资源的有效配置和利用。② "一物一权限制人们就一物上设定物权的个数，将影响对一物利用的密度，自然影响资源利用的效率。"③ 也就是说，从效率角度而言，绝对的、排他的个人主义所有权形式对于物的有效利用构成了一个重大阻碍。在社会财富价值化以及利用形式日趋多元化的今天，所有权的这一缺陷就更加凸显出来。

当所有权客体限定为有体物时，所有权人必须通过占有实体形态的物

---

① Vincenzo Scalisi, *Categorie e istituti del diritto civile nella transizione al postmoderno*, Giuffrè, 2005, p. 465.

② ［德］罗尔夫·克尼佩尔：《法律与历史——论〈德国民法典的形成与变迁〉》，朱岩译，法律出版社 2003 年版，第 252 页。

③ 谢哲胜：《台湾物权法制发展》，载陈小君主编《私法研究》第 6 卷，法律出版社 2008 年版，第 164 页。

才能实现对该物的支配和利用。然而，当财产形式呈现出价值化趋势之后，同一个物上可能同时并存多个价值，可以为多个人利用，那么，只要这些价值之间彼此并不冲突，就可以就这些价值单独设立权利，从而可能在同一物上并行不悖地设立多重权利。

就物的利用而言，大陆法系民法沿袭罗马法传统，采用他物权形式实现对物的利用。这种模式暗含的思想是以所有权人为主导，通过他物权模式实现外部主体对财产的利用。传统民法认为外部主体对他人之物的利用总是局部的、暂时的，在他物权消灭之后，所有权人的权利重新归于圆满。伴随着财产的价值化趋势，权利人无须通过将该实体物归属于自己才能实现对物的完全支配，而可以仅针对该价值为自己设立所有权，如果同一个物上同时并存多个价值，就有可能在同一物上同时设立多个所有权。也就是说，在物权客体价值化的趋势下，对于有体物本身的归属就不是那么重要，权利人只需要能够享有他所意欲的那部分价值的支配就足够了。[1] 在大陆法系传统民法中，当同一个物上同时承载多个独立的重要价值时，往往是通过对自然形态的实体物进行分离，来维持法律上的"一物一权"原则的贯彻。如有学者观察到，在罗马法上，土地和建筑物因其不可分离而被视为一个整体，作为一个物对待，只能设定一个所有权。但是基于土地利用方式的多元化，土地上设置的他物权日益丰富，土地和土地上的建筑物的所有权人并非同一主体的现象日趋普遍，如果不承认建筑物相对于土地的独立性，显然不利于这两类财产的自由流通，因此，大陆法系一些国家的民法典，如《法国民法典》和《日本民法典》就采用了将建筑物与土地确立为两个独立的物的做法。[2] 也就是说，传统民法通过自然形态的物的分割，来保障对于法律上的一物的所有权的绝对性和完整性。这种变通使得所有权的排他性与一物一权原则在更广的范围内被维持。然而，在财产呈现出高度价值化的趋势的当代，仅仅靠实物的分割并不能完全满足人们对同一财产上多元价值的需求。他物权的种类和内容限定，也不能完全满足人们对财产的多元利用。例如，在信托中的权利、所有权保留在买卖中的权利就无法清晰界定。这些都对从主体视角出发确立的、绝对的、排他的所有权模式形成了挑战。

因此，现代关于所有权的争论涉及的几乎都是是否有可能破除这一制

---

[1]　李国强：《相对所有权的私法逻辑》，社会科学文献出版社 2013 年版，第 113 页。

[2]　同上书，第 109 页。

度方案的僵硬性，使它能够适应现代经济管理民主参与模式的需求。① 法学理论和立法干预要求对所有权人的权利进行限制，其目的也都旨在使一些重要的社会资源能够为更多的主体享有和用益，更好地实现资源的有效配置和社会财富的有效利用。

三　当代财产类型的丰富与所有权排他性的缓和

（一）无形财产的出现与大幅增长

美国学者托夫勒曾经将人类社会的发展划分为三个主要的阶段：第一阶段浪潮为农业阶段，从约 1 万年前开始；第二阶段为工业阶段，从 17 世纪末开始；第三阶段为信息化阶段，从 20 世纪 50 年代后期开始。② 我们现在正亲历着如托夫勒所言的第三次浪潮。这三个阶段在法律层面上的投影在所有权制度中鲜明地反映了出来。在从农业社会向工业社会迈进时，所有权的调整重心从土地转移到工业生产资料，公司法人所有权产生；当信息社会形成时，以智力成果和工商业信息为客体的知识产权脱颖而出，与传统的以有体物为客体的所有权在财产法领域分而治之。另一位美国学者肯尼斯·万德威尔德（K. J. Vandevelde）在谈到美国财产法 19 世纪以来的发展时，也提到了这种财产的非实体化趋势。③

如今，财产的价值化与无体化现象已经广泛地存在于现代社会生活中，如公司中的股票份额、债券，各种形式的商业票据、银行账户、保险单，以及商标、专利、著作权、特许经营权和商业信誉等。④ 无体财产日益在现代社会经济财富形式中占据主导地位，使得对其的规范和调整成为任何法律制度体系都必须要面对和解决的问题。

无形财产总体上可以划分为两个大的类别：信息和可转让的财产性权利。前者主要是指包括知识产权的客体在内的一切知识、数据、信号等具

---

① Vincenzo Scalisi, *Categorie e istituti del diritto civile nella transizione al postmoderno*, Giuffrè, 2005, p. 467.

② ［美］阿尔文·托夫勒：《第三次浪潮》，黄明坚译，中信出版社 2006 年版，第 56 页。

③ K. J. Vandevelde, *The New Property of the Nineteenth Century：the Development of the Modern Concept of Property.* 转引自 Sjef van Erp, *From "Classical" to Modern European Property Law?* http：//ssrn. com/abstract = 1372166.

④ Donahue, *The Future of The Concept of Property Predicted From its Past*, see Charles Donahue, Thomas E. Kauper, Peter W. Martin, *Cases and Materials on Property：an Introduction to the Concept and the Institution*, Third Edition, West Publishing Co., 1993, p. 108, 转引自方新军《财产死亡了吗?》，2009 年 3 月，http：//www. yadian. cc/paper/3789/。

有经济价值的无体财产，如个人数据、信用信息、文学艺术作品、工业发明、专利、商业秘密、商标、外观设计等；后者是指除所有权以外的各种可转让的财产权利，如债权、股权以及污染排放许可权等。可转让的财产性权利最典型的还体现为权利的证券化，即这些权利常常以银行的汇票、债券、仓单、票证等形式反映出来。

此外，第二次世界大战后，随着国家对经济干预的加强以及福利国家的发展，政府供给的财富，包括各种福利、失业赔偿、补助金、退伍军人津贴、政府开支创造的工作机会、职业许可、专营权、政府合同、农业和航运等部门的政府津贴、公有资源的使用权、从邮政到储蓄银行保险和农业技术信息等政府提供的服务，已经构成了私人财产的一个重要组成部分。针对这一现象，耶鲁大学法学院教授查尔斯·A. 里奇 1964 年在《新财产权》一文中提出应当建立一种新的财产权，使得这些由政府供给的财产能够被置于私人财产权利之下，而不是作为特权进行保护。[1]

近代以来随着经济社会中财产类型的极大增长和丰富，新的财产形式不断涌现，并日益在经济领域中占据主导地位，要求法律提供新的技术调整工具，以规范和保护这些新的财产利益。面对这些新的、以无体财产形式为主的财产类型，大陆法系传统的、仅仅以有体物为客体的所有权制度无疑面临严峻的考验。

（二）近代民法典对有体物限制的突破

《法国民法典》以土地所有权为基础确立的实体化的所有权观念在第一次工业革命之后就被迅速瓦解。法学理论中产生了非实体化所有权的倾向，使财产归属不再依赖于实体物的存在，这取代了之前将所有权与有体物等同的观念。[2] 法律关注的重心不再仅仅是土地所有权，著作权以及商业领域中的商标、外观设计、专利等权利开始被纳入到所有权领域中。所有权被扩展适用于这些领域，形成了所谓的"文学和艺术所有权"和"工业所有权"等。法国民法沿袭了罗马法将权利作为无体物处理的传统，而且还进一步扩大了无形财产的范围。在法国法上，无形财产是指不具有物质形态，只能通过思维的、抽象的方式认识其存在的财产，其可被分为两大部分：一是用益权、地役权等他物权以及由《法国民法典》直接加以规定的债权和股权等。二是无形产权，它不仅包括版权以及发明专

---

① Charles A. Reich, "the New Property", *Yale Law Journal*, Vol. 73, 1964, p. 733.

② A. Gambaro, *Proprietà in diritto comparato*, voce in *Digesto delle discipline privatistiche*, *Sezione civile*, vol. XV, Torino, 1997, p. 516.

利、工业设计、商标权等工业产权，而且还包括主体就营业资产（由运用于某一商业营业的全部设备、待售商品、商业名称、房屋租赁权、招牌、商标和专利等所构成"财产群"之整体）、客户、营业所、商业名称以及在现代社会具有重要价值的商业信息等所享有的权利。①

《德国民法典》没有将物权客体限于有体物的规定贯彻到底。《德国民法典》第 398 条、第 1068 条、第 1273 条等都规定了非有体物的用益、负担和处分。② 而且，《德国民法典》规定的有体物限制也没有对其司法实践的发展产生任何实际的约束。最典型的就是在担保领域，源于英美法的信托转让或者所有权保留的担保形式在德国实践中发展，并为判例所承认。所有权与占有分离的时候就具有了向观念化靠拢的因素，但是，现在是观念化的所有权也要进行名义和实质上的划分了。这种名义上的所有权在被利用时有着明确的目的，持有名义上的所有权的人不拥有所有权实质上的任何其他利益。这就出现了"作为归属的所有权"与"作为支配的所有权"的分离。③

（三）所有权的扩展是否可能？

从客体角度来看，新的财产形式，如智力成果、营业资产，以及由福利国家带来的一系列新的社会财产权利形式，都对传统调整有体物为主的所有权模式形成了冲击。新的财产形式出现，并需要被纳入到民事权利体系之中，受民事财产法规范的调整。而大陆法系传统民法在财产法领域坚持的物权与债权二元划分的格局，以及将物权法的调整范围限定为有体物，就将其调整的财产范围框定得过于狭窄。社会生活实践中的许多财产形式，如企业所有权、股东的股权、信托所有权以及其他大量存在的无形财产权利在既有的财产法框架下无法获得栖身之地。因此，同我国在制定物权法时曾经面临的抉择一样，大陆法系国家晚近制定的民法典也都曾在制定物权法还是财产法问题上踌躇。

无论如何，力图将这些无形财产融入既有的财产法体系中，以实现财产法体系周延的尝试从法典化之初就是存在的。这主要体现在两个方面：一是部分无形财产被拟制为有体物，作为动产或者不动产纳入到物权法或者财产法的调整对象之中。这部分无形财产主要是指那些由民法所规定的

---

① 尹田：《物权与知识产权》，《法商研究》2002 年第 5 期。

② 这三条分别规定的是债权的让与、权利上的用益权和权利质权。

③ 冉昊：《"相对"的所有权——双重所有权的英美法系视角与大陆法系绝对所有权的解构》，《环球法律评论》2004 年冬季号。

制度资源，① 如《法国民法典》第 526 条规定，不动产的用益权、地役权或土地使用权和旨在请求返还不动产的诉权按其所附着的客体均为不动产。另一部分无形财产，主要是知识产品等则直接借用了所有权的制度形式，成为扩展后的所有权的客体。这种努力可见之于同为受《法国民法典》影响的《荷兰民法典》与《意大利民法典》：1992 年的《荷兰民法典（草案）》将《法国民法典》第二编关于"财产及所有权的各种变形"的内容分解为："财产法总则""物和物权"以及"智力成果法"三编。1942 年的《意大利民法典》采用了法国法的广义财产概念，并在法典第五编第九章将关于知识产权的规范纳入到民法典之中。

　　财产领域中对传统"物必有体"原则的超越或者突破，相应地也要求对所有权的封闭排他结构以及"一物一权"原则予以调整或者缓和。

　　从财产本身的类型而言，所有权的封闭排他结构并不完全适合无体物。现代所有权制度强调主体对物的绝对的、排他的支配。有必要严格限定这种排除所适用的范围，将这种具有排他属性的概念框架限制适用于有体物，而不宜扩展适用于债权、智力财产权和其他无体物的财产价值。因为只有在有体物那里，"权利可以无须其他人的意志而能被行使，且不需要义务的现实存在"，也只有在这个意义上，对物行使一个"直接的力量"才是可能的。② 如果对于尤其是以智力成果等为代表的无体财产也适用这一完全的排他性规则，则可能会使权利人享有垄断特权，而妨碍到竞争自由、有效的市场资源配置以及公共福祉的改进。对于知识产品而言，赋予主体以权利就是为了鼓励创造发明，促进知识产品的共享与利用。例如，各国专利法中都确立了一个重要的制度——"强制许可"制度。它是指，当权利人对其权利的独断专有客观上形成一种垄断地位或者特权，对公共利益造成妨害时，国家就需要对此进行干预并确定权利人构成权利滥用的情形，通过强制许可制度对其权利进行限制，以矫正专利制度的负面作用，重新实现私人利益保护与公共利益之间的平衡。国家命令对这一领域的直接干预使其与传统以有体物为客体的所有权制度明显地区分开来。这是因为，无体财产权具有非常明显的目的理性。③ 对无体财产进行

① 曾世雄先生将民法所规定的生活资源划分为自然资源与制度资源，参见曾世雄《民法总则之现在与未来》，中国政法大学出版社 2001 年版，第 10 页。

② 曾世雄：《民法总则之现在与未来》，中国政法大学出版社 2001 年版，第 252 页。

③ ［德］罗尔夫·克尼佩尔：《法律与历史——论〈德国民法典的形成与变迁〉》，朱岩译，法律出版社 2003 年版，第 258 页。

保护是因为其具有经济价值，适合于经济上的利用。权利人可以利用或者处分这种权利。而如果一个合适的收益已经能够被确保，权利人却不行使这一权利，这无疑是违背理性的。因此，国家命令的介入正是为了矫正此种非理性行为。国家对知识产权领域这种较强的干预程度在传统所有权领域内则是不合适的。

因此，在法技术层面上，很难通过所有权概念的扩张实现适合调整新的财产类型财产归属关系的法律建构。并且在多数大陆法系国家，不论是基于理性选择的结果还是历史惯性使然，各种无形财产的规范事实上大多已经在民法典之外发展并壮大。即使是像 1942 年《意大利民法典》，尽管在国家所有权和共有这两点上，以及更广范围内的企业所有权、知识产权等问题上获得突破，将它们都纳入到民法典的规范之中，但是民法典中已经开始区分各种不同的财产归属形式。此外，1942 年《意大利民法典》第 810 条规定："所有能够成为权利客体的东西均是物。"该条几乎是全文复制了 1865 年旧民法典第 406 条的规定。唯一的差别是，前者没有再提所有权，而是使用了"权利"这一更一般化的表述。从而，意大利新民法典改变了旧民法典以及《法国民法典》确立的体系，用权利取代所有权成为确定法律意义上的财产的标准。这也意味着所有权不再是唯一的财产归属模式。

然而，并不能因此否定所有权在财产归属体系中的基础地位。尽管新的财产形式因其自身各自的特点形成了不同的财产归属形式，但这些形式仍可以看作所有权权利结构的变形。它们在不同程度上保留了所有权的结构框架和法律特征。可以认为，所有权构成了财产的法律财产归属形式的原型或者典型形式。因此，所有权的规则在不与这些新的财产形式自身的性质和特征相抵触的情形下，可以准用于调整它们的财产归属关系。

第三节　所有权的社会功能与物的视角转向

近代民法将所有权视为主观权利，着力从主体角度出发建构所有权制度，却在较大程度上忽略了客体——物的特征和意义。如果所有权规则仅仅是根据个人消费物的特征构建，却要将这一规则适用于包括生产资料或者资源型财产在内的所有物上存在的所有权类型，必然会产生不适应或者不协调的地方。对于个人的消费性财产，无论是居住用的房屋、日常生活用品还是储蓄等，所有权人在任何时代对其都始终享有相对完整的所有权，但这种绝对性特征对于其他与社会公共利益联系更为紧密的生产资料型或者资源型财产而言则不尽然。它们所包含的利益不仅涉及所有权人，也涉及所有权人之外的其他主体以及更广泛的社会利益。对于这些包含了公共利益的财产，完全依赖市场机制和私人所有权来进行资源配置和利用是不可靠的。德国联邦宪法法院就曾经在著名的水沙判决案件中表达了这一态度，① 认为：任何个人或团体对流水资源的利用都将对社会共同体和生态共同体产生复合式的影响，要求每一个所有人能充分考虑这些外部性效用是不切实际的。实际上，由于流水所体现的社会共同体与生态共同体之间的强烈的相互依赖，没有一个所有人能够驾驭其使用行为所有的、哪怕是大部分的外部效用。因而，完全从主体视角出发、忽略客体物性质特征的绝对所有权模式虽然对所有权人提供了充分保障，却有可能会损害社会共同福祉。基于各类财产的不同特征以及其上存在的不同的利益需求关系，为满足和保护所有权人以外的与之相关的利益，这种利益或者是参与对物的利用的特定主体的利益，或者是该财产基于其客观性质所具有的重要社会功能，② 就需要通过立法者的干预来调整和限制主体私法自治的领域。因此，强调所有权的社会功能是从物的视角出发建构所有权的另外一个重要体现。

　　所有权因为具有社会功能而受到限制的趋势在英美法系也存在。但是基于英美法系的财产制度特征，财产权本身体现为权利束，是各种权利的

---

① 该案关涉 1957 年《水保持法》的 1976 年修正案的合宪性。该修正案规定：任何人涉及地表水或地下水的利用，应获得主管部门的许可。原告于其所有的土地上经营采石业，因涉及地下水使用而向主管机关申请许可。为有利于采石，他数十年来一直利用着地下水，但是主管部门以这一作业危及城市水源保护为由否其申请。原告提起诉讼，主张这一许可否准是对其财产权一种无补偿的征收，违反了《德国基本法》第 14 条的规定。德国联邦最高法院认为这一许可否准侵犯了原告的财产权，《水保持法》的修正案违反了《德国基本法》第 14 条第 1 款。案件移送到联邦宪法法院。后者认为，水保持法合宪，被告的许可否准并不构成对原告财产权利的征收。联邦宪法法院直接拒绝了将财产权定义为以个人财富的最大化为目标的观念，认为第 14 条第 1 款所提供的宪法保障禁止立法通过否定或实质性损害该条所保障的自由区域来破坏私法所界定的财产权的基本实质。对于与公众的公共福利休戚相关的自然资源的安全和保护问题，并不应仅着眼于私人的法律秩序维护，财产权制度的保障未因此受到挑战。参见［美］G. S. 亚历山大《财产是基础性权利吗？——以德国为比较项》，郑磊译，载浙江大学公法与比较法研究所编《公法研究》第 5 辑，浙江大学出版社 2007 年版，第 435—445 页。

② Vincenzo Scalisi, *Categorie e istituti del diritto civile nella transizione al postmoderno*, Giuffrè, 2005, p. 478.

组合分配，拆分重组本身就是允许的。而财产权被视为绝对的观念在英美法系只在很短暂的时期内曾经存在，并没有占据过主导地位，几乎未对财产权的限制和分割造成阻力。① 大陆法系将所有权视为主体人格在客观世界中的延伸，将所有权作为主观权利进行建构，其重要的结构特征是不可分性，是权利的完整性。因此，所有权社会功能带来的限制分化到一定程度，必然对传统模式形成较大的冲击，带来所有权理论、制度、体系的变革。

一　所有权社会化的价值考量：所有权是一项基本权利吗？

从近代到现代，大陆法系的所有权观念经历了从绝对的、自由的、无限制的纯粹主观权利向所有权作为社会功能之载体思想的转换。但考察欧洲大陆法系国家以及欧盟层面的立法，可以发现，它们对于所有权在法律体系中的地位，也即对所有权究竟是否是一项基本权利的问题持不同态度。在这一问题上的立场分歧对各国的所有权法律规范产生了重要的影响，尤其体现为在两个问题上的不同立法政策：第一，所有权取得方式的合法性；第二，征收补偿标准。

（一）分化的阵营：欧盟法及其成员国法律之间的分歧

1952 年签订的《欧洲人权公约》补充协议第 1 条规定："每个自然人或者法人都对其财产享有权利。除依照法律或者国际法一般原则所规定的情形，并基于公共利益目的以外，任何人的所有权不受剥夺。"2000 年 12 月签订的《欧盟基本权利宪章》第 17 条将所有权确认为一项基本权利，依据该条规定，"每个人对其合法取得的财产都享有所有权，享有使用、支配和继承的权利。若非基于公共利益，依照法律规定的事由和方式，并及时给予公正的补偿，任何人的所有权不受剥夺。对财产的使用应当在法律依照一般利益所限定的范围内进行"。这一规定之后为 2004 年通过的欧盟宪法原封不动地保留。此外，1948 年联合国通过的《世界人权宣言》也宣称所有权是每个人都拥有的权利。

除欧盟层面的公约或者法律以外，欧洲大陆法系国家多数将所有权作为基本权利进行规定。法国 1789 年的《人权与公民权利宣言》（以下简

---

① 例如哈格利乌斯提出，英国法上对土地的绝对所有权概念直到 1925 年的财产立法之后才出现。20 世纪初，霍菲尔德提出一套新的理论，将财产概念界定为人们之间的一组法律关系，这一理论迅速取代了之前布莱克斯通引入支持的绝对所有权观念。参见王涌《所有权概念分析》，《中外法学》2000 年第 5 期。

称《宣言》）即为著例。它将所有权与自由权、安全权和反抗压迫的权利并列，都作为天赋人权予以确认。① 法国 1958 年通过的现行宪法尽管没有直接涉及所有权规范，但在引言中确认了对《宣言》的尊重。而且，宪法委员会在 1982 年涉及国有化法律的一项违宪审查中正式赋予了《宣言》宪法规范的效力，也就明确确认了所有权作为受宪法保障的基本权利属性。② 除法国宪法以外，德国 1949 年的宪法文件也将所有权纳入基本权利的范畴中。《德国基本法》第 14 条第 1 款规定："财产权及继承权应予保障。"

但是也有在这一问题上持相反立场的国家，如意大利和西班牙。意大利 1948 年《宪法》将所有权从基本权利和自由的范畴中清除。在体系定位上，将其置于经济关系领域，而不是主体人格自由范畴。反映在宪法中，所有权被放置在第三章关于经济权利的规定中，未被纳入基本人权范畴。《宪法》第 42 条第 2 款规定："私有财产得到法律的承认和保护，但为了保证私有财产能履行其社会职能并使其为人人均可享有，法律规定获得和享有私有财产的办法及其范围。"该条规定突出强调了所有权的社会功能概念。这意味着宪法不再是片面地强调所有权作为主观权利的一面，强调其作为主体人格自由的反映，而将重心转移至这一概念所背负的社会功能和社会义务方面。西班牙 1978 年《宪法》将所有权放在关于公民权利一节的规定中，以示与生命、自由、隐私等基本权利相区分。西班牙《宪法》第 33 条规定："法律承认私人财产和财产继承的权利。以上权利由法律依照其社会功能确定其内容。"

由于所有权并未如生命、自由和平等权利那样，被普遍地看作是人的不可侵犯的一项基本权利。"宪法对某种财产性利益是否保障，如何保障以及为什么保障，通常依赖于它所涉及的价值。"③ 因此，对于所有权在宪法上的定位也成为一项困难且不乏争议的选择。《欧盟基本权利宪章》将所有权从社会经济权利转变为一项基本权利。尽管有部分学者认为这一

① 法国《人权与公民权利宣言》第 2 条规定："任何政治团体的宗旨均在于保护人的自然的和不受时效约束的权利。这些权利就是自由权、所有权、安全权及反抗压迫权。"第 17 条规定："所有权是一项神圣的且不容侵犯的权利，除非经由合法方式认定为显然是必需的公共需要时，且在得到公平的、预先补偿的条件下，任何人的所有权不得受到剥夺"。

② ［法］吉·加尼维：《法国所有权的宪法基础》，程春明译，《中国政法大学学报》2008 年第 2 期。

③ ［美］G. S. 亚历山大：《财产是基础性权利吗？——以德国为比较项》，郑磊译，载浙江大学公法与比较法研究所编《公法研究》第 5 辑，浙江大学出版社 2007 年版，第 418 页。

转变并非值得赞同，一方面将所有权置于自由权中并非恰当，另一方面，基本人权应当仅仅是那些人身性质的权利，而非财产权利。① 但是，欧盟法对所有权的这一定位无论对于新的一般原则的产生，还是解释法规范的整个理论体系都构成了一个重要事实。

（二）不同所有权理念对法律实践的影响

宪法所有权作为针对国家的一种权利，属于一种特殊的防御权，即私人对于公权力所加诸的不当侵害做出防御，并在实际侵害发生的场合下可得救济的一种权利。② 因此，与宪法所有权相联系的所有权规范和实践多是与财产征收以及补偿相联系。欧盟及其成员国在所有权宪政理念上的分歧对各自的立法与司法实践都产生了深刻的影响，尤其体现为在两个问题上采用的不同法政策倾向：第一，所有权取得方式的合法性；第二，征收补偿标准。

1. 所有权取得方式的合法性原则

关于这一点，我们可以通过在意大利司法实践中发生的一个与征收相关的案例具体说明。之所以说与征收相关，是因为该案例涉及的并非传统之典型征收情形，而是"具有征收效果的干预"，即公权力对公民私有财产领域的干预，虽然不符合形式的征收概念，却产生了如同征收之实质效果。在这一情形中，行政机关不是依照法律规定的征收程序剥夺私人所有权地位，而是违法（无论其有无过错）直接干预私人所有权，并导致财产损害的产生。③

（1）案件事实与判决

案件事实的基本情况是：意大利那波里高速公路管理局为修建高速公路，授权某建筑公司占用部分私人土地，但修建者在 2 年法定占有期限经过后仍继续占用该土地，并在其上修建了公共工程。原土地所有权人因此起诉该建筑公司，要求被告返还其土地，否则应当按照土地的市场价值给予赔偿，并给付非法占有期间的补偿和法定利息，以及土地上坠落的果实

---

① Marco Comporti, *La proprietà europea e la proprietà italiana*, in *Rivista di Diritto Civie*, 2008, 4, p. 192.

② 林来梵：《针对国家享有的财产权——从比较法角度的一个考察》，《法商研究》2003 年第 1 期。

③ ［德］鲍尔·施蒂尔纳：《德国物权法》（上册），张双根译，法律出版社 2004 年版，第 255—256 页。

和因占有而被毁损设施的价值。①

　　本案中，问题的复杂性来自意大利征收制度的不确定性，因为当时尚未建立起一个有机统一的征收制度体系。有效法律规范的缺乏纵容了实践中行政机构或其授权者对私人土地占有的滥用。此外，宪法对所有权不那么有保障的规范模式也导致宪法法院在受限制的所有权和受保障的所有权之间态度的摇摆不定。然而，直到 20 世纪 70 年代，意大利司法实践在这一问题上的主流趋势都是坚持私人所有权不受任何非法剥夺。②

　　本案中，法官通过对民法中规定的"倒置添附"制度的类推解释，③

---

① Cfr. , Cass. , 26. 2. 1983, n. 1464, in *Foro It.* , 1983, I, p. 626. 这样的案例在意大利并非个例，在其他国家或地区也同样存在。例如，我国台湾地区有许多私人土地由于历史的原因，长期被作为公共道路为公众通行，既没有办理征收手续，也未给土地所有人任何补偿，而在土地登记簿上，该类土地使用性质已被登记为道路。后土地所有权人主张其权利。台湾地区"行政法院"在若干相关判例中创设并肯定了"既成道路公用地役权"概念，认为此类道路已经成立供不特定公众通行的公用地役权。这一概念在台湾也备受争议。参见张鹏《论"台湾法"中的"既成道路公用地役权"问题及启示》，《台湾法研究学刊》2003 年第 2 期。

② 与这一案件类似的情形最早见之于那波里上诉法院 1924 年的一项判决。该案涉及对邻近两户居民花园的紧急占用，后市政机构授权征收该土地用于修建铁路。占有期间占有人从其地下层发现文物，市政机构不愿将其归还给原土地所有权人而主张自己所有。在一审法院做出有利于邻人的判决之后，那波里上诉法院推翻了一审判决，认为为公共使用修建的工程已根本改变土地性质这一事实导致该土地从私有转变为国有。但这一具有革命意义的判决只是灵光一现，即被最高法院否定。后者认为土地所有权转移的时间应为征收命令生效之时。

③ 法官认为，本案所涉及的情形在结构上类似于《意大利民法典》第 938 条所规定的"倒置添附"制度，只是占有土地的一方当事人为行政机构，遂将这一制度扩大解释适用于本案。考察《意大利民法典》第 938 条规定的添附制度，在修建建筑物时如善意占用了邻人部分土地，建造者可以取得建筑物及其所占用土地的所有权，只需按照土地价值为相应的给付即可，而不适用建筑物添附于土地的一般原则，构成"倒置添附"。因为整个建筑物的价值优于非用于建筑的部分土地之价值。法官从中推论出一项解决土地所有权与建筑物所有权冲突的一般原则，即土地或建筑物的所有权应赋予那些通过社会经济利益衡量，在当时社会发展水平下为新物带来更多利益的主体。《意大利民法典》第 936 条、第 939 条等的规定亦可佐证这一原则。尽管这一原则在公法方面无实证法规范支持，但最高法院在 1979 年的一份判决中强调，公共工程一旦修建，就已经将土地作为其结构的一部分，共同服务于公共目的，土地功能在事实层面改变，与之相应其法律属性也应改变。衡量本案中私的土地所有权人与建筑公司及行政机构之间的利益冲突，由于后者修建的公共工程服务于整个市民集体，依照宪法第 42 条的规定，此公共利益优于私人利益。类推适用添附制度的最大利益标准，本案所争议土地应当作为公共工程的附属物，由行政机构原始取得其所有权。此外，最高法院还援引民法典第 939 条第 2 款、第 3 款关于混合物的所有权之规定，证明非法行为同时又可取得所有权的规则并非对现行法律体系和制度精神的违反。

最终判定因公共工程的修建，导致私人土地用途和性质被永久根本改变，私人土地用途为公共工程所吸附，私人丧失其土地所有权。高速公路管理局自土地性质不可回复的发生改变之时取得所有权，并应当赔偿原土地所有权人从土地被非法占有开始至所有权转移期间丧失的土地使用收益损失。

（2）欧盟法院与意大利法院的分歧

意大利最高法院通过对本案的裁判确立了一项新的特殊制度——占有取得制度（occupazione appropriativa o acquistiva）。依据这一制度，对于非法占有私人不动产并不可回复地根本改变其性质的情形，不必诉诸征收程序，而直接发生私人所有权消灭、行政机关取得该不动产所有权之法律后果，原不动产所有权人则享有获得相应损害赔偿的权利。最高法院创立的这一规则后为立法所确认和扩展，并被意大利宪法法院认可。①

然而，占有取得制度却遭到了欧洲人权法院的质疑。后者认为这一制度违反了《欧洲人权公约》第1项议定书第1条规定的合法性原则，② 该制度中无论是所有权的消灭与取得机制，还是给予私人的损害赔偿保护，都不能掩饰其实质是纵容了国家从侵害私人利益的非法行为中获利；而且在法无明文规定的情形下剥夺私人所有权，违反了法的确定性原则，使私人陷于无法预见的不受法律保护状态。但意大利宪法法院和最高法院持相反意见，认为行政机构取得土地所有权是由公共利益和土地性质永久根本改变导致土地返还不可能这两个因素所决定的，并未违反欧盟条约的规定。此外，这一制度仅仅作为一种例外规定，被严格限制在特定情形下适用，不会对法秩序整体造成冲击。意大利最高法院在后来的一系列判决中延续了本案判决所确定的方向，继续完善和发展了这一制度。

意大利宪法法院与欧洲人权法院对本案的不同态度确实折射出二者秉持的不同所有权观念。本案提出的实质问题是：征收过程中，当对私人所

---

① 意大利1988年10月27日颁布的一项财政法规中明确立了这一规则，其第3条第1款规定，土地被用于修建公共居民住宅，在土地征收命令被判定违法时，原土地所有权人仅享有获得损害赔偿的权利，而不能要求返还土地。宪法法院在1991年的一项判决中将这一规定扩展适用于征收命令欠缺的情形，并将其视为取得占有制度在公共住宅领域的特殊规定。

② 《欧洲人权公约》第1项议定书第1条规定，除非依照国际法的一般原则，在法律规定的范围内，出于公共利益需要，任何私人的所有权不受剥夺。

有权的程序保障与公共利益目的发生冲突时，应当选择何者？应当强调实用主义还是合法性原则？在这一点上，相对于欧洲人权法院所强调的对私人所有权的保护，从而坚持合法性原则的态度，意大利的法官们无疑采取了更为实用主义的做法，面对土地上存在的公共利益和私人利益的矛盾冲突，在利益衡量的过程中直接倒向了前者，首先考虑的是土地的社会功能，而不是对土地所有权人的绝对保护。①

这种立场的差异是因为欧盟法将所有权视为一项基本权利。欧盟法基于构建和维护统一市场的需要，必然要求所有权获得完全保障，消除各种制度障碍和壁垒，才能最大限度地实现各项市场要素的自由流通。而以意大利为代表的欧盟成员国基于各自的法政策目标，总是在公共利益与私的所有权保障之间寻求平衡。欧盟与成员国在所有权问题上的不同态度同样也体现在征收补偿标准的确定上。

2. 因公共利益需要征收私人财产的公平补偿原则

欧盟与成员国在所有权问题上的不同态度对各自法律实践产生的另一个重要影响在于征收补偿标准的确定上。这主要是指在合法征收情形下，欧盟与其成员国基于所有权问题上的不同立场，对公平补偿范围所采用的不同立法政策。

欧盟法将所有权视为一项基本权利。基于这一法政策方向，欧洲人权法院确认，对征收补偿的支付构成所有权保护的一个基本内容。但这一点在欧洲人权公约中并没有明确的反映。欧盟公约将所有权法部分保留给各

---

① 然而，迫于欧盟层面的实际影响和压力，意大利在立法上也采取了更为缓和的态度。针对欧洲法院的批评，意大利于 2001 年颁布了《为公共利益的征收统一规定》，第一次明确完整地规定了统一的征收程序。这一规定一方面重新确立了 1865 年法律规定的，行政机构必须先通过征收命令取得土地所有权才能占有该土地修建公共工程的原则，旨在尽可能消除占有取得产生的条件。另一方面，作为对司法实践的回应，首次从立法上对占有取得制度进行了规范。该法第 43 条规定："权力机关为公共利益目的使用一项不动产，缺乏有效的征收措施或者未声明公共利益目的改变了不动产用途，权力机关可以取得所有权，并应当赔偿原所有权人损失。"但对其规定了更严苛的取得条件：第一，事先进行利益衡量，通过专门措施为公共利益取得不动产所有权。第二，通过司法途径阻碍不动产的返还，判决行政机构对私人进行损害赔偿，占有取得不动产的所有权。因此，在征收程序或者公共工程实施程序违法的情形，唯一的救济方式是行政机关采用一个正式的行政措施，对冲突利益进行考量，并赔偿原所有权人的损失，否则只能返还该不动产。对占有取得条件的严格规定使得这种所有权取得方式仅仅具有例外性质，不能替代常规的征收措施。

成员国自行规范。① 此前，欧盟也一直秉持着公约的这一精神，对征收问题持谨慎态度。但在公约生效的近半个世纪以后，欧洲人权法院在其所确立的利益相当原则基础上做出一系列判决，明确了征收补偿应当与被征收财产价值形成合理关系的规则。② 依据这一规则，欧洲人权法院认为，只有征收补偿金额与市场价格相当的情形才构成与被征收财产价值的合理关系，并与利益相当原则相符。这一规则仅在特殊情形下允许例外。③ 通常在个别的征收情形中，对财产的征收补偿应当是完全的和充分的，与被征收财产的实际价格相等。

欧洲人权法院通过众多的判决捍卫着完全补偿的原则，但它对成员国的这一问题则采取了略为缓和的态度，允许成员国享有立法上的自主权力，规定低于这一补偿标准的公平补偿规则，只要后者的补偿标准与财产的市场价格具有合理关系，并能够维持社会公共利益与保障个人基本权利之间的公正平衡即可。尽管欧洲人权法院没有具体确定公平补偿的标准，但在征收司法实践中的不同态度已经反映出二者在这一问题上的立场差异。欧洲人权法院已经多次反对成员国的不合理补偿标准，如希腊2001年的一项判决的补偿数额等于争议不动产市场价格的1/4；法国2002年的一项判决中，对用于农业企业的土地的征收补偿没有考虑到依赖该土地作为主要谋生工具的家庭因此所受的损失；意大利法院依据其特别法规定判决的补偿金额相当于被征收财产实际价格的30%。此外，欧盟成员国在征收补偿问题上鲜少有规定完全补偿原则的，而多是要求给予公平或者适当补偿即可。如意大利宪法法院就在多项判决中确认，征收补偿不需要涵盖被征收人所遭受的全部损失，只要行政机关是依照立法规定的标准进行的补偿，且只要该补偿不是表面的或者象征性的即可。④

---

① 《罗马公约》第295条规定，"本公约对各成员国既有的所有权法律制度完全不干预"。这一规定的理由在于，立法者认为所有权（与合同法一样）这样一个在现代民事法律实践中处于绝对中心地位的制度，不能够用一个不同于本国制度观念的新的欧洲统一模式来调整。因为如此重要的法律制度的统一首先需要达到法律文化上的共识，也就是说，至少在法技术层面上实现制度观念的兼容。Cfr. Mario Trimarchi, *I beni e la proprietà*, in *Il diritto dell'unione europea*, a cura di Antonio Tizzano, Tomo I, Torino, 2000, p. 155.

② Mario Trimarchi, *Proprietà e indennità di espropriazione*, in *Europa e diritto privato*, 4/2009, p. 1031.

③ 仅在国有化，社会、经济、政治改革，宪政制度变革等情形中，才允许土地的征收补偿价格低于市场价格。Cfr. Mario Trimarchi, *Proprietà e indennità di espropriazione*, in *Europa e diritto privato*, 4/2009, p. 1033.

④ Marco Comporti, *La proprietà europea e la proprietà italiana*, in *Rivista di Diritto Civile*, 4/2008, p. 198.

　　欧盟人权法院与其成员国在征收补偿司法实践中存在的显著差异甚至是严重对立，不能不在很大程度上归因于二者在所有权问题上的不同态度和立场。欧盟与其成员国在所有权理念上的冲突已经影响到所有权的立法和实践，无论是关于所有权的取得方式还是征收补偿标准的确定，都涉及所有权规范的实质内容。而欧盟与其成员国的立场并非可以折中或者调和。因此，我们有必要对所有权在现代法律体系中的地位重新进行评价。

　　（三）对所有权地位的重新考量：围绕"所有权入宪"展开的争论

　　至 20 世纪伴随着"立宪时代"的到来，是否应当将所有权锁定到宪法保障的基本权利范畴成为宪法制定过程中的一个焦点。围绕"所有权入宪"的正当性问题，在许多国家内部都曾展开过激烈的争论。[①] 例如，1948 年意大利《宪法》出台之前，学者围绕这一问题曾有诸多争论。赞成者认为，所有权构成了个人自由表达的实质条件，应当被列入基本人权的范畴；反对者则认为，今天所有权已经不再是自由主义思想下，作为主体人格反映的、自由无限制的权利，而转换成一种社会经济工具。经济上的有效性才是衡量这一制度工具的主要标准，因此，所有权本身并不是法律保护的目的，而只是实现社会经济功能的法律手段。任何值得保护的作为主体人格体现的权利都应当被确认为是不可侵犯的，然而对私人所有权的确认和保障并不需要如同对私人自治和个体人格本身那样的绝对保护。[②] 争论的最终结果是，不将所有权纳入基本权利范畴的观点为立法所采。类似的情形也发生在其他大陆法系国家中。尤其对于处在改革过渡期的国家，"所有权入宪"的问题则遭遇到更多的关切和各种力量的交锋。因为在新的政治经济秩序尚未建立起来之前，宪法对所有权的强保障可能会强化既有的财产分配格局，将不公平的因素合法化，而阻碍展开土地改革或者财产再分配的努力。[③]

　　讨论这一问题的意义在于，宪法确定在何种程度上对财产所有权进行保障将直接影响到所有权的结构和价值，进而影响到个体的行为选择。如

[①] 需要说明的是，在这里，"所有权入宪"并不仅仅是指在宪法规范中插入所有权保障条款，而是将其作为一项基本权利，与经典的个人和公民自由等相并列，纳入受宪法所保障的基本权利范畴。

[②] Costantino, *Proprietà* II, *Profili generali*, *diritto civile*, in *Enc. Giur. Treccani*, XXV, 1991, p. 2.

[③] 例如，1950 年印度宪法对所有权的保护曾经激起了法院和立法机关之间的斗争，几乎摧毁了宪法的道德和法律权威，最终使得所有权保障条款被完全清除于权利法案之外。参见范德·沃尔特《宪法上的财产权条款：在保障和限制间达致平衡》林来梵、宋华琳译，载《北大法律评论》编辑委员会编《北大法律评论》第 5 卷第 2 辑，法律出版社 2004 年版。

果将所有权定位为基本人权，那么它就同人的生命、自由、尊严以及平等权利一样，属于天赋权利不可剥夺。反之则所有权的内容、行使和保护都将由法律具体确定和规范，在不同程度上受到实证法的限制和约束。对此，学者卡拉布赖斯（Calabresi）和梅拉穆德（Melamed）曾经提出过财产权保障的三种形态：

第一，权利规则：财产权受法律保障，任何人要介入他人财产利用必须经权利人自愿同意。财产的使用及其价值都完全取决于权利人。

第二，义务规则：只要给予适当赔偿，任何人都可取得他人财产。赔偿标准由公正第三方，如法院或行政机关确定。

第三，不可转让规则：所有权人不能依其意愿自由转让财产。法律或者政府不仅决定所有权的分配以及权利取得成本，同时也对交易进行管制，只有在法律允许的情形下才能交易，或者全部禁止任何交易。①

可以看到，在这三种保障模式下，所有权对于权利人的价值和意义是非常不同的：在第一种保障模式中，所有权人对自己的物的利用和处分享有完全的自由，法律仅仅对这种自由提供充分保障即可。对于第二种保障规则，长拉布赖斯和梅拉穆德认为通常应当适用于主体难以达成协议或者达成交易的成本过高的情形。但如果将这种模式一般化，则会导致相对人只需依照主管机关制定的价格支付价金即可取得财产所有权。也即可以忽略所有权人的主观意愿，使所有权发生强制转移。第三种保障形式则带有强烈的"家父"色彩。在这种形式下，是由政府取代交易双方，替他们决定是否进行所有权交易以及交易价格。显然，在这三种所有权保障形式中，伴随着政府对所有权介入或干预程度的增强，法律对所有权的规范从最强保障到最强限制，财产所有权对于权利人的价值和意义也呈现出递减状态。除最后一种保障模式过于极端，暂且撇开不论之外，前两种保障模式反映了近代以来西方国家存在的两种主要的所有权理念，对于当代的所有权法律实践具有重要意义。在关于"所有权入宪"的讨论中，法学家们基于不同的价值理念，对于选择何种所有权保障模式形成了尖锐的对立意见。

主张将所有权作为基本权利纳入宪法规范的学者大多赞成采用第一种保障形式，其隐含的理念价值和立场是，"自由市场、最小国家的自由论

① Guido Calabresi, A. Douglas Melamed, "Property Rules, Liability Rules, and Inalienability: One View of the Cathedral", *Harvard Law Review*, vol. 85, No. 6 (Apr. 1972), pp. 1092 – 1093.

者及其树立起来的公域与私域间的屏障"①。基于这一理念，他们要求将公私分野、私人自治以及有限政府的原则贯彻到底。作为其结果，将所有权纳入受宪法保障的基本权利范畴，保障其不受侵犯，"除非在最特别情况下，都可使得财产权绝缘于国家规制之外"②。

相反，反对"所有权入宪"的学者则更倾向于第二种保障形式，主张基于公共目标或者公共利益需要可以对所有权进行限制，公共机构仅需依照法律规定给予权利人适当补偿，即可获得所有权。他们认为，所有权并不是如自由主义论者所认为的那样仅仅存在于私的领域，绝缘于国家干预之外，而恰恰是一个由公私法共同确定其边界的、动态的权利制度。"财产权制度及其限制的轮廓应是付诸民主决断的事项。"③ 因此，所有权受到立法的规制和约束而导致其权利边界的改变并非是例外情形，而是一种常态。在国家干预的每一个具体场合，都应当"求诸实体性的、价值导向的标准，进行个别化的判断"，以确定其正当性。而宪法对所有权的锁定则武断地拒绝了这一判断过程，通过将所有权限定在私域之中，排除了国家基于公共利益目的对所有权进行任何限制和调整的可能性。这样，"所有权入宪"带来的一个必然后果就是，私人利益保护与公共利益促进之间的紧张和冲突。

然而，面对所有权在现代西方许多国家都已经宪法化的情形，反对者也退一步提出了次优的选择。这以学者尼戴尔斯基（J. Nedelsky）为代表，他主张"所有权入宪"的正当性在于，在一个自由民主社会中，应当保护财产所有权不受到恣意的、歧视性的侵害，即所有权具有值得法律保护的价值。但需要注意，这一理论的隐含前提是，所有权是有边界的，并且这种边界是需要不断付诸民主决断，可以受到国家正当干预和立法规制影响，在动态中形成和发展的。④ 无论如何，所有权都不是一经私法界定，即可躲进小楼成一统的自由体。那种将所有权视为先于实证法的自然天赋权利的观念则更应当毫不犹豫地被摒弃。尼戴尔斯基从限制导向的视角对所有权宪法化的审视将他与自由论者从保障导向视角出发形成的观点

---

① 范德·沃尔特：《宪法上的财产权条款：在保障和限制间达致平衡》，林来梵、宋华琳译，载《北大法律评论》编辑委员会编《北大法律评论》第 5 卷第 2 辑，法律出版社 2004 年版，第 347 页。

② 同上。

③ 同上书，第 349 页。

④ 同上书，第 347 页。

区分开来。他还主张，如果能够立足于这种限制导向的视角，并发展出相应的司法审查框架，前述关于"所有权入宪"导致的私人利益与公共利益的冲突就可能被缓和或者达致平衡。

　　能够为尼戴尔斯基的观点提供有力佐证的一个典型例子是《德国基本法》对所有权的规定。《德国基本法》明确将所有权纳入了基本权利范畴。该法在第一章关于基本权利规范中规定了对财产权和继承权的保障。但是，紧随其后立即规定了"其内容与限制由法律规定之"，就将所有权完全纳入到实证法的范畴之中。并且，与其他基本权利仅仅在不同程度上受到法律限制不同，所有权的权利内容和结构性质都是由法律具体确定的。因此，它在本质上是"法秩序的产品"。①《德国基本法》第 14 条第 2 款还进一步规定，"财产权负有义务。财产权之行使应同时有益于公共福利"。此外，根据学者对德国财产权保障的考察，《德国基本法》也并未将所有的财产权都视为基础性权利。② 宪法对财产权保障的程度取决于它所承载和服务的深层次的实质价值，诸如财富最大化、个人隐私以及个人的自我实现等。德国法院区分了功能主要是甚至完全是经济利益，尤其是增长财富的财产价值，与关系到所有者作为道德个体或政治个体的地位的非经济利益的财产价值。只有后者作为基本的宪法价值受到保护。质言之，只有当财产权所直接涉及的价值体现着所有者作为自主的道德个体或政治个体的地位时，才会成为德国宪法中受到最高保障程度的基础性权利。可见，在《德国基本法》中，财产权仅在反映人的尊严和自我实现价值的范围内才被视为基本权利。所有权的宪法化并没有将所有的财产权纳入基础性权利之中，其对所有权的规定也并非仅仅是从保障角度切入的，它也同时强调了所有权受到限制以及承担了社会功能的一面。

　　由此可见，即使在那些将所有权纳入宪法确立的基本权利范畴的国家，也并不意味着它仅仅是从保障视角单向看待所有权宪法条款的，也并非不允许对所有权进行限制和干预。换言之，即使将所有权宪法化，也仍然可能在财产权保障与限制之间实现平衡。而且，综观西方发达国家有关现代财产权的宪法规范，它们大都蕴含了三重结构：保障条款、限制条款

---

① ［德］维尔弗里德·贝格：《德国宪法中的所有权保障》，《华中科技大学学报》（社会科学版）2004 年第 6 期。

② ［美］G. S. 亚历山大：《财产是基础性权利吗？——以德国为比较项》，郑磊译，载浙江大学公法与比较法研究所编《公法研究》第 5 辑，浙江大学出版社 2007 年版，第 418—419 页。

和征用补偿条款。① 尽管并非所有国家的宪法都明确规定了这三个条款，因为任何一部宪法对所有权的规定都是对立宪时的政治环境、意识形态和社会阶层力量对比关系的反映，这决定了宪法对财产权的保障形式并非都是理想化的，而更多的是时代精神的反映。但是，各国的宪法判例和实践通过对宪法规范的解释和发展，使其适应于社会的发展演变，实现所有权的基本法地位与国家法政策方向的调和。因此，对于宪法所有权规范的解释是从保障视角出发还是从限制视角出发，更多地取决于一国当时主导的所有权宪政理念。而考察大陆法系国家所有权价值理念的发展，可以看到其中经历了一个显著的转变趋势，即从天赋权利到所有权负义务观念的转向。

（四）所有权社会功能概念引入的途径——宪法所有权

所有权作为一项基本权利被提出最早是在 17 世纪，在确立人的自由原则及其在市民社会中的保护背景下被提出。最初是经验主义哲学的创始人洛克在《政府片论》中提出：最初劳动产生对自然界中任何自由财产的所有权。超过消费所需的财产价值将带来商业贸易和货币的使用，以及土地的不平等财产归属。人们因此接受由国家统治以保障自己的财产，因此，国家不能未经他们同意剥夺其财产，那就与其建立的目的背道而驰了：国家未经人民同意剥夺私人财产就侵害了基本的所有权，倾覆了建立公共权威机构的目的。② 持类似观点的还有普芬道夫。他在最初对生存必需的物的自由财产归属中发现了对一种自然权利，即由上帝给予的权利的行使。随着人类的繁衍，有必要建立一个物的规范以维持不同种族人们之间的和平。他认为："这是自然要求我们的，为了维持对物的相对和平，因为对物的共同不加区分的使用很可能会引发战争，任何人都应当对其有一定的份额，对此没有人可以提出正当要求反对。"③ 此外，洛克的财产权劳动理论将所有权建立在个人对其自身及其劳动的支配基础上。因此，所有权就被纳入主体人格范畴，是主体人格在客观世界中的外部投射，即主体的人格在所有权中得以发展。"如果把人权的化身定义为自由，那

---

① 林来梵：《论私人财产权的宪法保障》，《法学》1999 年第 3 期。

② Locke, *Two Treaties of Government*, in *The Works of John Locke*, V, London, Aalen, 1963, p. 359.

③ Pufendorf, *Elemntorum jurisprudentiae universalis libri duo*, I（tr. inglese）, Oxford, 1931, def. V, n. 15, p. 35.

么，自由和所有权的概念就是重合的。"① 所有权作为人的自由的体现，因此被列入人的天赋自然权利范畴。将所有权作为基本权利的观点为启蒙主义思想所接受，并在 17 世纪末英国的自由宪章中获得表达，将所有权确立为"人的不可侵犯的权利"；之后 1789 年的法国《人权与公民权利宣言》更进一步将所有权确立为"神圣和不可侵犯的权利"（第 17 条）。

但是从 19 世纪下半叶开始，伴随着工业革命以及随之产生的社会经济变革，自然法学派的所有权观念就已经产生危机。贫富差距的扩大、社会矛盾的加剧以及市场机制的失灵都使得国家不得不介入到社会经济领域中来。当所有权超越所有权人的利益而影响到集体或者社会利益时，对所有权的干预和控制必然产生。所有权与自由之间的关联不再能够为所有权的绝对性提供正当性辩护。学者开始批评之前的观念原则的抽象性和反历史性。② 因为事实上自罗马法以来，所有权从一开始就不是绝对的，只是在 19 世纪自由主义之个人主义理论盛行时期，私权神圣突出强调了所有权的绝对性，其相对性一面则隐而不彰。矫枉过正必然导致一些消极后果，促使人们重新全面检视所有权，限制其绝对性，使所有权人负社会义务。至 19 世纪末，自由主义的所有权观念已经被动摇，所有权负义务或者所有权作为社会功能的观点被提出。其中，德国学者耶林倡导的所有权义务论，以及法国学者狄冀（Léon Duiguit）宣扬的社会连带主义理论就是典型代表。前者以利益代替主观权利的自由意志理论，主张法律的目标是在个人原则与社会原则之间形成一种平衡，③ 因此，所有权行使之目的不仅应当为个人的利益，也应当为社会的利益。后者更直接宣称所有权不是一种权利，而是一种社会功能。④ 其矛头直指自由意志理论的基础——

---

① ［德］迪特尔·施瓦布：《民法导论》，郑冲译，法律出版社 2006 年版，第 48 页。

② Marco Comporti, *La proprietà europea e la proprietà italiana*, in *Rivista di Diritto Civile*, 2008, 4, p. 191.

③ ［美］埃德加·博登海默：《法理学——法哲学及其方法》，邓正来等译，华夏出版社 1987 年版，第 104 页。

④ ［法］莱昂·狄冀：《〈拿破仑法典〉以来私法的普通变迁》，徐砥平译，中国政法大学出版社 2003 年版，第 15 页。依照孔德的说法，现代社会科学由形而上学进入到实证科学，后者要求对可验证的事物探索其科学规律，而不可验证的事物则应当被剔除出科学范畴之外。从这一论点出发，狄冀认为"主观法权"或者"自由意志"等形而上学的概念都是不可证明的，它们只会给法律观念带来混乱，因此应当被抛弃。参见徐菲《刊校者导言》，［法］莱昂·狄冀：《〈拿破仑法典〉以来私法的普通变迁》，徐砥平译，中国政法大学出版社 2003 年版，第 6 页。

个人主义法律观。而对此的批判可以上溯到涂尔干（Emile Durkheim）的社会连带思想。依据涂尔干的理论，社会团结作为一种社会事实独立于个体之外，并对个体产生影响。因此，个人的本质和个性由社会决定，个人意识由社会集体意识决定。并且，伴随着社会分工的发展，人们相互依赖的加深，社会必然由机械团结转向有机团结，社会的凝聚力以及对个人的影响会进一步增强。[①] 狄冀在这一理论基础上提出，所有权只不过是主体因持有财物而在社会生活中形成的一种法律地位，因此，他也应当在社会内完成一个相应的职能，即实现社会赋予该财产的功能。[②]

无论如何，现代社会中所有权越来越多地受到来自公法方面的管制和约束已经成为不争的事实。特别是在不动产领域，基于生产目的、城镇规划、环境保护等利益形成的法政策目标都构成了对所有权的合法限制。这样，所有权在经历了被过分拔高作为天赋自然权利之后，重新被引入实证法领域，成为由法律确立、调整和保护，并由法律规定其内容的实证法权利。人们也开始认识到私人所有权不可能是绝对和无限制的，必然要受到一定的约束。与此同时，国家尽管应当维护自由以及私营经济自主性的基本价值，同样也应当对其活动进行适当干预，以使其与社会总体利益相协调。

因此，尽管早期欧洲国家的宪法，如法国或者爱尔兰继续将所有权作为天赋权利加以承认，但较为近代的宪法则仅将所有权视为一种实证法权利进行规定，如《德国基本法》第14条第1款第2项规定："（所有权与继承权的）内容和范围由法律规定"，就将所有权完全纳入到实证法的范畴之中。一些国家在这一点上走得更远，如意大利宪法以及之后的西班牙宪法，都不再将所有权作为一种基本权利，在体系定位上将其置于经济关系领域，而不是主体人格自由范畴。同其他调整经济关系的法律制度一样，宪法所有权规范在价值导向上强调所有权不仅仅服务于权利人自身利益，同样也涉及其他相关主体的利益；在制度层面则着重对所有权人权能行使方式的规范。[③]

---

① ［法］埃米尔·涂尔干：《社会分工论》，渠东译，生活·读书·新知三联书店2000年版，第90页。

② ［法］莱昂·狄冀：《〈拿破仑法典〉以来私法的普通变迁》，徐砥平译，中国政法大学出版社2003年版，第148页。

③ Stefano Rodota, voce *Proprietà* (*diritto vigente*), in *Il diritto civile italiano nelle pagine del digesto*, a cura di Raffaele Caterina, Torino, 2008, p. 376.

即使是在法国，受社会公共利益和经济发展的影响，所有权受到限制也已经成为共识。法国学者认为民法典第 544 条的规定更多的是一种宣示性规定，而非实质规范。而且仅仅从字面上理解《法国民法典》第 544 条似乎也会形成误解，因为这掩盖了作为民法典前提的目的理性。洛克和斯密、康德和黑格尔、萨维尼和温德夏伊德的学说理论中都是当然地从理性人这一前提出发，认为理性能够使每个人合理使用其所有权进行收益，而不让其无所产出。① 当这一理论前提丧失时，就有必要从外部对所有权进行限制。因此，在法国，以拿破仑民法典为界线：之前为个人主义所有权上升期，之后至今为团体主义所有权上升期（也就是对绝对的私有权进行限制的时期）。② 此外，法国法还发展出权利滥用理论，对所有权的行使进行限制。这一理论之后在整个欧洲范围内被广泛讨论，更反映了个人主义所有权的危机。

事实上，关于所有权的限制、所有权的社会本位和义务的讨论从所有权自由产生一开始即已存在。但这一趋势只在 20 世纪伴随着"立宪时代"的到来才获得了更加蓬勃的发展。

民法典与宪法各自被制定的时代决定了二者在所有权立法规范上的主导思想的差异。近代以来，欧洲各国民法典或多或少都带有拿破仑民法典和"个人主义所有权"烙印，而 20 世纪中期以后建立起来的宪法面对新的社会经济政治形势，已经超越了民法典制定时期主导的自由主义和个人主义观念，在强调个体基本权利保障的同时，转向强调社会团结与协作。这种理念基础的差异反映到所有权制度上，就体现为宪法所有权与民法所有权的分野。

早在 1919 年的《魏玛宪法》中，就形成了宪法所有权与民法所有权的区分。《魏玛宪法》第 153 条规定："所有权负有义务，其行使应同时有益于公共利益。"与之一脉相承，《德国基本法》确立了"所有权的社会义务"原则。《德国基本法》第 14 条第 2 款规定："所有权承担义务。它的行使应当同时为公共利益服务。"这成为所有权从绝对化走向相对化的标志。它对于此前民法典确立的绝对所有权制度的更新也发挥着决定性

---

① ［德］罗尔夫·克尼佩尔：《法律与历史——论〈德国民法典的形成与变迁〉》，朱岩译，法律出版社 2003 年版，第 261 页。

② 长孙子筱：《法国物权法进展》，2010 年 3 月，http：//article. chinalawinfo. com/Article_ Detail. asp？ ArticleId = 36826。

的作用。①

1948 年的意大利《宪法》对于所有权制度确立了两个基本原则：所有权受宪法保障；所有权负有社会功能。意大利 1948 年《宪法》第 42 条第 2 款规定了私人所有权的"社会功能"，突破了绝对所有权的概念，将所有权从主体人格以及人的自由锁链上卸下，重新回归到财产权领域，并在保护所有权人个人利益的基础上，强调个人利益与社会利益的平衡。

综观大陆法系国家晚近以来颁布的宪法，可以发现，其共通之处在于，与民法典中以自由主义思想为主导的所有权概念不同，宪法更多地强调了所有权的社会功能与义务。这样一种立场的转换与其说是基于宪法与民法法律性质的差异产生，不如说是所有权价值理念从近代向现代转变的结果。对比《欧盟基本权利宪章》与晚近以来的欧盟成员国的宪法关于所有权保障与限制的理念，可以看到它们之间显著的差别：后者更多地关注权利的客观方面，如权利内容、限制以及征收相关规定等。宪法一方面强调了对所有权的保障，另一方面也突出了所有权负有社会功能的一面，授权法律对所有权的内容进行限定。在这些国家的所有权宪法规范中，所有权不再以绝对化的面貌出现。依照社会功能原则对所有权的限制与对所有权的保障成为并行的两个原则，体现出对个人利益与社会利益的折中。而欧盟组织基于建立统一市场，实现资本、商品以及各种资源的自由流动的目的，必然要最大限度地保障市场主体的权利不受侵犯，因此它在立法上倾向于 19 世纪的自由主义与个人主义的所有权理念，强调所有权的主观权利性质，突出对主体权利的完全保护。② 尽管欧盟法也规定法律可以基于一般利益对主体的所有权进行限制，但总体上仍然将限制条款作为一种偶然的、附带的和次要的规定。

可以理解的是，欧盟法之所以更倾向于自由主义的所有权观念，主要是基于构建和维护统一市场的需要。统一市场必然要求所有权尽可能获得最充分、最完全的法律保障，消除各种制度障碍和壁垒，从而最大限度地实现各项市场要素的自由流通。而欧盟成员国基于各自的法政策目标，总是在公共利益与私的所有权保障之间寻求平衡。其考虑的除了保障财物的自由流通之外，同时也必须要考虑该项财产与公共利益相关的部分，可能基于不同类型的财产所承载的不同社会功能而对其作出相应的限制与约

---

① 孙宪忠：《德国当代物权法》，法律出版社 1997 年版，第 188 页。

② S. Mazzamuto, *Libertà contrattuale e utilità sociale*, in *Diritto civile e principi costituzionali europei e italiani*, a cura di Cesare Salvi, Torino, 2012, pp. 173 – 201.

束。欧盟法与成员国在所有权限制与保障问题上的不同法政策倾向，最终对法律实践产生了深刻的影响。

在欧盟成员国的法律实践中，对宪法的遵从以及对民法条文的合宪性解释都使得宪法的价值理念必然会全面渗入到民法制度之中。因此，通过宪法规定体现出来的所有权的新的精神气质也必然会投射到民法所有权中，对民法典中所有权规范的解释和民事立法产生影响。然而，仍然有疑问的是，宪法所有权与民法所有权表达的是同一概念吗？二者可以等同吗？

事实上，只要对大陆法系国家中关于所有权的宪法规范与民法规范略作考察，就可以很容易地发现，尽管可能存在重叠的地方，二者并非是在同一个意义上被使用的。总体而言，近代以来，大陆法系国家中宪法所有权与民法所有权的差别主要反映在以下三个方面：

第一，与民法典对所有权的规范关注财产的归属和用益规则不同，宪法更主要的任务是确定所有权在受宪法保护的一系列价值中的位阶。质言之，民法典是在法技术层面构建所有权的权利结构、内容，规定其取得、行使、变动以及救济规则；宪法则从价值层面确定所有权在受法律保护的权利以及利益序列中的位阶，划定特别法或者行政行为对私人所有权限制的范围，确定对所有权的宪法保障程度。

第二，与私法所有权主要规范私主体之间的民事权利义务关系不同，宪法旨在调整私人权利与公共权力之间的关系。即宪法与私法调整的是同一所有权客体之上不同主体之间的法律关系，这也是两者在所有权规范上的根本差别。[①] 因此，所有权的宪法保障针对的主要是私人所有权，强调在面对公权力的不当干预与侵害时，对私人所有权的保障。公共所有权则基本上不存在这个问题。正是基于这一理由，德国宪法法院就明确将公法法人的所有权排除在《德国基本法》第 14 条第 1 款规定的作为基本权利的所有权范畴之外。[②] 甚至可以进一步来说，所有权保障的对象，原则上只是一般自然人和法人的私有所有权，而不包括根据公法设立的法人的所有权。因此，所有权宪法保障的本质并不是保障私有所有权，而是保障私

---

① 林来梵：《针对国家享有的财产权——从比较法角度的一个考察》，《法商研究》2003 年第 1 期。

② ［德］鲍尔·施蒂尔纳：《德国物权法》（上册），张双根译，法律出版社 2004 年版，第 15 页。

有权利人对于公权力不正当干预或者侵害的防御权。① 这样，即使是公法人的私人所有权也被排除在宪法保障之外。

第三，与宪法所有权实际指向的是相对于公权力的私权利相对应，宪法所有权比传统民法意义上的所有权的外延要大，几乎包含了法律意义上的一切财产权利。② 如《德国基本法》第 14 条规定的所有权包括一切具有财产价值的、"规定可以使人用益和自己处分"的权利。③ 宪法所有权的客体也不仅仅局限于私法意义上的物。宪法不局限于对物质财产的保护，毋宁是对公民经济权利的保障。因此，"宪法上的财产不仅包括民法上的物，而且也包括一国主权管辖下与权利主体相联系、尚未被人们所认识、暂时不能被利用来满足人类需要的一切自然资源和社会财富"④。此外，宪法所有权保障的更主要的是私主体的财产利益，而非严格拘泥于法技术层面意义上的权利保护。从这个意义上说，所有权的实质内容就仅仅是经济层面的，与物对主体的效用和经济价值相联系。⑤ 换言之，作为宪法保护对象的所有权更多的是从经济利益的视角出发，而不是从法技术意义上的所有权概念形式所体现的利益来考虑的。因此，宪法是将它所保护的所有权与各种可以归属于私主体的财产利益等同起来，由此产生所有权的宪法保障。即当私人财产利益因公共行为遭受损失时，宪法保障的主要是权利人享有因此获得补偿的权利。

概言之，宪法对所有权的保障并不仅仅限于私法意义上严格的所有权概念，而毋宁是通过举隅方式确立了对私人的一切财产权利的保障。这样，我们可以看到，宪法所有权与民法所有权事实上是处于不同层面、涉及不同法律关系的两个概念：前者着眼于价值层面，后者则立足于法技术层面的规范构建；前者涉及的是相对于公权力而言的私权利，后者涉及的是平等主体之间的财产权利义务关系。因此，宪法对所有权概念的宽泛化使用并不影响民法在法技术意义上对所有权的认定和规范。但是，宪法对所有权价值位阶的确定以及权利保障的强弱，毫无疑问会成为所有权民事

---

① 孙宪忠：《德国当代物权法》，法律出版社 1997 年版，第 187 页。

② ［德］迪特尔·施瓦布：《民法导论》，郑冲译，法律出版社 2006 年版，第 48 页。

③ 依据德国联邦宪法法院的表述，宪法规定的所有权保障"原则上包括由法律制度以此种方式赋予权利人的所有具有财产价值之权利，即权利人可以为其私益，依据自己负责之决定而行使由该权利所生之权限"。参见［德］鲍尔·施蒂尔纳《德国物权法》（上册），张双根译，法律出版社 2004 年版，第 518 页。

④ 周林彬：《物权法新论：一种法律经济分析的观点》，北京大学出版社 2002 年版，第 333 页。

⑤ Cesare Salvi, *Il contenuto del diritto di proprietà*, Giuffrè, 1994, p. 18.

立法政策以及法律解释的指导依据。

这样，尽管宪法所有权与私法所有权不可同一而语，宪法所有权制度仍然可能对私法所有权的制度概念以及规范结构产生重要影响。实现这种影响的一个重要途径就是宪法所引入的所有权的社会功能概念。社会功能概念将所有权人的利益与一系列体现社会利益的具体的、历史的目标相联系，使所有权最终摆脱了绝对主观权利的特质。[①] 而且，为了缓和绝对的、排他的私人所有权模式的严格与僵硬，让更多的主体参与到对物的利用中来，或者是为了保护与客体物相联系的社会利益，宪法对所有权的保障蜕化为一种归属保障，而不涉及对所有权人的权能保障，对于所有权人的权利内容和范围则交由特别法具体确定。例如，德国和意大利民法都赋予一般法律对所有权的内容做出限制性规定的资格。因此，在民法所有权概念基础上，立法者可以具体规范和确定所有权的权能内容。这意味着在法律领域不再是片面地强调所有权作为主观权利的一面，强调其作为主体人格自由的反映，而是将法律规范的重心转移至所有权所担负的社会功能和社会义务方面。

二 所有权社会化的技术分析：一元抑或多元的所有权制度？

（一）所有权社会功能概念的含义与运作机制

社会功能相对于公共利益的含义更广。后者体现为国家或者其他公共机构自身构成的集体的需要，而前者则体现在集体效用中，即反映为整个共同体或者地方整体的利益，推动社会状况的一般或者整体改善。[②] 所有权的社会功能原则使所有权能够因有利于旅游业、创造新的工作职位、环境保护、增加房屋居住供应、提高财富资源的生产力等目的被限制。[③]

具体而言，所有权的社会功能主要可以通过三种途径实现：第一，自由裁量赋予所有权人对物特定的用益权能，例如允许土地所有权人在其土地上建造房屋的特许权利；第二，对法律已经确立的权能进行规范，例如在不动产租赁合同中，除了允许当事人自由协商外，法律也对其进行补充规范或者强制规定；第三，附加实施特定权能的义务，例如耕种土地，不

---

① Guido Alpa, *Intervento*, in *Crisi dello stato saciale e contenuto minimo della proprietà*; *Atti del Convegno Camerino*, 27–28 *maggio* 1982, E. S. I. Napoli, 1983, p. 11.

② C. Massimo Bianca, *Diritto civile*, 6, *La proprietà*, *Giuffrè*, 1999, p. 171.

③ Ibid.

得抛荒的义务。①

　　宪法对社会功能概念引入标志着社会化原则已经成为所有权的实质要素和制度特征。这意味着，为使得对物的使用符合其担负的社会功能，法律不仅可以对所有权的内容和行使方式进行限制，而且可以具体确定所有权人在实现社会功能过程中应当承担的义务。这样，问题就产生了：所有权作为对物的一种完全的统领支配权，法律是否能够为所有权人创设积极义务？依照古典自由主义的观点，对自由的定义只能是否定意义上的限定，法无限制即自由，而不可能从积极意义上界定。所有权作为主体人格自由在客观物质世界的投影，实证法只能限定所有权人的权利范围，不可能要求所有权人为积极义务。近代以来的大陆法系传统民法将所有权视为一种纯粹的主观权利，尽管允许对其进行限制，但不可能为所有权设立义务，否则这种法律关系就转变为债权性质的了。例如，有学者认为，所有权作为赋予权利人的主观权利，是为了保护其利益。法律对所有权社会功能的引导主要是通过保留在权利外部的限制规定实现。② 对所有权的限制只是为了实现所有权的社会功能，使所有权人只能从社会一般利益角度考虑在正当的限度内享用物。③ 并且，公共利益的实现仅仅是通过间接方式实现的，也即应当认为，所有权所负担的社会功能所指向的并不是物上的私人所有权，而是作为所有权客体的物。④ 这样，所有权的社会功能或者义务就仅仅构成所有权的一个外部约束，并不触及或者损害所有权作为确认和保障私人利益的主观权利性质。

　　但是在现代，也有许多学者提出相反意见，如若铎塔（S. Rodotà）认为，所有权的社会功能已经构成其权利结构的组成部分。在确定所有权的权利内容时，所有权负社会功能作为一般原则，即使在那些法律没有明确规定的情形中也可以被援引。⑤ 另一位学者柯斯塔帝诺（M. Costantino）虽然不认为所有权负社会功能原则能够作为直接适用的规则，而主张"通过法律对所有权内容的确定是多种因素综合作用的结果，它们通过相互作用达到恰当的平衡，以实现需要保护的各种利益"⑥，但也赞同所有

① Stefano Rodotà, *il terribile diritto：studi sulla proprietà privata*, Mulino, Bologna, 1990, p. 420.

② SantoroPassarelli, *Proprietà privata e Costituzione*, in *Riv. dir. civ*, 1972, p. 959.

③ Giuseppe Chine, Andrea Zoppini, *Manuale di diritto civile*, Neldiritto edittore, 2009, p. 605.

④ Ibid.

⑤ Stefano Rodotà, *il terribile diritto：studi sulla proprietà privata*, Mulino, Bologna, 1990, p. 223.

⑥ M. Costantino, *Il diritto di proprietà*, in *Trattato di diritto privato*, diretto da P. Rescigno, Ⅶ, 1, 1982, p. 207.

权法律关系中可以包含积极义务。分析这些学者在社会功能对所有权权利结构影响上的分歧，可以发现其中的关键问题在于，在物权法律关系框架中是否能够容纳物权人的积极义务内容。如前所述，这一点在传统民法中是划分物权与债权法律关系的一个重要影响参数。因为只有在债法关系中才使债务人承担给或者做的义务；在物权领域中，物权人在法律规定和不损害他人利益的范围内对物享有自主的权利，法律不能强制物权人为第三人利益为一定行为，否则就不再是物权关系，而是债权关系了。罗马法的一个古老原则——"役权不能要求作为"即为著例。然而，在现代民法中可以看到，物权关系中权利义务并存的现象并不罕见，如建筑物所有权人对共有墙壁的修缮义务、相邻土地所有权人应当分担对划界围墙的修剪、永佃权人改良土地的义务以及用益权人维护物的经济功能的义务等。① 在这些物权法律关系中，权利主体所承担的义务是实现物的社会功能的必要条件，它可以被看作后者的社会成本的一部分。由此可以推论出，权利与义务在物权法律关系中也是能够兼容的。这样就排除了将所有权的社会功能与主观权利观念结合的理论障碍，使所有权从纯粹的主观权利演变为权利、负担和义务的综合体成为可能。

（二）对所有权制度体系产生的影响

所有权社会功能概念的引入，对所有权制度在两个层面上产生了重要的影响。

首先，是法律规范层面上的影响。

所有权的社会功能原则的确立对所有权制度的立法和实践都产生了重要的影响。一方面，它赋予了立法者对所有权权利内容进行限制的正当性；另一方面，当私人财产的自由利用与社会利益之间发生冲突时，它还可以作为法官裁判依据的一般原则，② 为宪法所保护的、与社会相关的利益和价值提供保护。③

在多数大陆法系国家，所有权的社会功能原则并不能直接适用于所有

---

① Enrico Caterini, *Proprietà*, Napoli, 2005, p. 172.

② 例如，德国法院从 1987 年以来的几个案件中对不动产所有权创立了"情势限制性"（Situation Bebundheit）理论，认为每一块不动产都与它的位置、状况、地理环境、风景、大自然等因素，也即它的"情势"紧密联系在一起。因此，不动产的所有权人在行使其权利时必须考虑到这些情势，必须遵守因"情势限制性"而产生的社会性义务，并只能在其特定情势下从土地取得收益或者为处分。参见孙宪忠《德国当代物权法》，法律出版社 1997 年版，第190 页。

③ Cesare Salvi, Ⅱ *contenuto del diritto di proprietà*, Giuffrè, 1994, p. 67.

权本身，需要通过立法者的特别规范实现。例如，德国联邦宪法法院在解释这一原则的实现机制时就指出，是由立法者根据其依《德国基本法》第 14 条第 1 款第 2 句取得的委托立法权，以一般的和抽象的方式，对这些义务和限制进行规定。① 这样，所有权社会功能概念的引入就为立法者对私人所有权的干预提供了正当性。尤其是二战之后，大量特别法的颁行，如关于城市房屋租赁、农地租赁、农业合同、征收等单行法都对所有权权能内容的规范产生了深刻的影响。这些特别法对所有权权能内容的限制与压缩有时候是非常显著的，但这种限制在何种程度上是合理的呢？从所有权自由到所有权负义务，所有权制度很容易走向另一个极端，即完全忽视所有权作为私权的伦理，过分压制和损害所有权人的自由与利益。因此，有必要提出一种标准，以防止对私人所有权过度限制和损害，以致构成对私人所有权的一种实质上的剥夺。

所有权社会功能原则也限定了立法者对所有权干预的范围和程度，这主要体现在两个方面：一是立法干预需具有正当的社会目的，在社会利益与个体利益之间保持公正平衡；二是对所有权的限制只能由法律做出，即采法定主义模式。然而，对于确定什么是公正的，需要有一个具有内涵的原则，即法律的合目的性或者目的理念。② 对此，德国法学理论以及司法实践发展出两种理论来认定属于过分限制乃至构成剥夺所有权的情形：一种是个别行为理论，另一种是最小权利内容理论。③ 依据前一理论，如果所有权人因该限制所做出的牺牲仅仅具有个别特征，其所承担的负担与其他所有权人承担的是不相一致的，则此种对所有权的限制情形构成所有权剥夺；依据后一理论，除非经过合法的征收程序并给予公正补偿的情形，对所有权的限制不能损及所有权人的本质权利或者核心权利。当依据法律传统所确立的标准，或者依据当时的社会观念所认定的一般标准，所有权干预对私人的影响已经损害到所有权人的实质权利时，就构成对所有权的剥夺。

这两种理论对于过分限制所有权情形的判定提供了助益，但新的问题随之产生：如何判定对所有权施加的一项负担是个别的，而不是一般性的？又应当如何确定所有权的本质与核心内容呢？所有权的最小权利内容

① ［德］迪特尔·梅迪库斯：《德国民法总论》，邵建东译，法律出版社第 1997 年版，第 111 页。

② ［德］考夫曼：《法律哲学》，刘幸义等译，法律出版社 2003 年版，第 242 页。

③ Cesare Salvi, *Il contenuto del diritto di proprietà*, Giuffrè, 1994, p. 14.

这一概念本身就是非常模糊且极富争议的。首先，最小权利内容本身是什么很难界定；其次，所有权是否存在最小内容也殊值疑问。针对这些问题，意大利民法学者创立了一种新的理论：多元所有权理论。该理论认为，所有权的具体规则不能被简化成单一的所有权模式，依据构成所有权客体物的不同特征，形成了各种不同的具体的所有权类型和具有不同法律地位的所有权人。依据这一理论，如果一项限制针对的是某一类别所有权的全部客体，则构成对所有权的一般性限制；而如果该限制仅针对该客体类别中的某一部分或者某一个客体物，则构成对所有权的个别限制。例如，不得建造房屋的规定对于属于自然风景所有权的不动产客体构成一般限制，而对于其他类型的所有权客体，如城市土地而言则仅仅是个别限制。这样，在对所有权类型进行区分之后，在每种所有权类型内部，就很容易区分出对权利的一般限制与个别限制。①

其次，所有权社会功能概念的引入对所有权制度产生的更为显著的影响则是体系上的。

所有权社会功能概念的引入导致了统一的所有权概念与因财产性质差异而逐渐产生的不同所有权规范之间的分野。基于作为客体物的财产的社会重要意义，所有权需要承担社会功能和目的，所有权人的权利内容受到社会需要的限制。因此，立法者就需要发挥其功能，依照财产的特征和目的，具体确定所有权人的权能内容。这样，作为所有权客体的财产被划分为多种类型，与之相联系的所有权也被多元化，以分别对应于不同的社会功能和目的。各种所有权因此与各种特别法相联系，其权利内容受到来自如城镇租赁、农地租赁、农业合同以及征收等相关法律规范的影响。这样，统一的所有权体系就分解为与财产的目的和性质相联系的，并受依此勾勒的不同规则调整的各种典型所有权，如农地所有权、森林所有权、建筑物所有权、文化遗产所有权以及环境资源所有权等。因此，在现代所有权的社会化和多元化趋势影响下，所有权不再是具有绝对的、不受限制的

---

① 但是多重所有权理论一开始就是模糊的。各种所有权类型之间的差别既可以归因于财产归属客体特征的自然差异，也可以是基于法律对不同财产类型的区别规范。依照前一标准，所有权就是一种先在于实证法的权利。只是与自然法所有权概念不同的是，这里它用社会观念取代了自然法。并且，社会观念并没有给出所有权的实质内容的一般概念，而是与作为所有权客体的财产类型相联系。依照后一标准，所有权的实质内容是由调整所有权各个具体类型的法律具体确定的。由于法律对各种所有权的保障都是建立在所有权平等原则基础上的，当对某些所有权人的权利限制导致权利人过分牺牲时，就违反了平等原则，构成违宪。Cfr. Cesare Salvi, *Il contenuto del diritto di proprietà*, Giuffrè, 1994, p. 15.

权利的统一的概念模式，而是瓦解成体现不同法律地位和身份，权利内容被限缩的法律范畴。这些具体所有权类型的差异不仅仅是结构上的，即法律所确定的具体权利和义务多少的差异，更主要的是功能上的不同，这主要体现在不同所有权类型所旨在保护和实现的利益重心和层次的差异。[1] 这就在一定程度上对民法典规定的统一的所有权制度体系形成了冲击。为避免体系的振动，我们可以看到，在大陆法系一些国家的民法典中，例如德国、瑞士和意大利现行民法典等在这一问题上都从对所有权的规范转向了对所有权人的规范，具体规定后者的权利义务、行使方式以及限制等，并通过援引特别法或者转介公法规范，在各种法律情形中具体确定所有权人的权利、义务和负担，形成了具有不同法律地位的所有权人。

有学者因此指出，所有权制度中出现的分化现象已经导致了统一的所有权概念不复存在：不同的归属情形以及由此形成的各自的调整规则都导致了所有权的分解，形成多元化的所有权形式。因此，所有权不再是一个统一的概念，不存在一个统一的、严格意义上的确定的所有权概念。[2] 换言之，所有权类型的分化以及个别化使得我们再来抽象地谈所有权概念几乎已经失去了意义。这一抽象概念只是表明了某物归属于某个特定主体，仅此而已，如果不落实到具体的农地所有权或者是住宅所有权，并与其相应的特别法规范相联系，我们就无法确定所有权人的权利内容和范围，以及在何种程度上受到法律保障。

然而，不可否认的是，各种所有权形式之间仍然存在一些共同点，这主要体现在两个方面：第一，民法典规定的，所有权的流转和保护规则；第二，宪法对所有权的保护与限制规定。[3] 因此，我们可以发现，在大陆法系国家，对所有权的规范也已经形成了一个与合同法类似的规范结构。尽管在民法典中，所有权规范没有像合同法那样，明确地表现为一个合同总则和各种有名合同规范的总分结构，但事实上在所有权法部分中同样存在一个类似的结构，只是它更加隐蔽地体现在整个法律体系中：民法典对所有权的规范体现为适用于各种所有权类型的共同规则；各个典型所有权类型则由各个特别法具体进行规范和限定。

---

[1] Salvatore Pugliatti, *La proprietà e le proprietà*, in Idem, *La proprietà nel nuovo diritto*, Giuffrè, 1964, p. 298.

[2] Pietro Perlingieri, *Introduzione alla problematica della "proprietà"*, Jovene editore, 1971, p. 59.

[3] A. Gambaro, *Proprietà in diritto comparato*, voce in *Digesto delle discipline privatistiche*, *Sezione civile*, Vol. XV, Torino, 1997, p. 519.

　　这样一种所有权体系中的总分结构的产生是源于从物的视角出发对所有权的思考，基于客体物自身的自然属性及其具有的社会重要性，由特别法具体规范形成一系列典型所有权类型。但是，这种法律视角的转换是在确认从主体视角出发建构的所有权制度的前提下进行的，也即从物的视角出发对所有权的规范和限制是在所有权既有的框架体系之内进行的。只是从物出发的观察视角有助于矫正单纯从主体出发建构所有权规范的武断，使所有权制度能够更好地适应社会实践发展的需要，但并没有推翻近代以来从人出发，以主体为基础建立的所有权制度，或者改变其所有权结构模型。因为从主体视角出发的所有权模式作为个人主义和自由主义思想的彰显，对于维护主体的自由仍具有显著意义。"因为自由始终是推动人类进步的价值动力，是人类文明的瑰宝，法律追求自由价值所期盼的结果不是自由本身，而是通过自由所达到的理想。"①

　　因此，尽管存在例外情形，现代所有权的统一体系仍然得到维持。正如日本学者北川善太郎所言，现代法中新出现的法律制度并非是作为近代法的替代物而出现的，它们与近代法并存；现代的法律秩序恰恰是由近代法和那些对近代法进行了修正和补充的新的法律制度之双重规范结构组成，近代法正是在维持其原有的基础的同时，通过将深刻的政治、经济、社会变动制度化来维持其生命力的。② 因此，毋宁说现今的所有权制度是在近代以主体为基础构建的所有权模型基础上，从物的角度出发所作的一种修正。然而，将所有权理解为依照物的性质目的"被形塑的权利"这一理论学说的产生，至少部分地说明了主观权利模式的局限和危机。此外，所有权依其客体的性质特征被划分为不同类别，以分别对应于不同的社会功能和目的，统一的所有权体系就分解为与财产的目的和性质相联系的，并受依此勾勒的不同规则调整的各种典型的所有权类型，如农地所有权、森林所有权、建筑物所有权、文化遗产所有权以及环境资源所有权等。这些因为所有权的社会功能概念引入带来的所有权理论、制度、体系的变革，都反映了物在所有权制度结构中的地位上升，从而对过去主要体现主体自由意志、作为主观权利的所有权制度产生了深刻影响。

---

① 马新彦：《罗马法所有权理论的当代发展》，《法学研究》2006 年第 1 期。

② ［日］北川善太郎：《关于最近之未来的法律模型》，载梁慧星主编《民商法论丛》第 6 卷，法律出版社 1999 年版，第 283 页。

第五章 大陆法系现代所有权模式下我国物权法所有权类型的新诠释

2007 年我国《物权法》的出台对于实现我国物权的体系化具有重要意义。新《物权法》总体上采纳了大陆法系的现代所有权制度，这不仅表现在对以罗马法为基础的大陆法系所有权制度基本概念的采用，如物、动产、不动产等，更反映在对从主体视角出发的所有权模式的基本原理和制度的继受。这表明，同大陆法系其他国家的民法一样，我国物权法体系中也建立了以个人主义的私人所有权模式为原型的所有权制度。

所有权制度不仅仅关系到私权的维护，也是任何历史时代中决定社会秩序和结构的关键因素。因此，世界各国宪法都把财产所有权作为其宪政的基石之一。我国自五四宪法以来的历次修宪也基本上都是以财产所有权的法律规范调整为中心。特别是 1982 年《宪法》第 13 条作出规定："国家保护公民的合法收入、储蓄、房屋和其他财产的所有权"，第一次明确承认了对公民私人财产所有权的保护。然而，与大陆法系那些实行私有制为主的资本主义国家不同，我国宪法确立了我国的基本经济制度是社会主义公有制经济，这意味着公有的经济形式在我国社会经济中处于主导地位，也即国有财产和集体财产在社会经济生活中占据了相当大的比重。物权法作为调整社会财产关系的基本法律，在调整私人所有权法律关系之外，不可能回避这两大类别财产的存在，而必须要对它们进行规范和保护。因此，2007 年新颁布的《物权法》延续了此前《民法通则》的所有权"三分法"的立法体例，继续采用主体标准，将所有权划分为国家所有权、集体所有权和私人所有权三类，再次确认了宪法规定的分属于这三类主体的财产客体。

韦伯在谈到现代法律的形式理性时，曾经提到民法在法技术层面的高度精练和形式化，使得它能够抽离于各种社会的具体生活条件和世界观，放之四海而皆准。① 而罗马法从古代到现代在大陆法系国家的传播无远弗届这一事实也已经向我们证实，私法规范具有中立性，能够超越各种社会体制特色而被普遍选择和适用。但是，不存在体制上的障碍并不意味着具体的私法规范本身是没有适用范围上的限制的。因为任何法律制度都是存在理论预设的。大陆法系所有权制度以个人主义的私人所有权为原型设计和考虑其法律规范，这一规范是否能够通行无碍地当然适用于国家所有权和集体所有权形式，颇有疑问。2007 年通过的新《物权法》仅仅是承认了这三种所有权类型的存在，并对其规定了平等保护的原则，在所有权的具体规范上并没有对三者分别规定。这或者可以理解为是立法者要对这三类所有权适用统一的所有权规则。然而，不可否认的是，这三种所有权类型之间的差别并不仅仅在于主体的差异，并不是交换一下主体就能够使这三类所有权混同，而被归入同一所有权类型之中的。也即它们彼此之间的不可替代性至少不仅仅是由主体因素决定的。我们必须看到这三种所有权在制度价值和功能定位方面的本质差异。

此外，所有权"三分法"这样一种分类标准本身的科学性也殊值疑问。首先，如果依照主体标准对所有权类型进行划分，国家所有权、集体所有权和私人所有权并没有穷尽可能的所有权类型，最典型的如法人所有权就没有被涵盖在内。其次，国家所有权的表现形式多样，何时处于公法支配之下，何时能被置于私法领域之中，并不能够一概而论。因此，我国《物权法》采用依照主体标准划分的所有权"三分法"对于物权法体系化和科学化的价值有待考量。为此，本书将对我国《物权法》规定的所有权制度重新进行检视，并在前文对大陆法系所有权制度理论分析的基础之上，对我国《物权法》所规定的三种所有权形式做具体考察。

第一节　国家所有权

一　国家所有权中隐含的物的视角

国家所有权表面上是依照主体标准分类形成的所有权类型，但这一权

---

① 〔德〕马克斯·韦伯：《论经济与社会中的法律》，张乃根译，中国大百科全书出版社1998年版，第212页。

利类型的产生和存在实则是服务于客体目的的。

尽管存在社会经济体制的差异，但是前文考察大陆法系各国关于国家所有权或者更广义的公共所有权①客体的范围可以发现，其中最重要的组成部分是那些具有公共财产属性的物。对这些财产的利用涉及的不仅仅是经济利益的分配，而更重要的是关乎人权保障、社会公平、国家稳定、生态安全，甚至影响人类生存和发展的重要资源。在社会资源归属的分配中，之所以将这些财产限定为国家或者公共机构专有，而不允许私人参与分享，一个很重要的理由就是国家或者公共机构作为公共主体，本身就是为公共目的存在的。对于社会自然资源等不仅仅具有经济利益的社会财产，国家或者公共机构应当对其行使妥善的管理分配职能，保障其在社会内部的公平分配和有效利用。因此，这也表明了公共所有权与私人所有权在制度设计上功能定位的根本不同。私人所有权通过赋予私人以自由活动领域，鼓励其为追求自身利益而积极行动，同时带来社会福利的增长。国家或者公共机构因其职责身份决定了其应当是直接服务于公共利益，而非追求自己的私利。质言之，前者关注的是物的经济利益，而后者关注的则是物的社会价值和功能，经济利益不是或者至少不是它主要的目标指向。

公共所有权与私人所有权的不同制度功能和理念决定了二者的异质性。公共所有权的正当性在于国家或者公共机构承担着实现公共财产的社会目标和功能的职责。这也表明国家所有权并非意味着国家私有，而毋宁是国家基于公共利益目的对公共财产享有的管理和支配权力。因此，虽然国家也可以作为私法主体存在，并且公共所有权也借用了民法上的所有权概念，但在这里，国家对公共财产基于法律授权而享有的占有和管理权力并非可以毫无障碍地被纳入私法领域。

二　大陆法系国家对公共所有权规范的两种典型模式

综观大陆法系国家民法典对公共所有权或者对公有财产的规范，尽管繁简不一，但都没有具体规定公共所有权的内容或者行使规则。考察那些规定了公共所有权的大陆法系国家的民法典，其规范主要限于以下几个

---

① 在大陆法系国家，"公共所有权"主要是用来指国家以及省、市镇等各级公法人对其财产的所有权。由于在我国，省以及市镇等公法人的财产所有权也被纳入国家所有权中规范，因此，大陆法系国家的"公共所有权"的概念外延与我国《物权法》规定的"国家所有权"的外延大致相当。基于这一理由，本书将这两个制度放在一起进行比较考察。

方面：

第一，确定公共所有权的主体或者行使主体；

第二，明确公共所有权的客体，即公有财产的范围；

第三，规定公共所有权或者公有财产的法律适用，明确其适用民法典、民事特别法或者行政法等特别法的规定。

这主要是因为，基于公共所有权客体的特殊性质，公共所有权必定要在不同程度上受到公法的规制。而关于公共所有权的民法规范，前文在对大陆法系国家宪法所有权与民法所有权的比较分析中已经论述过，与宪法所有权制度主要强调对私人财产权利的保障不同，民法所有权规范则致力于所有权法律关系法技术层面的建构，通过对所有权的本质要素与结构特征的描述，确立一个一般化的、普适的所有权概念和制度。这一高度抽象化和技术化的所有权规范在不同公法规范冲突的情形下，同样也适用于处于私法关系领域中的公共所有权。因此，民法典无须再对公共所有权的权利内容和行使进行特别规定。

鉴于公共所有权客体的特殊性质，大陆法系国家对公共所有权的规范形成了两种典型模式：

（一）法国与意大利法中公产与私产的二元体系

法国法中，公共财产是指由公法法人管理的、不属于任何个人的财产。它可以再细分为"属于公产的财产"与"属于国家或地方行政部门私产的财产"。前者原则上受到行政法的支配和行政法院管辖，后者原则上受私法支配和普通法院管辖。[①]

法国法中，公产和私产的区别有时规定在成文法中，但主要是根据法院的判例决定。成文法的规定大都限于个别情况，即规定某些财产属于公产，某些财产不属于公产。[②]《法国民法典》第537条第2款规定："不属于私人所有的财产，依关于该财产的特别规定与方式处分并管理之。"在没有专门法律规定时，在不可转让、不可取代、不受相邻权的限制并且与公产的目的相一致的范围之内才能适用私法制度。[③] 这与德国公物法适用私法规范以及不强调公物特殊法律地位的情形形成鲜明对比。

---

① 王名扬：《法国行政法》，中国政法大学出版社1989年版，第293页。

② 同上书，第296页。

③ 刘艺：《公物法中的物、财产、产权——从德法公物法之客体差异谈起》，2010年3月，ht-tp：//fzzx. gansudaily. com. cn/system/2010/04/22/011529554_ 01. shtml。

意大利法与法国法类似，区分了"国有公共财产"① 与"国有财产、省有财产和市有财产"②。后者又被进一步区分为不可处分财产与可处分财产。其中，"国有公共财产"是被完全排除在市场之外的。除非有法律特别授权，并依照法定程序和方式，国有公共财产既不能转让，也不能在其上为第三人设立权利（1942 年《意大利民法典》第 823 条）。不可处分财产尽管也属于国家或者公共机构所有，但它也可以成为与其公共目的或用途相符合的私人权利的客体。这两类财产都不适用时效取得，也不能被强制征收。因此，私人不能通过时效取得获得其所有权。③ 可处分财产则可以依照法律规定进行转让、时效取得或者被征收。其中，前者仍主要受行政法规制，而后者尽管属于国家、省、市等公法人所有，但是属于他们的私产，同私人所有权并无本质区别，因此，同样应当适用民事财产法规范调整。

在法律适用上，这三类公共物适用私法规范的程度也是递增的。前两类财产具有显著的公共利益目的，因此，受到较强的公法约束。国有公共财产原则上适用行政法的特别规定，民法规范仅仅在没有被行政法禁止的领域才能被适用；不可处分财产则被明确置于民法规范之下（1942 年

---

① 1942 年《意大利民法典》第 823 条规定的是国有公共财产："海岸、沙滩、海湾停泊处和港口；江河、流水、湖泊以及其他依据法律规定属于公共的水域；用于国家防务的建筑物属于国家所有，是国有公共财产。

　　公路、高速公路、铁路、机场、输水管道以及按照有关法律规定被承认具有历史、考古、艺术价值的不动产，博物馆、美术馆、档案馆、图书馆的收藏品属于国家所有的，是国有公共财产；依法受国有公共财产制度调整的其他财产也是国有公共财产。"

② 1942 年《意大利民法典》第 826 条规定的是属于国家财产、省有财产和市有财产："属于国家、省、市镇所有但不属于上述条款规定的公共财产范围内的财产，分别是国有财产、省有财产和市有财产。

　　依有关法律规定属于国家森林资源的林木，矿藏所在土地的土地所有人不享有开采权的金属矿、石矿、石灰矿，无论何人以何种方式在地下发现的具有历史、考古、古人种学、古生物学和艺术价值的物品，组成共和国总统薪俸的财产、军营、武器装备、战斗机、军舰，均属于不可处分的国有财产。

　　用作公共机构办公地点的建筑物及其装饰、陈设以及所有其他用于公共服务事业的财物，依其归属分别属于国家、省、市镇的不可处分财产。"

③ 这两类财产的差别更多的是形式上的，而非实质的。即并非是完全依据客体物的性质对这两类财产进行的区分，而取决于法律的规定。唯一可能的差别在于两类财产用于公共目的的具体方式略有差异：前者是服务于公众的直接使用，后者则是服务于公共机构的公用事业或者公共服务。Cfr. C. Massimo Bianca, *Diritto civile*, 6, *La proprietà*, Giuffrè, 1999, p. 106.

《意大利民法典》第 828 条），只要行政法对其没有特别规定，都可以适用相应的民事规范。可处分财产则与其他私人财产一样，当然地受私法规范调整。

无论在法国法中，还是意大利法中的行政法规范，都不存在一个典型制度对所有的公有财产确定一个统一的规范标准。相反，对公有财产以及公共所有权的规范是因财产的具体种类而异的。

（二）德国民法的一元体系

德国法中的公产是指"直接、长期用于公共行政目的的物"。[1]

与法国法相似，德国法中的公产也主要包括两类：第一，供行政使用的财产，如办公楼及其设备、公务人员的停车场、警察和军队的演练场、消防设施、供行政机关工作人员活动的场所，以及直接用于公共目的的自来水企业、煤气企业、公共交通企业的停车场等。第二，供行政相对人使用的公产，分为设施使用的财产，如中小学、公共图书馆、公园、博物馆等；一般使用的财产，即供范围不特定的公众直接使用，且不需要特别许可的公产，如公共道路、空间、水资源等；特殊使用的公产，即需要行政主体特许的使用，例如对水体的经济利用等。[2] 此外，在德国教会财产依其性质原则上也受公产法调整，因为德国法规定教会也是公法人，这样，教会财产中用于公共目的的财产也构成公产的一部分。

在德国，尽管公共物同时受到行政法和私法的规范，但人们并不认为在公共物上存在特殊的公共所有权。通常来说，公产同其他财产一样，都作为私法所有权的客体，原则上适用私法规则。德国法对涉及公共物的法律关系的调整仍然是以私法中的物权为前提建立起来，并被统一纳入到民法典所规定的物的范畴之中，受物权法统一规范。因此无论是那些服务于公共用途的物，如街道、道路、水路；还是那些服务于真正的国家目的的物，如用于行政管理的建筑物、学校等都是存在于国家或者市镇这些公法团体的私法所有权中。[3] 行政法对物的规范根植于私法结构以及欧盟法中的物权规定，没有形成一个统一的法律制度。

同时，基于公产的性质，德国也确立了公法在公产的规范问题上的支

---

① ［德］汉斯·J. 沃尔夫、奥托·巴霍夫、罗尔夫·施托贝夫：《行政法》（第一卷），高家伟译，商务印书馆 2002 年版，第 471 页。

② 同上书，第 460 页。

③ ［德］鲍尔·施蒂尔纳：《德国物权法》（上册），张双根译，法律出版社 2004 年版，第 14 页。

配权。只有在与公法的强制性规定不相冲突的情形下，私法规范才能自由适用；否则，私法规范被排除适用。因此，在对涉及公共物的法律关系的调整中，所有权的私法性质会在公法调整的领域受到相当大的挤压。例如，用于公共通行的街道被限定为不可处分物，仅仅在公法人通过行政行为取消其公共目的时，方可转让给私人；而且，对于用于公共利益的街道，公法人虽然作为所有权人，也不得排除他人合法的公共使用。基于公共物的这些特性，在行政规范与私法规范发生冲突时，应以行政法为准据。

与之相对应，因公产发生争议的法律救济途径依照争议关系的法律性质，确定由普通法院或者行政法院管辖。

但是，在德国也有学者对"修正的私有财产权理论"持批评态度，认为该理论在法律制度、权利人、义务人、使用规范以及法院管辖等方面都对公产的发展不利，应当建立与法国法类似的独立的公共财产权制度，即行政主体的公产受专门的行政法规以及高权性规定的调整，仅在没有专门法律规定时，在不可转让、不受取代、不受相邻权的限制，并且与公产的目的相一致的范围内才能适用私法制度。①

三　我国《物权法》中国家所有权规范评析

与其他大陆法系国家民法典的规定不同，我国《物权法》对国家所有权的规定主要体现在五个方面：第一，明确国家所有权的主体；第二，确定国家所有权的客体范围；第三，规定国家所有权的行使主体与行使方式；第四，宣示对国家所有权的保护；第五，宣示损害国有财产的主体应当承担法律责任。

然而，《物权法》对国家所有权的这些规定在诸多方面都存在模糊之处。

首先，主体方面，国家所有权的行使主体是谁？即国家所有权由谁负责具体行使？对此，《物权法》第 45 条规定："法律规定属于国家所有的财产，属于国家所有即全民所有。国有财产由国务院代表国家行使所有权；法律另有规定的，依照其规定。"

按照本条第 2 款的规定，"国有财产由国务院代表国家行使所有权"。然而，这一规定并不具有可操作性，也与我国国有财产管理运行的实践不相符。在民事法律关系中，国家并不是作为一个整体出现的，它体现为各

---

① ［德］汉斯·J. 沃尔夫、奥托·巴霍夫、罗尔夫·施托贝夫：《行政法》（第二卷），高家伟译，商务印书馆 2002 年版，第 476 页。

个不同层级、具有自己独立利益的具体的公法人团体。特别是在我国实行中央与地方的分税制以后,在私法领域更不存在一个统一的利益共同体。基于中央与地方以及地方之间的利益差别,在民事财产法律关系中,"国家只是一个个具有独立利益的公法法人,并不是一个'统一'的整体"①。在这样一种利益多元化的格局之下,《物权法》规定由国务院代表国家行使所有权于情于理都难谓恰当。这种公有财产权利主体的不明晰还体现在国家对已投资给其他主体的财产的权利上。《物权法》第53条、第54条和第55条分别规定了国家对投资给国家机关、事业单位以及企业法人的财产的权利。这些主体本身都是独立法人,无论是公法人还是私法人,对于国家投资的财产都享有法人所有权。

　　从前文对大陆法系国家公共所有权制度的考察也可以看到,在这些市场经济国家,公共所有权的主体包括国家在内的各级公法人。我国虽然是公有制国家,但公有经济制度的表现形式多样,并不仅限于国家所有权。而在实践中,各个公法人具有自己独立的利益已经成为不争的事实。我国应当在尊重事实的基础上,确立各级公法人对其财产的所有权,建立公共所有权制度,而不是将全部公法人的财产都置于国家所有权名下,避免实践中产生权责不明和行使混乱的情形。

　　其次,客体方面,《物权法》第46—52条对国家所有权的客体作了具体规定。依据《物权法》的规定,国家所有权的客体包括国家专属财产与国家非专属财产。前者是指其所有权只能由国家享有的财产,如国家对矿藏、水流、海域(第46条)、城市土地(第47条)、无线电频谱资源(第50条)以及国防资产(第52条)等;国家非专属财产则是指其除国家之外,也可以归属于集体或者私人等其他主体所有的财产,这类财产包括某些农村和城市郊区的土地(第47条)、森林、山岭、草原、荒地、滩涂等自然资源(第48条)、野生动植物资源(第49条)、文物(第51条)以及铁路、公路、电力设施、电信设施和油气管道等基础设施(第52条)等。在这两类财产的区分中,它们的差别主要体现在,国家对前一类财产不具有民事上的可让与性。但这并不意味着国家对这类财产不能进行处分或者为第三人设定私法上的权利,如在国有土地上为他人设立建设用地使用权等。

　　可以看到,与我国实行的公有制经济体制相联系,我国《物权法》规定的国家所有权的客体范围也十分广泛。其中,除了依照客体性质属于

―――――――――――――――

① 孙宪忠:《我国物权法中所有权体系的应然结构》,《法商研究》2002年第5期。

公用物的财产以外，也包括法律基于我国公有制经济制度赋予国家享有所有权的其他财产。前文对大陆法系国家的公产以及公共所有权的分析中已经指出过，这两类财产具有不同性质，应当分别规范和调整。前者服务于公共目的，应当依照其实际归属状况纳入公共所有权制度之下；后一类财产中对于已经进入民事领域的财产则应当依照私法规则进行调整。对此，我们可以借鉴大陆法系国家区别行政主体的公产与私产的做法，从客体物的角度对国有所有权的性质进行区分。这样，我国国有财产就可以被划分为经营性资产与公有物两类分别进行规范：

第一，经营性资产。这类财产是指那些国家通过投资到企业中，从而进入民事流通领域中的财产。对于这部分国有财产的行使，《物权法》第55条规定，"国家出资的企业，由国务院、地方人民政府依照法律、行政法规规定分别代表国家履行出资人职责，享有出资人权益"。本条是对国有财产投入到企业法人情形的规定，但却没有确认企业对于国家投资财产的法人所有权。结合《物权法》第68条的规定，"企业法人对其不动产和动产依照法律、行政法规以及章程享有占有、使用、收益和处分的权利"，也没有明确肯定企业对其投资到企业中的财产享有法人所有权。在《公司法》已经明确确认了法人所有权概念之后，《物权法》仅仅确认企业法人对其财产享有"占有、使用、收益和处分的权利"，这样一种回避态度实际上就是对法人所有权的否定，应当视为一种历史的倒退。因为依照公司法原理，国家投资给企业的财产就转变为公司法人所有权的客体，国家则作为股东依照投资份额享有相应的股东权利。

第二，公有物，指那些依照物的性质应当用于公共目的的物，以及那些供行政机构使用的财产。这部分财产的范围相当于大陆法系国家中公产的范围。对于这一部分财产，无论是采用如法国或者意大利的公产与私产的二元体系模式，还是采用德国的"修正的私有财产理论"，都不可否认的是，公有物基于其自身的属性，与民法所有权的很多制度理念是不兼容的。因此，它在法律适用上主要是受行政法的规范和制约。将民法所有权扩张适用于对公有物的所有权虽然并非不可能，但是对私法模式的广泛使用可能会导致不公平的结果，而且也可能导致私法自身性质的改变，"因为如果使用这些模式的目的远离了私人的自由选择，就否定了根据其构成私法的最根本的基础"①。因此，对于公有物的所有权应当主要使用行政

---

① ［意］詹保罗·罗西：《用于公共利益的公产和私产》，罗智敏译，2010年1月，http://www.csdri.org/class_detail.asp? infoid=64。

法规范，仅在与公法规范不相冲突的情形下可以参照适用私法规范。

最后，《物权法》关于国有财产保护以及相关责任的规定都仅仅具有宣示意义。从法规范的构成来看，这些条文都仅仅停留在对行为模式的描述上，而没有规定具体的法律后果，就失去了其可适用性。从民法作为裁判法的角度来看，《物权法》第 56 条、第 57 条的规定不具有可操作性，沦为空洞的宣示条文，可以考虑从《物权法》中删除。

第二节　集体所有权

我国《宪法》第 10 条第 2 款规定："农村和城市郊区的土地，除由法律规定属于国家所有的以外，属于集体所有；宅基地和自留地、自留山，也属于集体所有。"该条规定确立了我国农村土地的集体所有制度，集体所有权构成了我国农村土地法律归属的主要形态。此外，《民法通则》《物权法》《土地管理法》和《农村土地承包法》也都对农村土地集体所有权制度进行了规定。尽管这一框架性规定为我国农地法律制度提供了基本的归依，但在规范和解释此种模式时却常常力有不逮，例如每每为学者所诟病的集体所有权主体虚位，权能内容残缺，权利性质定位亦私亦公的混杂等。法律理论上对土地集体所有权法律关系描述的不清晰，也带来实践中的诸多困扰和弊端，使它成了一种极为脆弱的所有权制度。过去，这种状况常常以我国社会政治经济制度的特殊性而被轻易带过，可是当理论解释的困难过多，以致龃龉频生时，我们就不得不对作为理论前提的这一体系框架重新进行反思。

一　我国坚持集体所有权制度的必要性

集体所有权同私人所有权虽然都使用了"所有权"这一术语，但其内涵并非是统一的，毋宁说是复杂异质的。19 世纪的法学家沉醉于个人主义，认为它与作为主观权利的所有权制度不相容，而将其排除在大陆法系私法体系之外，但是并不能因此否定其存在的合理性和正当性。历史本身的丰富和多样性也不应当被简单地统一化。

对集体所有权内涵的探析有助于我们发现该制度独特的功能价值。集体所有权是为特定财产设立的、旨在实现其社会经济功能的法律制度。这样一种制度安排在劳动依赖于资源的经济结构下对于稀缺资源的保存以及功能发挥尤其具有现实意义。当土地或其他资源的价值高于劳动价值时，人高度依赖资源，而不是相反，就需要通过一定机制将资源保留在团体内部，降低其流动性。相对于个体控制，集体所有权则将资源掌控在特定团体内部，更有利于实现资源控制的目的。在这一前提下，集体所有权模式以物为中心，从物出发为主体设定相应的权利义务。在其制度架构中，客体物的经济性质、目的以及功能相对于主体的权利被优先考虑，更有利于社会资源的保护和功能发挥。因此，我们可以认为，集体所有权是在特定社会经济结构下为保障实现特定共同体财产目的的一种制度选择。本书第三章通过对大陆法系集体所有权制度的发展变迁进行考察也得出结论，认为集体所有权形式被采用的目的大多是保障共同体成员的生存。在这种所有权中，权能维度被最大限度地淡化，它从来不体现为一种处分权，成员对集体土地的占有使用本身也是实现其经济功能的重要途径。

基于目前农村土地集体所有权在我国法学理论和法律实践中存在的一些问题，学者对于我国农地制度未来的发展方向提出了一些其他的可能方案，除了主张继续坚持和完善农村土地的集体所有权制度的观点之外，主要形成了两种相反的意见：国有化与私有化。前者主张实行农村土地国有化，并赋予农民永久使用权；后者主张实行完全的农地私有化，将土地所有权分配给作为集体成员的农民，以明晰产权，发挥产权的激励机制。[①]但是任何一种激烈的制度变革都不可避免会带来一定幅度的社会震荡，实现变革的成本高昂。并且多数学者也都认同，在我国目前农村社会保障体系尚未完全建立起来、社会经济的发展尚不足以消化农村剩余劳动力的情形下，集体所有权是保障集体成员生存和发挥土地功能的较优形式。只有当新的能够替代村社的社会保障机制建立起来，使个体农民不是必须依赖村社整体关系以及集体土地就能获得生活保障时，个体农民对集体土地的权利才可能真正获得有效实现。

集体所有权因为与大陆法系近代民法所确立的自由主义与个人主义的价值理念不相容，而被排斥在民法典体系之外。大陆法系国家对集体所有权进行了各种改造，但是这样一种路径并非我国农村土地集体所有权制度

---

① 主张国有化的观点如李凤章：《通过"空权利"来"反权利"：集体土地所有权的本质及其变革》，《法制与社会发展》2010 年第 5 期；刘云生：《农村土地国有化的必要性与可能性探析》，《河北法学》2006 年第 5 期；颜运秋、王泽辉：《国有化：中国农村集体土地所有权制度变革之路》，《湘潭大学学报》（哲学社会科学版）2005 年第 2 期等；主张私有化的观点如张新光：《论中国农地产权私有化改革的根本性障碍》，《兰州商学院学报》2004 年第 6 期；蔡继明：《中国土地制度改革论要》，《东南学术》2007 年第 3 期等。

完善的必然选择，因为一国固有的社会政治背景、人口经济结构以及理论实践传统等因素决定了对他国经验借鉴的限度，尤其在农村土地制度这样一个更具本土特色的领域，几乎不存在能够直接照搬适用的现成模式。例如，前文论及欧洲大陆法系国家对集体所有权改造的基本方向都是法人所有权。借鉴这一方案在法技术层面或许并不存在任何障碍，我国农地改革实践中也已经发生过类似的案例。但有学者指出，法人的功能重点不在于财产所有，而在于经济的经营机制。因为法人制度的功能或者目的主要是适应商业社会中，鼓励竞争同时又能够分散经营风险的机制，而我国目前农业生产的分散经营特征，以及农地本身所承担的社会保障功能决定了它不适合作为法人独立财产对外承担责任。① 因此，在我国农业发展的现阶段，将成员集体抽象为法人，从而将农地集体所有权转化为法人所有权未必是农地制度完善的当然选择。

二 《物权法》确立的"成员集体所有"制度

尽管不能将历史时代曾经存在的，或者西方国家现存的集体所有权形态与我国农地的集体所有权形态直接等同，但是集体所有权作为一种功能性概念的表达，它所包含的各种形式在归属结构和制度功能等方面都具有共性。有学者通过对我国农村集体土地的经济制度变迁史的考察指出，农村土地集体所有制绝不是农村社区内农户之间基于私人产权之间的合作关系，即它不是一种"共有的、合作的私有产权"，其实质是国家控制农村经济权利的一种形式，是由国家控制，但是由集体承担其控制结果的一种社会经济制度安排。② 因此，这也就可以解释为什么在农地集体所有权中鲜见私法中主观权利之要素和旨趣。③

---

① 参见韩松《论成员集体与集体成员——集体所有权的主体》，《法学》2005 年第 8 期。

② 周其仁：《中国农村改革：国家与土地所有权关系的变化——一个经济制度变迁史的回顾》，载周其仁《产权与制度变迁：中国改革的经验研究》，北京大学出版社 2004 年版，第 6 页。

③ 这一点也可以通过追溯我国农地制度的发展获得印证。尽管《物权法》明确将土地承包经营权确认为一项物权，但最初推行家庭联产承包责任制时，对承包合同的采用并非是在交易意义上使用的，换言之，它并不是单纯的民事意义上的土地租赁契约，而在很大程度上成了乡村治理的一种新的方式（参见赵晓力《通过合同的治理——80 年代以来中国基层法院对农村承包合同的处理》，《中国社会科学》2000 年第 2 期）。掌握了土地等基本生产资料支配权的地方政府和乡村干部通过对承包合同的控制，来达到其他方面的政治经济目标，从而实现对乡村的全面治理。一直以来的秩序取向，而非权利取向，导致了对农民个体人格的忽视，成为农民土地权利脆弱缺乏保障的一个重要原因。

集体所有权成为我国农地制度的基本内容。然而，与体现个体自由意志，作为主观权利的私人所有权不同，集体所有权的主体具有抽象性。我国《宪法》确立了"集体所有权"制度，但是并没有明确作为所有权人的集体的内涵和范围。《民法通则》第74条第1款规定，劳动群众集体组织的财产属于劳动群众集体所有。该条试图以"劳动群众集体"来界定集体所有权的主体，并在第2款规定了两种具体的集体，即"村农民集体"和"乡（镇）农民集体"，但是这一表述没有能够解决集体所有权归属问题。①《土地管理法》第8条第2款规定："农村和城市郊区的土地，除由法律规定属于国家所有的以外，属于农民集体所有；宅基地和自留地、自留山，属于农民集体所有。"这两部法律分别使用了"劳动群众集体所有"和"农民集体所有"的表述来界定集体所有权的主体，但是并没有将这一问题予以明晰。2007年颁布的《物权法》第59条第1款的规定："农民集体所有的不动产和动产，属于本集体成员集体所有。"可以看到，与之前的法律规定相比，《物权法》对该条的规定做了一个重要的转变，采用了"本集体成员集体所有"的概念表达，试图通过引入"成员权"概念来使集体所有权落到实处。这并不仅仅是一个概念的转变，而体现了立法者思维方式的转换。

如前所述，集体所有权主要是一种功能所有权，其目的主要不是保障权利主体的自由意志，而在于将特定财产保留在特定团体内部，为团体共同利益服务。在这一制度框架前提之下，私法规范调整的重心应当下移，更多关注集体成员与集体土地之间的具体法律关系。2007年出台的《物权法》相对于之前的法律法规更加体现了这样一种思想，其对农村土地法律关系规范重心的下移主要通过两个重要制度实现：一是土地承包经营权的物权化；二是建立和完善成员权制度。② 前者在《物权法》出台之前就已经受到广泛关注，在法学理论和实践领域都存在普遍的共识。在农地集体所有权关系中，是具体使用土地的农民个体在承担土地的社会功能。1978年我国农村土地改革将集体土地交由集体内部的农户分散经营，可以看作是之前土地集体统一经营模式的无效率发展的必然结果或者一个可能的出路。通过土地承包经营权的法律方案实现对集体土地的个体利用，

---

① 《民法通则》第74条第2款规定："集体所有的土地依照法律属于村农民集体所有，由村农业生产合作社等农业集体经济组织或者村民委员会经营、管理。已经属于乡（镇）农民集体经济组织所有的，可以属于乡（镇）农民集体所有。"

② 王利明、周友军：《论我国农村土地权利制度的完善》，《中国法学》2012年第1期。

使土地能够获得实际有效的耕种，这为农村土地的集体所有权制度提供了
支撑。[1] 后者受到的关注略少，但却是《物权法》在完善集体所有权制度
上的一个重要努力和尝试。《物权法》除了在第 59 条第 1 款规定"成员
集体所有"之外，还在该条第 2 款规定了集体成员对于集体重要事项的
决定权，在第 62 条规定了集体成员对集体财产的知情权，在第 63 条第 2
款规定了集体成员的撤销权，赋予集体成员司法救济权。这些规定都体现
了立法者试图通过强化成员权来落实集体所有权功能目的的思想，以解决
集体所有权主体过于抽象，农民个体权利虚化的问题。当然，不可否认的
是，《物权法》对于成员权的规定还比较粗陋，远不足以应对实践中出现
的各种侵害集体所有权的现象。例如，有学者就针对《物权法》第 59 条
第 2 款规定的集体成员的决定权提出批评，指出在当下农村实践中，村民
委员会在行使农地所有权时，其作为村民自治组织的角色已经异化为基层
政权组织的代表，使得前述的民主决策往往流于形式，并且村民委员会在
实践中"趋利避害"的行为模式，也导致集体所有权和农民个体的权益
非常容易遭受侵害。[2] 尽管对于如何具体完善成员权制度，以更好地保护
农民个体与集体的合法权益，仍有待实践的探索发展和法学理论的进一步
研究，然而不可否认的是，确认"成员集体所有"，通过不断完善成员权
的制度设计贯彻和强化成员权，使农民个体能够更加有效地参与到集体所
有权的行使与保护机制之中，是完善我国集体所有权制度的一个重要
途径。

三 集体所有权的功能性对成员权利的限制

对集体所有权内涵的厘清也促使我们反思大陆法系所有权制度的不
足。近代民法以主观权利模式建构所有权制度，单方面强调权利主体的意
志和利益，保障主体对客体物的绝对支配和处分权利，而忽视了客体物本
身可能承担了一定的社会功能。尤其是像农地这样重要的社会资源，其承
载的社会利益已经远远超出单个农民或者农民集体的利益。如果单纯强调
单个农地使用人甚至集体所有权人对集体土地的权利，而不考虑土地本身
所担负的社会功能，就可能会阻碍农业经济发展，损害社会大众的利益。

---

[1] ［意］里查尔德·卡尔蒂利：《土地承包经营权与中国土地的利用》，陈晓敏译，载陈小君主
    编《私法研究》第 7 卷，法律出版社 2009 年版，第 330 页。

[2] 陈小君：《农村土地制度的物权法规范解析——学习〈关于推进农村改革发展若干重大问题
    的决定〉后的思考》，《法商研究》2009 年第 1 期。

与作为主观权利的私人所有权不同，集体所有权是以客体物为中心，遵循物的客观用途，服务于物的特定功能和目的的制度。在集体所有权框架内，基于土地的性质功能，土地使用人不仅享有相关权益，也需要承担耕种或者改良义务。这对于矫正现代所有权制度单方面强调其主观权利性质，以及相应的所有权人的主观意志和利益的法政策观念无疑具有积极意义。

尤其是在我国现阶段城乡统筹发展背景下，强调这一点对于摆脱农地发展的困境具有现实意义。随着城镇化进程加快，大量农村劳动力涌入城市，农地抛荒现象在各地不同程度地存在。关于这一问题，《土地管理法》第 37 条第 3 款规定："承包经营耕地的单位或者个人连续二年弃耕抛荒的，原发包单位应当终止承包合同，收回发包的耕地。"但是 2003 年颁布的《农村土地承包法》确认了农村土地承包关系的长期稳定，明确规定耕地的承包期限为 30 年，除承包户自愿放弃承包田或承包方全家迁入设区的市转为城市户口外，发包方不得在承包期间收回承包地。两部法律对于土地抛荒的规定存在冲突，导致农民集体或者基层主管部门在实践中常常无法对抛荒行为进行处理和限制。针对这一现象，农业部拟修订《农村土地承包法》，确立进城农民承包地有偿退出机制、明确承包方土地撂荒责任。许多地方也开始进行试点改革，由政府主导建立退出机制，鼓励在城市稳定就业或居住的农民自愿退出无法继续耕种的承包地，再通过政府指导下的土地流转实现适度规模经营。但是到目前为止，这些改革都还停留在探索阶段，缺乏明确的法律依据支撑。更有学者提出质疑：农村土地承包权作为农民不可分割的财产，承包方具有使用权，即有权撂荒，通过法律法规明确农民撂荒责任，并要求其有偿退出，是否干涉了承包方的使用权，是否合理、合法？[1] 依照传统民法主观权利的思维模式，这一疑问在私人所有权模式框架下的确成立，但是如果我们将这一问题与集体所有权的制度功能相联系，这种理论上的障碍就很容易被化解。唯一需要注意的是，公权力介入和干预的手段与程度必须与所服务实现的土地功能目的相适应，不能超过必要的限度。

---

[1] 参见纪睿坤《农业部拟修订〈农村土地承包法〉进城农民承包地将有偿退出》，2013 年 1 月 10 日，http：//news. dichan. sina. com. cn/2012/08/07/542077. html。

第三节　私人所有权

一　我国私人所有权法律规范的立法演进

因为所有权制度总是与一国的基本经济制度紧密联系，尤其是对于私人所有权的法律地位和保障程度，并不是一个单纯的民法问题，必然要上升到宪法层面来确定。回溯新中国成立以来的宪法有关财产权的法律规范，可以看到其中私人所有权在宪法上逐渐被确立和强化保障的演进过程。

1954 年《宪法》作为新中国第一部正式宪法，确立了我国的基本经济制度。这部《宪法》在确立了国营经济的领导地位的同时，也具体规定了对部分私人财产所有权的保护。《宪法》第 11 条规定："国家保护公民的合法收入、储蓄、房屋和各种生活资料的所有权。"该条规定没有采用"私有财产"或者"私人所有权"的表达，而是通过列举方式列举了受宪法保护的私人所有权的客体范围，即国家保护的私人财产仅限于生活资料，实际上也就是否定了私人占有生产资料的合法性。1975 年《宪法》和 1978 年《宪法》基本延续了 1954 年《宪法》的规定，均在第 8 条规定了"社会主义公共财产不可侵犯"，第 9 条规定了"国家保护公民的劳动收入、储蓄、房屋和各种生活资料的所有权"。

自实行家庭联产承包责任制以来，1982 年《宪法》第 11 条确立了"个体经济是社会主义公有制经济的补充"。1982 年《宪法》第 13 条对私人所有权保护的规定改为"国家保护公民的合法收入、储蓄、房屋和其他合法财产"，隐含了对私人生产资料所有权的承认和保护。自 1982 年《宪法》公布实施后，随着中国社会经济的变迁，虽然经过 1988 年、1993 年、1999 年三次修改，但基本框架未出现大的变动，修改的重点内容之一是经济制度和相应的财产权规范。1988 年通过的宪法修正案在 1982 年《宪法》基础上增加一款，规定了私营经济的合法地位。《1993 年宪法修正案》第 7 条规定："国家实行社会主义市场经济"。《1999 年宪法修正案》合并个体经济和私营经济，将它们界定为"非公有制经济"，第 16 条规定："在法律范围内的个体经济、私营经济等非公有制经济，是社会主义市场经济的重要组成部分"，确立了多种经济形式的共同发展和平等主体地位。

《2004 年宪法修正案》更进一步为非公有制经济扩展了空间，增加了"鼓励""支持"非公有制经济发展的内容。第 21 条规定："国家保护个体经济、私营经济等非公有制经济的合法权益。国家鼓励、支持和引导非公有制经济的发展，并对非公有制经济依法实行监督和管理。"这一规定实际上反映了国家对个体经济、私营经济政策导向的变化，即从单纯的管理、监督转为平等保护和引导，扩大保护的范围，使私有财产的保护具有统一的宪法基础。[1]《2004 年宪法修正案》第 22 条规定："公民合法的私有财产不受侵犯。国家依照法律规定保护公民的私有财产权和继承权"，第一次明确提出了对于私人所有权的保障，具有划时代的进步意义。

通过宪法修正案的演变可以看出，我国对私人所有权的性质和功能的认识是伴随经济体制的重大变革而逐渐转变的。随着市场经济体制的逐步建立，国家也在逐步缩小其干预的领域，私人所有权的客体范围在逐步扩大，对私人所有权的保障也在不断强化。

然而，尽管我国宪法最终承认了私人所有权的合法性，但是现行《宪法》对私人所有权与"社会主义公共财产"分别规范，赋予了它们不同的法律地位和保障强度。《宪法》第 12 条第 1 款规定："社会主义的公共财产神圣不可侵犯。"显然，相对于公民个人的财产所有权，现行《宪法》对公共财产的宪法评价更为积极，在法律保障上存在明显的倾斜。1999 年《民法通则》遵循了当时宪法的这一价值宣示，区分规定了三种所有权，并且在第 73 条规定"国家财产神圣不可侵犯"，而在第 74 条、第 75 条分别规定了集体所有的财产与公民的合法财产"受法律保护"。在《物权法》制定过程中，如何协调民法上的平等原则在所有权领域中的贯彻与宪法关于不同类型所有权规定之间的冲突，成为一个理论争议的焦点问题。学者们花了相当多的力气来梳理民法与宪法的关系，探讨《物权法》应当如何通过宪法之门，满足"合宪性"要求。[2] 最终，2007

---

[1]　韩大元：《私有财产权入宪的宪法学思考》，《法学》2004 年第 4 期。

[2]　相关的文献如童之伟：《〈物权法（草案）〉该如何通过宪法之门》，《法学》2006 年第 3 期；高飞：《也谈物权法平等保护财产权的宪法依据——与童之伟教授商榷》，《法学》2006 年第 10 期；秦前红、涂四益：《"物权之争"与宪法解释——兼与童之伟教授商榷》，《法学评论》2007 年第 3 期；刘志刚：《立宪主义语境下宪法与民法的关系——兼评〈物权法（草案）〉合宪违宪之争》，《法学评论》2007 年第 2 期；林来梵、朱玉霞：《错位与暗合——试论我国当下有关宪法与民法关系的四种思维倾向》，《浙江社会科学》2007 年第 1 期；尹田：《论国家财产的物权法地位——"国家财产神圣不可侵犯"不写入物权法的法理依据》，《法学杂志》2006 年第 3 期等。

年颁布的《物权法》首次确立了"一体承认、平等保护"原则，开始建立对公共财产和民众私有财产所有权平等承认和保护的法律制度。《物权法》第4条规定："国家、集体、私人的物权和其他权利人的物权受法律保护，任何单位和个人不得侵犯。"这无疑是法律对私人所有权保护的巨大进步。有学者认为，确立对私人所有权与公共财产所有权的平等保护"并不仅仅只是被解读为物权法、民法的思想进步，而且还应该解读为中国整个法律制度包括宪法思想的进步"①。

在我国《物权法》制定过程中，学者对于所有权的定义方式也曾经有过许多讨论。② 最终出台的《物权法》继续沿用了《民法通则》第71条的规定，通过列举所有权人享有的权能内容方式对所有权进行描述和界定。《物权法》第39条规定："所有权人对自己的不动产或者动产，依法享有占有、使用、收益和处分的权利。"尽管立法形式上采取了《法国民法典》的"权能列举式"来定义所有权，没有疑问的是，无论是立法者还是法学理论都并非要将所有权与这里列举的四项权能等同，采用分割所有权的立场。我国民法教义学理论所接受的仍然主要是由潘德克顿法学和《德国民法典》所确立的，从主体视角出发建构的抽象所有权概念，以及其背后隐含的自由主义的所有权立场。由此可以发现，我国《物权法》关于所有权的界定存在一种概念描述与价值选择的错位。

采用自由主义的所有权概念，将所有权视为一个完整的不可分割的权利，作为所有权人自由的外在体现，一方面有利于实现物的自由流通，另一方面也有利于对私的所有权的保障。尤其是在当代社会，所有权越来越多地受到公法的各种限制，所有权的边界和内容都由法律具体规定，成为待形成的权利。在这一背景之下，只有采用自由主义的所有权观念，通过宪法提供的制度保障才具有意义，使所有权人的自由和利益不被实质剥夺或特别牺牲。③

---

① 孙宪忠：《再论我国物权法中的"一体承认、平等保护"原则》，《法商研究》2014年第2期。

② 《物权法》出台之前，关于所有权的界定方式，我国学界中有主张采用法国民法典之权能列举式，如王利明：《中国物权法草案建议稿及说明》，中国法制出版社2001年版，第219页；有主张采取德国民法典的抽象概括式定义，如梁慧星：《中国物权法草案建议稿》，社会科学文献出版社2000年版，第212页；亦有主张采取将二者相结合的折中方式，如王效贤、刘海亮：《物权法总则与所有权制度》，知识产权出版社2006年版，第170—171页，周林彬：《物权法新论：一种法律经济分析的观点》，北京大学出版社2002年版，第333页。

③ 王洪亮：《分割所有权论》，《华东政法学院学报》2006年第4期。

因此，在我国未来民法典中，关于所有权概念的界定应当改变目前概念描述与价值错位的状态，采用抽象定义模式，将所有权界定为一种抽象的整体性权利，以明确我国民法上确立的自由的所有权概念。

二　客体视角转向趋势下的我国私人所有权保障

我国宪法虽然没有宣示私人所有权承担社会功能，但是也明确承认了基于公共利益的征收的合法性，[1] 允许基于公共利益目的对私人所有权进行限制甚至剥夺。此外，宪法和法律对所有权的限制也体现在所有权的取得、使用、收益和处分等各个方面。例如，《宪法》第 9 条和第 10 条规定自然资源和土地属于国家所有，或者依照法律规定属于集体所有，就限制了其所有权主体范围只能是国家和集体，私人不能够成为这类财产的所有权人。[2]《物权法》第 7 条规定："物权的取得和行使应当遵守法律，尊重社会公德，不得损害公共利益和他人合法权益。"此外，许多特别法，如《土地管理法》《城市房地产管理法》《城市规划法》《农村土地承包法》等也对所有权的权利内容或者行使做了大量限制性规定。

尽管在我国，对所有权的限制也为法律所允许或者规范，但是如前所述，在我国《物权法》颁行不久，围绕物权平等保护还是应当坚持"公共财产神圣不可侵犯"的争论尚言犹在耳，对私人所有权进行保障的观念和制度尽管经历了巨大的转变和进步，但是仍远未达至充分。在实践中，打着"公共利益"幌子随意侵害私人所有权的现象屡见不鲜，典型的如非法拆迁等明显侵害私人所有权的行为。在我国现今城市建设呈现跨越式发展的同时，这类侵权行为频发，客观上对强化私人所有权的法律保障提出了紧迫的要求。除此之外，另外一种对于私人所有权更为隐蔽的侵害，即前文提到的"准征收"现象在我国的法律实践中也普遍存在。这尤其体现在许多公权力机关基于或者非基于公共利益目的，通过各种法律、法规、规章，甚至是政策性文件对私人所有权进行干预或者限制的情形。例如此前交通部以及各地方出台的"收费公路重大节假日免费"政

---

[1] 《宪法》第 13 条第 3 款规定："国家为了公共利益的需要，可以依照法律规定对公民的私有财产实行征收或者征用并给予补偿。"

[2] 《宪法》第 9 条规定："矿藏、水流、森林、山岭、草原、荒地、滩涂等自然资源，都属于国家所有，即全民所有；由法律规定属于集体所有的森林和山岭、草原、荒地、滩涂除外。"第 10 条第 1、第 2 款规定："城市的土地属于国家所有。农村和城市郊区的土地，除由法律规定属于国家所有的以外，属于集体所有；宅基地和自留地、自留山，也属于集体所有。"

策及其实施细则，规定7座以下载客车辆，包括允许在普通收费公路行驶的摩托车，在国家法定节假日中通过收费公路时应当免费通行。同样类似的还有一些地方实施的机动车单双号限行的常态化政策、景区门票被降价的政策等。在这些情形中，政府部门虽然并没有直接对私人财产进行征收或者征用，但是对它们的权利做了显著限制，使权利人遭受了特别牺牲而没有获得任何补偿。这事实上已经构成了对私人所有权的实质侵害。当政府对私人所有权不是采用征收方式，而仅仅是对其部分权益进行剥夺或者限制时，其对私人所有权的侵害就更加隐蔽，相对不那么容易被人察知。并且，当私人所有权不是被其他民事主体侵害，而是被公权力主体，尤其是以颁布规范性文件的抽象立法行为侵害时，民法根本无力提供救济，也即解决这些涉及抽象的立法权侵害所有权自由的问题事实上已经超越了民法的功能限度。民法无力也不能提供评判该行为合法性、合理性与否的标准，也就更加无法提供相应的救济手段了。对此只能够诉诸宪法，由宪法担负对立法权进行合宪性控制，进而保障对私人所有权的限制合乎法治秩序的重任。①

　　前文对当代欧陆国家所有权实践的考察发现，欧盟与成员国尽管在所有权的立法和实践中的价值选择不尽一致，但是都强调了对私人所有权的保障。采用自由主义所有权观念的欧盟自不必说，其为了实现财产在整个统一市场内的自由流通，秉持的基本立场是所有权受到完全保护。即使是在那些采用"所有权附义务"观念的国家，尽管允许基于公共利益对所有权进行限制，但是大都在宪法层面为私人所有权建立了明确的保障机制。综观大陆法系国家对私人所有权的保障，最主要体现在三个方面：第一，制度保障。在所有权落入实证法秩序之后，不再是天赋权利，其权利内容和边界由法律具体确定，成为被型塑的权利。同时，宪法也对私人所有权规定了制度保障，即立法机关必须通过制定法律来建构制度，以进一步明确宪法所规定的所有权的具体内涵，从而保障作为基本权利的所有权的实现。因此，国家如果要对私人所有权进行干预，必须并且只能通过制定法律明确规定对所有权的限制，这种限制才具有合法性。第二，比例原则。该原则旨在强调目的与手段之间的均衡。即使目的正当，对所有权的限制超过必要限度，导致私权主体负担过重，则违反比例原则。它包括适当性、必要性与狭义的比例原则三项，其中适当性原则要求手段能实现立法目的或者至少有助于立法目的达成；必要性原则要求在能达成立法目的

---

① 易军：《所有权自由与限制视域中的单双号限行常态化》，《法学》2015年第2期。

的诸方式中选择对个人自由或权利最小侵害的方式；狭义的比例原则要求手段须与立法目的合乎比例。① 第三，程序保障，即对于所有权的限制必须具有形式上的合法性。这一保障机制最典型地体现在对所有权征收、征用的程序规范之中，但并不仅限于此领域。按照大多数国家宪法对于私人所有权征收的一般规定，私人所有权非基于公共利益目的并履行合法程序以及获得公正补偿，不得被剥夺。这些制度共同为私人所有权提供了有力的保障。

反观我国的所有权宪法规范，尽管我国宪法中也存在一些私人财产权的保障规范，但是在我国目前违宪审查机制或者宪法诉讼救济机制尚未建立的情况下，宪法所具有的实际效力以及对私法规范的影响都不同于西方国家。考虑到在现代社会，所有权的面貌不仅仅由私法单方面确定，而是由宪法规范与私法规范共同形成，至少可以提醒我们注意到宪法规范对于财产所有权具有的重要意义。此外，欧盟及其成员国对于私人所有权建立的保障机制，对于我国未来所有权宪法规范的完善以及法政策的选择无疑是一个有益的参照和借鉴。

---

① 易军：《所有权自由与限制视域中的单双号限行常态化》，《法学》2015 年第 2 期。

结　　论

从罗马法时期到现代，大陆法系所有权制度在价值理念、制度结构和权利内容等诸方面都经历了显著的变化。考察大陆法系所有权的历史发展的轨迹，可以清晰地看到在所有权建构中从人到物与从物到人的视角变迁。并且，这种视角变迁对大陆法系所有权的观念以及所有权体系都产生了深刻的影响，形成了从主体视角出发建构的所有权与从客体视角出发建构的所有权两种不同的所有权模式。在这两种主要的所有权模式之下，大陆法系在不同历史时期以及同一历史时期的所有权体系中还存在许多具体的所有权类型或者形式，如罗马法时期的土地私人所有权、行省土地所有权、公地所有权等，中世纪的直接所有权与用益所有权，我国《物权法》中的国家所有权、集体所有权、私人所有权等。这些所有权各具特色，因此被作为一种独立的类型或形式予以规范，但它们本身还不足以上升成为一种能够涵盖其他所有权类型的模式。因此，本书将它们都置于上述两种主要的所有权模式框架之下进行考察。

从不同视角出发建构所有权制度，在法技术层面上主要形成了两个方面的差异：第一，不同的所有权观念和模式。从人出发的视角强调人对物的支配地位，最典型的例子是罗马古典法中确立的奎里蒂法所有权；从物出发的视角关注对物的尽可能的用益，其典型体现是中世纪的用益所有权。与之相对应，前者基于主体自身的一体性，必然要求所有权模式是统一的、不可分割的；后者基于物的复杂结构和功能，可依照不同的划分维度设定不同的所有权。第二，物权体系的格局以及开放程度。从人出发的视角形成了所有权与他物权的二元对立格局。其中，以所有权为中心，对他物权则严格限定，以避免损害所有权人利益；从物出发建构的所有权与他物权不存在明晰的界分，体现为总体与部分的关系。所有权着眼于物的利用决定了它必然是面向实践，包含无限可能类型的开放体系。

与19世纪的资本主义精神相符，大陆法系现代所有权制度从主体视角出发，强调人对物的支配地位。所有权因此成为主体人格的外在反映。

为维护主体人格的完整以及自由，所有权也必然是不能分割的，由此确立了所有权的排他性特征。现代所有权模式的确立对大陆法系物权体系二元格局的形成具有决定性的基础作用。所有权主体视角的确立使得它成为建立在客体物整体上的绝对的、排他的单一权利，既不能被分割，也不能由各种权能叠加组合形成。所有权这一内涵的转变使它能够摆脱中世纪物权关系上的困境。中世纪法律制度中，所有权与他物权并不存在明晰的划分，两者具有相同属性，仅仅是总体与部分的差别。而现代所有权作为一种主观权利被确立，使得它最终能够确定地与其他物权区分开来：后者是经济领域的组织工具，其权利内容富有经济特征；而前者属于主体范畴，几乎具有与主体相同的价值。二者分属两个不同的世界，具有截然不同的功能。

从法技术层面考察大陆法系现代所有权制度的结构和体系特征，其具有以下三个方面的典型特征：第一，现代所有权制度是以个人所有权为原型构建的。第二，以有体物为客体。第三，将所有权作为唯一的财产归属形式，即将所有权与财产归属等同。大陆法系现代所有权模式从主体视角出发，强调主体对物的绝对支配和排他权利，并以单个主体对单个物的支配关系为原型，建立了与之相应的一物一权原则。这无疑是一种法律调整模式的简化，并且它将团体所有或者其他任何非排他的归属形式都排除在所有权制度体系之外了。总体而言，对物上涉及多个权利主体的财产归属利用情形，大陆法系民法采取了三种态度：一种是经过法技术层面的改造之后，纳入到现代所有权体系之中，如共有与国家所有权，后者借由公法领域发展出的国家法人理论，实现与大陆法系所有权制度理论的衔接。另一种是将其作为现代所有权的例外形式存在，即承认其与现代所有权观念结构的不相符合，但因实践需要而允许其作为例外情形存在，如信托所有权和分时度假所有权。最后一种是将其直接排除在现代所有权体系之外，如集体所有权。但这种排除只是限定了大陆法系所有权制度调整对象的范围，以维持其自身的制度体系原理。但是考察大陆法系国家的所有权制度实践就可以看到，多元财产归属形式的并存，尤其是公共所有权和私人所有权的对立并存是一个被历史和现实所验证的客观事实。现代所有权制度对那些非排他的财产归属形式的简单排除导致了法律对实践调整的不足。

大陆法系现代所有权制度在当代出现客体视角转向的趋势，客体物在所有权结构中的重要意义日益凸显。所有权法律规范和解释适用的重心发生转移，更加关注物的目的实现。尤其是一些作为生产资料的财产形式本身具有重要的社会意义，而从主体视角出发的绝对所有权模式则可能完全忽视甚至损害这些重要资源的社会功能发挥。因此，立法者从公共利益角度出发对所有权人的权利进行限制，对所有权制度及其规范结构产生了深刻的影响。所有权依其客体的性质特征被划分为不同类别，以分别对应于不同的社会功能和目的。统一的所有权体系就分解为与财产的目的和性质相联系的，并受依此勾勒的不同规则调整的各种典型的所有权类型，如农地所有权、森林所有权、建筑物所有权、文化遗产所有权以及环境资源所有权等典型所有权类型。

现代民法转向物的视角，从客体性质和特征出发考虑所有权的权利内容，尽管在一定程度上造成了统一所有权体系内部的分化，但并没有改变现代所有权制度的结构特征，毋宁说是在这一前提下对单纯从主体视角出发建构的所有权模式的修正。因此，以罗马法所有权为基础的大陆法系所有权模式尽管在现代面临了主客体形态和物的利用方式多元化带来的挑战，但这种解释模式在现代社会并未失去生命力，只是应以更加弹性和开放的结构来实现对相关生活事实的规整。面对现代所有权制度在当代形成的新的发展趋势，为更好发挥物的社会功能，所有权的内容和边界都由立法者确定，成为"有待形成的权利"。在这一背景下，所有权法律保障的重点应当转变为确定对所有权进行立法限制的正当性标准，尤其是明确无须补偿的"一般限制"与应当予以补偿的征收之间的界限。

本书在对大陆法系所有权制度的发展脉络的考察过程中，尽管主要是着力于从法技术层面对所有权概念和制度进行分析，但是从所有权制度变迁与发展史来看，无论从主体出发还是从客体出发构建所有权制度，都绝不仅仅是单纯的法技术选择问题。它更多地植根于具体社会时代中的实践需求以及主导的所有权观念和意识。所有权法技术层面上的建构毋宁说是这种选择的最终结果和体现。大陆法系民法素以其体系性著称，通过形式逻辑规则形成抽象而一般性的概念，并用这些抽象概念构建法律体系。在外在的形式化体系之下，无论是这些抽象概念还是体系都呈现出一种非常具有迷惑力的价值无涉之外观，学者常常谓之为私法的"体制中立性"。在今日大陆法系之法学方法论上，单纯依赖形式逻辑规则的"概念法学"思维方式已如明日黄花，但是抽象概念本身并不应当被摒弃，只是对这些抽象概念的理解不能无视其法律内在体系背后的基本价值判断与基本思想。本书通过对所有权这一民法基本概念的考察，正可以揭示价值判断和选择是如何改变抽象概念的内涵，也即在由一般法律原则所形成的内在体系中，要实现法律秩序价值判断的一贯性与内在统一性，发展出所谓的

"规定功能的概念",① 需要有与一般法律原则之体系相适应的法律概念。

　　大陆法系现代所有权制度最初的确立是 19 世纪社会经济结构与意识形态的反映。近代政治经济社会结构的变革催生了新的所有权观念。资本主义的兴起,个人主义和自由主义思想高涨,要求建立与资本主义社会经济结构相适应的所有权制度。而从主体出发的,排他的、绝对的私人所有权模式恰好适应了这样一种需求。处在这一时代精神之中的学者从各种角度为此种所有权模式寻找正当性依据,也包括从罗马法中寻找理论支持。而罗马法中曾经存在的典型所有权模式——奎里蒂所有权恰好符合了这样一种理论模型,因此被近代民法所采用。自然法学派的理论,如洛克、多马以及波蒂埃等人的学说具体推动了所有权作为一种主观权利在法律领域的确立。由此也可以看到,所有权法律制度的演进并非是一种简单机械的前进或者迂回的线性发展过程。具体时空下所有权模式的选择常常与当时当地的社会经济结构和状况联系紧密,受到社会政治经济结构特征的深刻影响。

　　第一次工业革命完成之前,大陆法系国家的民法典都是以农业社会中的主要资源——土地作为所有权制度的主要调整对象,强调对土地所有权人的静态的、绝对的保护。"物必有体"成为现代所有权制度的重要特征。从近代到现代,从农业社会到工业社会,社会经济发展对所有权制度产生了显著的影响,这主要体现在两个方面:第一,财产的社会意义和功能被强调,财产利益溢出所有权人的控制之外。近代私法将所有权确立为一种主观权利,认为所有权是主体人格在客观世界中的物上的投射,仅仅考虑了该物对于单个权利人的利益,忽视了物,比如土地等社会资源,承载的社会利益可能远远超出其对单个主体的利益。现代所有权模式遭遇的挑战事实上凸显的是主观权利模式的调整局限性。第二,社会财产形式丰富对所有权制度形成冲击。一方面,有体物之外的各种信息资源、知识产品以及国家提供的制度资源和福利成为当代社会中重要的财富形式,对私主体利益影响甚巨,现代所有权制度不能无视对这些重要财产类型的规范;另一方面,财产类型转变带来财产利用形式的丰富和多层次化利用的可能,这也增加了现代所有权发生分解的风险,即所有权的权能在财产的形式所有权人与实际执行人之间进行了质的分割。② 在社会经济法律关系

---

① ［德］卡尔·拉伦茨:《法学方法论》,陈爱娥译,商务印书馆 2003 年版,第 355—359 页。

② Stefano Rodota, voce *Proprietà* (*diritto vigente*), in *Il diritto civile italiano nelle pagine del digesto*, a cura di Raffaele Caterina, Torino, 2008, p. 381.

相对简单的时代，常常通过对实物进行分割就能够满足不同主体对物的利用需求，并继续维持一物一权原则和所有权的绝对性，而当财产的动产化、价值化、无体化成为当代社会财富演变的主要趋势，以及动产取代不动产在重要的社会资源中占据主导地位，同一物上可能承载多重能够满足不同主体需要的价值，单纯对实物进行分割不足以实现这样一种多层次和多元化利用，于是在许多情形下就出现了名义所有权与实质所有权分离的现象。尤其是近代以来公司制度发展带来的财产权利人与实际管理运营者的分离，导致一些小股东对投资到公司的财产利用仅有很小的决策权，甚至完全没有决策权。这样，所有权也就与个人自由脱钩，并具有了社会色彩，从政治伦理权利转变为社会经济权利，同时也为所有权发生质的分割提供了可能的空间。

在这种社会政治经济背景转变的格局之下，近代私法选择完全从主体视角建立起的个人主义所有权模式的局限性就凸显出来。现代所有权模式绝对的、排他的封闭结构旨在强化保护物的归属，在当代社会难免过于严格和僵硬，一方面没有充分考虑财产的社会价值，另一方面排除了其他人对物的有效利用，使得在工业化之后兴起的企业法人等商业所有权形式，以及无形财产所有权等无法与之兼容。考察大陆法系所有权制度在现代遭遇的种种危机，也都可归因于现代所有权的此种制度结构的限制。

首先，无形财产之所以不能适用现代所有权制度，除了其自身财产形式所导致的特殊性以外，很重要的一个方面就是因为，所有权制度偏重保护所有权人的封闭结构，排除了他人对物的利用。而无形财产制度具有非常强的目的理性，对知识产品保护的目的一方面是保护知识产权权利人的利益，另一方面也要促进该知识产品在整个社会范围内的共享和利用，从而实现对整个人类社会发展的促进。而对于后一方面的制度目的，现代所有权模式无疑是将其拒之门外的。

其次，生产资料性财产在社会中的地位上升，而现代所有权的封闭结构对物的多元利用在一定程度上形成阻碍。私人所有权的排他性与现代经济共同参与的需求之间发生了冲突，要求立法干预，对所有权人的权利进行限制，推动实现社会资源的共享。现代所有权制度从主体视角出发的建构在很大程度上阻碍了对物的利用。因此，现代法学理论围绕所有权制度展开的讨论，主要是为了解决现代所有权制度的排他结构与社会共同"参与"需求之间的矛盾，缓和所有权的严格和封闭结构，让更多的人参与到对社会财产的利用中来。

大陆法系现代所有权制度的客体视角转向带来的法律问题在我国司法

实践中也同样存在。我国对私人所有权进行保障的观念和制度尽管经历了巨大的转变和进步，但是仍远未达至充分。大陆法系国家当今在所有权方面的立法和司法实践为我国法律解释适用以及立法完善都提供了有益的借鉴。尽管我国关于所有权的观念以及法律规范与欧陆各国的所有权观念和制度演进似乎是一个相逆的过程，但是我们在强化对私人所有权保障的同时，也必须考虑和重视物的社会价值，允许对私人所有权进行合理限制。只是这种限制必须符合目的正当性、比例原则、程序合法等规则，以保障所有权人不会遭受不正当的限制。

与此同时，还需要注意的是，私人所有权虽然在近现代民法中地位显赫，但它不应当是所有权制度的唯一类型。尤其在我国，私人所有权的勃兴与保障都必然要以国家所有权和集体所有权的清晰确定为前提。国家所有权、集体所有权与私人所有权在制度目的和法律规范上都存在巨大差异，是三种不同的归属模式，在制度功能和规范结构上具有较大差异，应当跳脱出大陆法系所有权的框架思考公共所有权，尤其是集体所有权的实现方案。

《物权法》对国家所有权的规范应当依照国有财产的性质区分经营性资产与公有物，前者可以参照私人所有权模式，适用所有权制度的一般规范；后者作为公产单独规范和调整。对于后一种类型的国有财产确立的所有权，与作为主观权利的私人所有权对个人对物的完全的、排他的支配权能的强调不同，其目的更主要的是实现对公共财产的有效利用，其规范重点旨在限制公权力机构的权力，保障公共财产按照其特定目的被使用，以实现其特定价值和目的，而不在于保障所有权人的任意行使的自由。因此，对于这一类国有财产应当依照我国实际，区分不同公法人的主体资格，建立类似于大陆法系国家的公共所有权制度。

集体所有权是一开始就被排除在大陆法系现代所有权制度之外的归属形式。集体所有权是对保留在集体内部的财产的集体享有和支配，其实质的、特别的功能是通过对物的有条件地使用，以保障集体成员的生存。因此，集体所有权主要是一种功能性的概念，作为一种"功能所有权"存在。在这一制度框架前提之下，私法规范调整的重心应当下移，更多地关注集体成员与集体土地之间的具体法律关系。2007 年出台的《物权法》体现了这样一种思想，其对农村土地法律关系规范重心的下移主要通过两个重要制度实现：一是土地承包经营权的物权化；二是建立和完善成员权制度。

参考文献

一 中文文献

（一）一般论文

〔美〕G. S. 亚历山大：《财产是基础性权利吗？——以德国为比较项》，郑磊译，载浙江大学公法与比较法研究所编《公法研究》第5辑，浙江大学出版社2007年版。

〔意〕奥利维耶罗·迪利贝托：《论所有权的范围及其限制——从罗马法到近代民法典的历史流变与简评》，载2009年第四届罗马法、中国法与民法法典化国际研讨会论文集。

〔日〕北川善太郎：《关于最近之未来的法律模型》，《民商法论丛》第6卷。

蔡继明：《中国土地制度改革论要》，《东南学术》2007年第3期。

陈小君：《农村土地制度的物权法规范解析——学习〈关于推进农村改革发展若干重大问题的决定〉后的思考》，《法商研究》2009年第1期。

陈小君：《农地法律制度在后农业税时代的挑战与回应》，《月旦民商法杂志》2007年第3期。

程淑娟：《确信与限制——国家所有权主体的法哲学思考》，《河北法学》2009年第5期。

范德·沃尔特：《宪法上的财产权条款：在保障和限制间达致平衡》，林来梵、宋华琳译，载《北大法律评论》编辑委员会编《北大法律评论》第5卷第2辑，法律出版社2004年版。

方新军：《盖尤斯无体物概念的建构与分解》，《法学研究》2006年第4期。

方新军：《权利概念的历史》，《法学研究》2007年第4期。

〔德〕弗里德里希·卡尔·冯·萨维尼：《萨维尼论法律关系》，田士勇译，载郑永流主编《法哲学与法社会学论丛》第7辑，中国政法大学出版社 2005 年版。

［意］弗朗切斯科·西特茨亚：《罗马法的物权体系》，刘家安译，载江平主编《罗马法、中国法与民法法典化》，中国政法大学出版社 2008 年版。

高飞：《也谈物权法平等保护财产权的宪法依据——与童之伟教授商榷》，《法学》2006 年第 10 期。

葛云松：《股权、公司财产权性质问题研究》，载梁慧星主编《民商法论丛》第 8 卷，法律出版社 1997 年版。

韩大元：《私有财产权入宪的宪法学思考》，《法学》2004 年第 4 期。

韩松：《论成员集体与集体成员——集体所有权的主体》，《法学》2005 年第 8 期。

［德］赫尔穆特·科殷：《论"主观权利"概念的历史》，纪海龙译，《清华法治论衡》2012 年第 1 期。

［法］吉·加尼维：《法国所有权的宪法基础》，程春明译，《中国政法大学学报》2008 年第 2 期。

李凤章：《通过"空权利"来"反权利"：集体土地所有权的本质及其变革》，《法制与社会发展》2010 年第 5 期。

李凤章、张秀全：《土地所有权立法之反思：透过历史的映照》，《北方法学》第 3 卷总第 14 期。

李培峰：《英美信托财产权难以融入大陆法物权体系的根源》，《环球法律评论》第 5 期。

李世刚：《论〈法国民法典〉对罗马法信托概念的引入》，《中国社会科学》2009 年第 4 期。

［意］里查尔德·卡尔蒂利：《土地承包经营权与中国土地的利用》，陈晓敏译，载陈小君主编《私法研究》第 7 卷，法律出版社 2009 年版。

林来梵：《论私人财产权的宪法保障》，《法学》1999 年第 3 期。

林来梵：《针对国家享有的财产权——从比较法角度的一个考察》，《法商研究》2003 年第 1 期。

林来梵、朱玉霞：《错位与暗合——试论我国当下有关宪法与民法关系的四种思维倾向》，《浙江社会科学》2007 年第 1 期。

刘云生：《农村土地国有化的必要性与可能性探析》，《河北法学》2006 年第 5 期。

刘志刚：《立宪主义语境下宪法与民法的关系——兼评〈物权法（草案）〉合宪违宪之争》，《法学评论》2007 年第 2 期。

马俊驹、江海波：《论私人所有权自由与所有权社会化》，《法学》2004 年第 5 期。

马新彦：《罗马法所有权理论的当代发展》，《法学研究》2006 年第 1 期。

秦前红、涂四益：《"物权之争"与宪法解释——兼与童之伟教授商榷》，《法学评论》2007 年第 3 期。

冉昊：《"相对"的所有权——双重所有权的英美法系视角与大陆法系绝对所有权的解构》，《环球法律评论》2004 年冬季号。

孙宪忠：《我国物权法中所有权体系的应然结构》，《法商研究》2002 年第 5 期。

孙宪忠：《再论我国物权法中的"一体承认、平等保护"原则》，《法商研究》2014 年第 2 期。

童之伟：《〈物权法（草案）〉该如何通过宪法之门》，《法学》2006 年第 3 期。

［美］托马斯·C. 格雷：《论财产权的解体》，高新军译，《经济社会体制比较》1994 年第 5 期。

王洪亮：《分割所有权论》，《华东政法学院学报》2006 年第 4 期。

王利明、周友军：《论我国农村土地权利制度的完善》，《中国法学》2012 年第 1 期。

王涌：《所有权概念分析》，《中外法学》2000 年第 5 期。

［德］维尔弗里德·贝格：《德国宪法中的所有权保障》，《华中科技大学学报》（社会科学版）2004 年第 6 期。

吴汉东：《关于知识产权本体、主体与客体的重新认识——以财产所有权为比较研究对象》，《法学评论》2000 年第 5 期。

谢哲胜：《台湾物权法制发展》，《财产法专题研究》（五），台湾财产法暨经济法研究协会 2006 年版。

颜运秋、王泽辉：《国有化：中国农村集体土地所有权制度变革之路》，《湘潭大学学报》（哲学社会科学版）2005 年第 2 期。

杨代雄：《乡土生活场域中的集体财产：从权力到权利》，《当代法学》2005 年第 4 期。

易军：《所有权自由与限制视域中的单双号限行常态化》，《法学》2015 年第 2 期。

尹田：《法国民法上的托管财产所有权》，《中央政法管理干部学院学报》1997 年第 6 期。

尹田：《论国家财产的物权法地位——"国家财产神圣不可侵犯"不写入物权法的法理依据》，《法学杂志》2006 年第 3 期。

尹田：《物权与知识产权》，《法商研究》2002 年第 5 期。

［美］约翰·亨利·梅利曼：《所有权与地产权》，赵萃萃译，《比较法研究》2011 年第 3 期。

［英］詹姆斯·布赖斯：《法学的方法》，杨贝译，载郑永流主编《法哲学与法社会学论丛》第 6 辑，中国政法大学出版社 2003 年版。

张静：《村社土地的集体支配问题》，《浙江学刊》2002 年第 2 期。

张鹏：《论"台湾法"中的"既成道路公用地役权"问题及启示》，《台湾法研究学刊》2003 年第 2 期。

张文政：《大陆法系所有权理论：19 世纪向 20 世纪的跨越》，载何勤华主编《20 世纪外国民商法的变革》，法律出版社 2004 年版。

张新光：《论中国农地产权私有化改革的根本性障碍》，《兰州商学院学报》2004 年第 6 期。

赵晓力：《通过合同的治理——80 年代以来中国基层法院对农村承包合同的处理》，《中国社会科学》2000 年第 2 期。

（二）著作

［爱尔兰］J. M. 凯利：《西方法律思想简史》，王笑红译，法律出版社 2002 年版。

［美］阿尔文·托夫勒：《第三次浪潮》，黄明坚译，中信出版社 2006 年版

［法］埃米尔·涂尔干：《社会分工论》，渠东译，生活·读书·新知三联书店 2000 年版。

［美］埃德加·博登海默：《法理学——法哲学及其方法》，邓正来等译，华夏出版社 1987 年版。

［德］鲍尔·施蒂尔纳：《德国物权法》（上册），张双根译，法律出版社 2004 年版。

陈军：《个体要素和社会要素的再平衡——现代社会财产权正当性探析》，法律出版社 2015 年版。

陈小君等：《农村土地法律制度研究》，中国政法大学出版社 2004 年版。

［日］川岛武夷：《现代化与法》，申政武等译，中国政法大学出版社 1994 年版。

［美］道格拉斯·诺斯、罗伯特·托马斯：《西方世界的兴起——新

经济史》，厉以平等译，华夏出版社 1989 年版。

　　［德］迪特尔·梅迪库斯：《德国民法总论》，邵建东译，法律出版社第 1997 年版。

　　［德］迪特尔·施瓦布：《民法导论》，郑冲译，法律出版社 2006 年版。

　　［德］弗里德里希·卡尔·冯·萨维尼：《历史法学派的基本思想 (1814—1840 年)》，郑永流译，法律出版社 2009 年版。

　　［古罗马］盖尤斯：《法学阶梯》，黄风译，中国政法大学出版社 1996 年版。

　　［德］哈贝马斯：《在事实与规范之间》，童世骏译，生活·读书·新知三联书店 2003 年版。

　　［美］哈罗德·J. 伯尔曼：《法律与革命》，贺卫方等译，中国大百科全书出版社 1993 年版。

　　［德］汉斯·J. 沃尔夫、奥托·巴霍夫、罗尔夫·施托贝夫：《行政法》，高家伟译，商务印书馆 2002 年版。

　　［德］黑格尔：《法哲学原理》，范杨、张企泰译，商务印书馆 1996 年版。

　　黄风编著：《罗马法词典》，法律出版社 2001 年版。

　　黄风译：《正义与法（民法大全选译）》，中国政法大学出版社 1992 年版。

　　［德］卡尔·拉伦茨：《法学方法论》，陈爱娥译，商务印书馆 2003 年版。

　　［英］卡尔·波兰尼：《大转型：我们时代的政治与经济起源》，冯钢、刘阳译，浙江人民出版社 2007 年版。

　　［奥］凯尔森：《法与国家的一般理论》，沈宗灵译，中国大百科全书出版社 1996 年版。

　　［德］康德：《法的形而上学原理：权利的科学》，沈叔平译，商务印书馆 1991 年版。

　　［德］考夫曼：《法律哲学》，刘幸义等译，法律出版社 2003 年版。

　　［法］莱昂·狄冀：《〈拿破仑法典〉以来私法的普通变迁》，徐砥平译，中国政法大学出版社 2003 年版。

　　李国强：《相对所有权的私法逻辑》，社会科学文献出版社 2013 年版。

　　李浩培等译：《法国民法典》，商务印书馆，1979 年版。

梁慧星：《中国物权法草案建议稿》，社会科学文献出版社 2000 年版。

梁慧星主编：《中国物权法研究》，法律出版社 1998 年版。

［德］罗尔夫·克尼佩尔：《法律与历史——论〈德国民法典的形成与变迁〉》，朱岩译，法律出版社 2003 年版。

［美］罗斯科·庞德：《法理学》（第一卷），邓正来译，中国政法大学出版社 2004 年版。

［英］罗素：《西方哲学史》（下卷），商务印书馆 1981 年版。

［德］马克斯·韦伯：《经济与社会》（下卷），林荣远译，商务印书馆 1997 年版。

［英］梅因：《古代法》，沈景一译，商务印书馆 1959 年版。

［法］莫里斯·奥里乌：《行政法与公法精要》（上册），龚觅等译，辽海出版社 1999 年版。

［美］诺齐克：《无政府、国家与乌托邦》，何怀宏译，中国社会科学出版社 1991 年版。

［美］庞德：《普通法的精神》，唐前宏等译，法律出版社 2001 年版。

［意］桑德罗·斯奇巴尼选编：《物与物权》，范怀俊译，中国政法大学出版社 1993 年版。

孙宪忠：《德国当代物权法》，法律出版社 1997 年版。

孙宪忠：《中国物权法总论》，法律出版社 2003 年版。

童斌：《法国财产权体系之源与流》，法律出版社 2014 年版。

王利明：《中国物权法草案建议稿及说明》，中国法制出版社 2001 年版。

王利明主编：《物权法专题研究》，吉林人民出版社 2001 年版。

王名扬：《法国行政法》，中国政法大学出版社 1989 年版。

王效贤、刘海亮：《物权法总则与所有权制度》，知识产权出版社 2006 年版。

王泽鉴：《民法物权（第一册通则·所有权）》，中国政法大学出版社 2001 年版。

谢在全：《民法物权论》，中国政法大学出版社 1999 年版。

徐涤宇译：《阿根廷共和国民法典》，法律出版社 2007 年版。

杨立新：《共有权理论与适用》，法律出版社 2007 年版。

尹田：《法国物权法》，法律出版社 1998 年版。

［古罗马］优士丁尼：《法学阶梯》，徐国栋译，中国政法大学出版社

2000 年版。

由嵘:《日耳曼法简介》,法律出版社 1987 年版。

曾世雄:《民法总则之现在与未来》,中国政法大学出版社 2001 年版。

张俊浩主编:《民法学原理》,中国政法大学出版社 1997 年版。

周林彬:《物权法新论:一种法律经济分析的观点》,北京大学出版社 2002 年版。

周其仁:《产权与制度变迁:中国改革的经验研究》,北京大学出版社 2004 年版。

(三) 学位论文

李国强:《相对所有权的私法逻辑》,博士学位论文,吉林大学,2007 年。

冉昊:《英美财产权理论的基本构造》,博士学位论文,中国社会科学院研究生院,2003 年。

王涌:《私权的分析与建构》,博士学位论文,中国政法大学,1999 年。

(四) 网络文献

[阿根廷] Norberto Rinanldi:《奎里蒂法所有权 (*dominio ex iure quiritum*) 已经死亡》,徐涤宇译,2009 年 2 月,http://www. romanlaw. cn/sub2 - 117. htm。

长孙子筱:《法国物权法进展》,2010 年 3 月,http://article. chinalawinfo. com/Article_ Detail. asp? ArticleId = 36826。

方新军:《财产死亡了吗?》,2009 年 3 月,http://www. yadian. cc/paper/3789/。

纪睿坤:《农业部拟修订〈农村土地承包法〉进城农民承包地将有偿退出》,2013 年 1 月 10 日,http：//news. dichan. sina. com. cn/2012/08/07/542077. html。

杰里米·瓦德荣:《洛克论"财产权"》,翟小波译,2009 年 8 月,http：//www. gongfa. com/caichanquanluoke. htm。

刘艺:《公物法中的物、财产、产权——从德法公物法之客体差异谈起》,2010 年 3 月,http：//fzzx. gansudaily. com. cn/system/2010/04/22/011529554_ 01. shtml。

[意大利] 詹保罗罗西:《用于公共利益的公产和私产》,罗智敏译,2010 年 1 月,http：//www. csdri. org/class_ detail. asp? infoid = 64。

二　外文文献

（一）论文

A. Gambaro, *Proprietà in diritto comparato*, voce in *Digesto delle discipline privatistiche*, *Sezione civile*, vol. XV, Torino, 1997.

Antonio Jannarelli, *Beni*, *interessi*, *valori*, in *Trattato di diritto privato europeo*, II, a cura di Nicolò Lipari, Cedam, 2003.

Cass., 26. 2. 1983, n. 1464, in *Foro It.*, 1983, I.

Cesarini Sforza, *Avventure del diritto soggettivo*, in *Bollenttino dell'istituto di Filosofia del Diritto della Regia Università di Roma*, II, 1941.

Charles A. Reich, "The New Property", *Yale Law Journal*, Vol. 73, 1964.

Francesco Ferrara, *Concetto e tipi dè diritti reali*, in Idem, *Scritti giuridici*, II, Giuffrè, 1954.

G. Costantino, *Proprietà* II, *Profili generali*, *diritto civile*, in *Enc. Giur.* Treccani, vol. XXV, 1991.

G. G. Archi, *Il concetto di proprietà nei diritti del mondo antico*, in *Revue international des droits de l'antiquité*, s. III, t. VI, 1959.

G. Pugliese, *Diritti reali*, voce in *ED*, vol. XII, Milano, 1964.

Gian Candido De Martin, *La riscoperta e la attuale rilevanza delle comunità di villaggio*, in *Comunità di villaggio e proprietà collettive in Italia e in Europa*, coordinati da Gian Candido De Martin, Cedam, 1990.

Guido Alpa, *Intervento*, in *Crisi dello stato saciale e contenuto minimo della proprietà*: *Atti del Convegno Camerino*, 27 – 28 maggio 1982, E. S. I. Napoli, 1983.

Guido Calabresi, A. Douglas Melamed, "Property Rules, Liability Rules, and Inalienability: One View of the Cathedral", *Harvard Law Review*, vol. 85, No. 6, Apr., 1972.

L. Capogrossi Cologesi, *Dominium e possessio nell'italia romana*, in *La proprietà e le proprietà*, a caura di Ennio Cortese, Milano, 1988.

L. Capogrrossi Colognesi, *Proprietà (diritto romano)*, voce in *ED*, vol. XXXVII, Milano, 1964.

Locke, *Two Treaties of Government*, in *The Works of John Locke*, V, London, Aalen, 1963.

M. Costantino, *Il diritto di proprietà*, in *Trattato di diritto privato*, diretto da P. Rescigno, Ⅶ, 1, 1982.

Marco Comporti, *Considerazioni sulla proprietà e sui diritti reali nella dottrina civilistica italiana dell'ultimo quarantennio*, in *La civilistica italiana dagli anni '50 ad oggi tra crisi dogmatica e riforme legislative*, Cedam, 1991.

Marco Comporti, *La proprietà europea e la proprietà italiana*, in *Rivista di Diritto Civie*, 2008, 4.

Mario Trimarchi, *I beni e la proprietà*, in *Il diritto dell'unione europea*, a cura di Antonio Tizzano, Tomo I, Torino, 2000.

Mario Trimarchi, *Proprietà e indennità di espropriazione*, in *Europa e diritto privato*, 4/2009.

Michela Barbot, *Per una storia economia della proprietà dissociata*, in *Materia per una storia della cultura giuridica*, nota 1, 06/2008.

P. Grossi, *Usus facti. La nozione di proprietà nella inaugurazione dell'eta' nuova*, in *Quaderni fiorentini per la teoria del pensiero giuridico moderno*, 1972.

Paolo Grossi, *La proprietà e le proprietà nell'officina dello storico*, in *Quaderni Fiorentini*, 17, Giuffrè, 1988.

Paolo Grossi, *Proprietà (diritto intermedio)*, voce in *Enc. Dir.*, vol. XXXⅦ, 1988.

Paolo Grossi, *Tradizione e modelli nella sistemazione post-unitaria della proprietà*, in *Quaderni fiorentini*, Giuffrè, 1988.

Paolo Grossi, *Un paradise per Pothier*, in *Itinerari moderni della proprietà*, *Quaderni fiorentini per la teoria del pensiero giuridico moderno*, 1976 – 1977.

Robert Feenstra, "Dominium and Ius in Re Aliena: The Origins of a Civil Law Distinction", in *New Perspectives in the Roman Law of Property*, *Essays for Barry Nicholas*, edited by Peter Birks, Oxford: Clarendon Press, 1989.

Salvatore Pugliatti, *La proprietà e le proprietà*, in Idem, *La proprietà nel nuovo diritto*, Giuffrè, 1964.

Salvatore Pugliatti, *Strumenti tecnico-giuridici per la tutela dell'interesse pubblico nella proprietà*, in *La proprietà nel nuovo diritto*, Giuffrè, 1964.

Salvatore Romano, *Sulla nozione di proprietà*, in *Istituto di diritto agrario internazionale e comparato*, Milano, Voll. Ⅱ, 1962.

Santoro Passarelli, *Proprietà privata e Costituzione*, in *Riv. dir. civ*, 1972.

Stefano Rodota, voce *Proprietà (diritto vigente)*, in *Il diritto civile ital-*

iano nelle pagine del digesto，a cura di Raffaele Caterina，Torino，2008.

Vacca，*Il c. d. duplex dominium e l'actio Publiciana*，in *La proprietà e le proprietà*，a cura di Cortese，Milano，1988.

（二）著作

B. Tierney，*L'idea dei diritti naturali. Diritti naturali，legge naturale e diritto canotico* 1150 – 1625，il Mulino，Bologna，2002.

Bernardo Windescheid，*Diritto delle pandette*，I，Torino，1925.

C. Massimo Bianca，*Diritto civile*，6，*La proprietà*，Giuffrè，1999.

C. Salvi，*Diritto civile e principi costituzionali europei e italiani*，Torino，2012.

C. Salvi，*Il contenuto del diritto di proprietà*，Giuffrè，1994.

Carlo Augusto Cannata，*Materiali per un corso di fondamenti del diritto europeo*，I，Giappichelli Editore，Torino，2005.

Carlo Lottieri，*Individuo e proprietà*：*pilastri della civiltà occidentale*，Torino，2003.

D. North，R. P. Thomas，*the Rise of the Western World*，Cambridge，1973.

E. Betti，*Istituzioni di diritto romano*，I，Padova，1947.

Enrico Caterini，*Proprietà*，Napoli，2005.

Feliciano Serrao，*Diritto private economia e società nella storia di Roma*，1，Napoli，2006.

Francesco de Martino，*Individualismo e diritto romano privato*，Giappichelli，1999.

G. Venezian，*Dell'usufrutto，dell'uso e dell'abitazione*，Torino，1931.

Giuseppe Chine，Andrea Zoppini，*Manuale di diritto civile*，Neldiritto edittore，2009.

Giuseppe Grosso，*Schemi giuridici e società nella storia del diritto privato romano*：*dall'epoca arcaica alla giurisprudenza classica. Diritti reali e obbligazioni*. Torino，Giappichelli，1970.

Guido Alpa，*Manuale di diritto private*，Cedam，2007.

L. Capogrossi colognesi，*Proprietà e "iura praediorum" nell'età repubblicana*，Milano，1969.

L. S. Maruotti，*La tradizione romanistica nel diritto Europeo*，II，*Dalla cirisi dello ius commune alle codificazioni moderne*，Giappichelli，2003.

M. Barberis, *Libertà*, Il Mulino, Bologna, 1999.

Mario Talamanca, *Istituzone di diritto romano*, Giuffrè, 1990.

O. T. Scozzafava, *I beni e le forme giuridiche di appartenenza*, Giuffrè, 1982.

P. Grossi, *Il dominio e le cose. Percezione medievali e moderne dei diritti reali*, Milano, 1992.

P. S. Leicht, *Storia del diritto italiano*, *il diritto private*, II, *Diritti reali e di successione*, Giuffrè, 1943.

Paolo Grossi, *Le situazioni reali nell'esperienza giuridica mediavale*, Cedam, padova, 1968.

Paolo Grossi, *"Un altro modo di possedere"*: *L'emersione di forme alternative di proprietà alla coscienza giuridica postunitaria*, Giuffrè, 1977.

Pietro Bonfante, *Corso di diritto romano*, vol. II, *La proprietà*, Roma, 1928.

Pietro Bonfante, *Scritti giuridici varii* (II), *proprietà e servitù*, Torino, 1926.

Pietro Perlingieri, *Introduzione alla problematica della "proprietà"*, Jovene editore, 1971.

Robert Feenstra, *Legal Scholarship and Doctrines of Private Law*, 13th – 18th *Centuries*, Variorum, 1996.

S. Schipani, *La codificazione giustinianea del diritto romano commune*, Torino, 1999.

Scialoja, *Teoria della proprietà nel diritto rimano*, I, a cura di P. Bonfante, 1933.

Stefano Rodotà, *Il terribile diritto*: *studi sulla proprietà privata*, Mulino, Bologna, 1990.

Thon, *Norma giuridica e diritto soggettivo*, trad. It. , Padova, 1951.

Vincenzo Scalisi, *Categorie e istituti del diritto civile nella transizione al postmoderno*, Giuffrè, 2005.

Zanobini, *Corso di diritto amministrativo*, IV, Milano, 1948.

（三）网络文献

Sjef van Erp, *From "classical" to modern European property law?*, http://ssrn.com/abstract = 1372166。

后　记

　　本书是在我博士论文的基础上修改而成的。最初定下这个主题，是我在罗马留学期间，我的博士生导师马新彦教授来罗马开会时为我确定的。当初面对这样一个宏大的主题时，我内心其实是非常发怵的，但是老师告诉我，先去看资料读文献，阅读和思考越深入，你就越能发现有价值、值得研究的东西。于是我就开始了漫长的文献阅读过程。不能不说这个过程是非常痛苦的，一方面是关于所有权的资料文献内容涉及法学、哲学、政治学、经济学等多个学科，内容庞大芜杂，在如此丰富的资料库中找寻以我的知识体系和研究所能够驾驭的、有价值的研究内容，无异于大浪淘沙；另一方面是受制于自身语言能力的局限，"十目一行"的阅读速度远跟不上想要赶紧将论文搞定的迫切心态。这让我曾经在一段时期内都处于一种迷茫甚至焦虑的状态之下。

　　当我对论文研究的内容一筹莫展时，得益于另外两位导师的指导与帮助，使我对于正在研究的这个主题有了新的启发和认识。一位是我的硕士生导师陈小君教授。她长期以来一直致力于中国农村土地法律制度的实证研究。虽然我长期在意大利读书，实际参与相关项目的具体调研与研究较少，但是在她的感召和影响之下，我也开始关注农村土地集体所有权制度，并去查找欧洲法中的相关制度和理论，希望能够从中寻找到一些可能的经验借鉴。然而，农村集体所有权制度显然是一个典型的中国问题，在现今意大利或者欧洲大陆法系国家的法律实践中几乎找不到有意义的参考例。我在意大利留学期间学习的主要内容是罗马法。罗马法上存在多种土地制度和归属模式，并且这种多元化的所有权或者财产归属模式在大陆法系多数国家中存续了很长的历史时期，直到近代才为私人所有权这一模式一统天下。古今社会财产归属格局的这种显著反差以及变迁吸引了我的注意，引导我对大陆法系的所有权制度去追根溯源，探寻在不同历史时期曾经存在的不同所有权模式及其功能，以及它们在近现代是如何被吸收或者排斥，从而为重新反思目前我们所继受的，大陆法系近现代的所有权制度模式提供一种历史视角和参照。

在论文写作过程中，我也就这一主题去向意大利罗马第二大学的指导老师 Ricccardo Cardilli 教授请教，他向我推荐了作为"新欧洲法律史"学派代表人物的 Paolo Grossi 教授的相关论著。后者对大陆法系近代以来独尊私人所有权而排斥其他财产归属模式的所有权制度进行了批判性的反思。除他之外，意大利在不同历史时期也产生了许多代表性人物，他们分别对所有权从不同角度展开了理论反思，如 S. Pugliatti 将利益作为判断制度存在与否的标准，对一元所有权体系进行解构，揭示在所有权制度范畴内存在的分化现象，从而否定统一所有权制度的存在，提出从一元的所有权到多元的所有权的理论；Pietro Rescigno 教授提出应当对所有权作"去本质主义"的理解，认为并不存在一个所谓的所有权的原型，必须在具体的时空语境下去理解每一种所有权模式；而尤其是在意大利 1948 年宪法将"社会功能"概念引入所有权制度范畴后，意大利有许多学者更进一步提出，所有权已经从绝对的自然权利转变为"被形塑的权利"。这些学说理论都对大陆法系近代以来的所有权制度学说形成了一定的颠覆，在欧洲形成一种批判法学的思潮，或者作为受其影响的产物，学者对民法基本制度和范畴从批判视角展开分析，在所有权领域就主要体现为对近代一元的、作为主观权利构建的绝对所有权模式的优势与局限的反思。意大利学者从大陆法系国家内部所作的这一反思对于我们审视今天我国面临的所有权问题也不乏启示意义。尽管我国与大陆法系大多数国家由于社会政治经济体制的差别，决定了两者在所有权法律制度和规范模式方面具有显著不同，它们面临和关注的具体问题自然也不完全一致，但是大陆法系国家在所有权领域的法律实践作为一个"有意义的他者"，我们对它的研究并不是要将其作为我国法律制度的必然选择，揭示其历史和现状及其变迁只是呈现和提供了一种现实可能性，更重要的则在于提供一种外部参照和视角，帮助我们更好地去观察和分析我们现行的所有权法律制度及其实践。这也正是本书对大陆法系所有权制度模式历史变迁考察的意义所在。

本书从写作到出版经历了漫长的过程，一方面是因为自己做事情的效率低，另一方面也是自知书稿存在很多不足与疏漏，研究内容无论从广度还是深度来看都相当有限，而内心始终对于书的内容抱着更好的期待，导致论文迟迟未能付梓。但是这样一个宏大主题的研究本身也是一项庞大工程，并非短时间内就能毕其功于一役，我也就不揣冒昧将目前的研究整理出版，希冀求教于法学方家同仁。

求学过程中，得到了很多人的帮助，这让我一直觉得自己是非常幸运的，也始终心怀感激。首先要感谢我的两位导师，陈小君教授与马新彦教授一路的培养与提携，言传身教，以及严师慈母般的关怀与帮助。两位老师的师者风范和人格魅力都让我景仰。因为有两位导师的榜样在前，让我在自己也成为一名高校教师后，对这份职业时刻抱有敬畏之心。

感谢徐涤宇老师、薛军老师、李中原师兄的指导和帮助，让我有机会到罗马第二大学学习，为拓展学术视野打开一片新的天地。感谢罗马二大 Sandro Schipani 教授和 Riccardo Cardilli 教授在我留学期间对学习和论文的悉心指导，让我领略了他们在学术上严谨细致的研究风格。特别是 Cardilli 教授作为我读博期间的指导老师，给了我许多实际的指导和帮助，从而大大缩短了我在学术门外摸索的时间。如果没有他的引领，我在罗马求学的收获可能要少得多。感谢徐国栋老师和费安玲老师在罗马给予的指导和关怀，让异乡求学的学子倍感温暖。本书写作过程中，还得到丁玫老师和唐晓晴教授分别就中国法与罗马法部分内容给予的指导和提点，不胜荣幸和感激。

感谢吉林大学民商法学专业导师组全体老师对我的指导，感谢我的同门以及所有的同学无私的友谊。在长春的时间短暂，对吉大的记忆却是永恒的。

感谢高飞师兄、耿卓师兄、资琳师姐、陆剑博士、李俊博士，以及中南财经政法大学中国农地法律制度研究中心的所有同仁，在学术、工作和生活中都得到了大家很多的帮助。我也为能够身处这样一个团队，切身感受学术氛围与团队精神，吸取有益养分加快成长而骄傲。

留学罗马期间，Giuseppe Terracina 老师、Massimiliano Vinci 博士、Emanuela Calore 研究员、Stefano Porcelli 博士、Roberta Marini 博士和阿根廷的 David Fabio Esborraz 博士在语言、专业学习和生活中都给予了我非常多的帮助，让我倍加珍惜与他们结下的深厚友谊。感谢罗马的学友宋晓君、罗智敏、陈汉、阮辉玲、王莹莹、娄爱华、丁超、曾健龙、汪洋、翟远见、罗冠南、周杰等在生活上的照顾和学术上的切磋砥砺。我亦有幸能在留学生涯中遇到这些良师益友。此外，胡东海博士、肖俊博士、张晓勇博士、徐铁英博士帮助校阅了本书全稿或部分内容，并提出了宝贵的修改意见，在此特别致谢。

感谢梁剑琴编辑为拙著所付出的艰辛劳动，她的认真细致让本书以更好的面貌展现在读者面前。

最后，特别要感谢我的家人。感谢我伟大的父母。长期在外读书，最愧疚的是不能侍奉父母左右，但他们对此给予了极大的包容和谅解。愿他们健康长寿。感谢我的先生吴宇对我的学术和工作给予了极大的包容与支持，也给了我继续前行的动力。

陈晓敏

2016 年 9 月 28 日于晓南湖畔